＜改訂版＞

Newベーシック税務会計
＜個人課税編＞

中島茂幸・櫻田　譲 ［編著］

稲村健太郎・大澤弘幸
加藤惠吉・川股修二
近藤康範・畠中貴幸 ［著］
柳田具孝

五絃舎

本書では公益社団法人全国経理教育協会主催の税法能力検定試験所得税法1級・2級及び相続税法2級の出題について分析を行います。なお，本書に掲載された問題については公益社団法人全国経理教育協会掲載許可済であり，無断転用・転載を禁じます。

まえがき

　本書の前身は，平成19年5月に出版された『ベーシック税務会計』です。同書は会計専門職大学院，商学部，法学部，経済学部などの学生諸君，さらには社会人となり実務で税務会計も担当することとなった初学者が，入門から上級基礎に至るまでを実践的に，また包括的に学習できるようにと作成されました。当初，同書は300頁に渡るテキストで，その1冊の中で法人税法・所得税法・消費税法を解説していました。しかし，その後，2分冊とし，その結果平成20年7月の『ベーシック税務会計II－所得税法・消費税法－』の誕生を経て，『ベーシック税務会計＜個人課税編＞』へと至っています。

　本書の姉妹書である『ベーシック税務会計＜企業課税編＞』は，公認会計士試験の入門者向けに作成されており，同試験で最重要税目とされる法人税法と消費税法を解説しています。本書の構成上，特徴となった1冊2税目という形式は読者の要望の結果ですが，本書『ベーシック税務会計＜個人課税編＞』は所得税法と相続税法を構成内容とし，それら2税目を基礎からやさしく学ぶことができるようにしています。そしてそのために本書には次の3つの特徴があります。

　本書の第1の特徴は，全国経理教育協会が実施する「税法能力検定試験」の合格を目指し，段階的に学習がすすめられるように，これらの過去問題より類題を随所に掲載した点です。また当該検定問題の出題傾向と対策についても巻末で分析をしています。

　第2の特徴は，学習者の便宜を図り，書き込みができるような実践学習のテキスト作りとした点です。税法は黙読学習だけでは理解できないため，本書の解答欄を活用し，自ら計算して，書き込んで学習してください。手で学ぶことが重要です。本書はやさしく学びながら基礎的な理解を深め，かつ，具体的な税金計算も学習できるよう工夫しました。

　第3の特徴は，初学者がイメージしやすい課税関係として個人課税，とりわけ所得税法の学習に本書は重心をおき，その応用学習として本書後段で相続税法も解説している点です。特に相続税法の学習は高度の専門性を帯びてくるために，本書の目的からすれば入門者向けでありながら，実務における活用を前提として解説する必要がありました。その点，本書は相続業務を専門とする経験豊富な現役税理士でもあり，大学教員である実務家によって解説されています。

　最後になりますが，本書は株式会社五絃舎・長谷雅春社長のご協力のもと，全国経理教育協会・竹中輝幸氏による検定問題転載の許諾を得て実現したものです。また全国経理教育協会からは本書を推薦図書として指定をいただきました。さらに大澤弘幸先生には一執筆者としての役割を超えて，編著者と共に本書全般に渡って校正作業に協力して頂きました。関係各位のご協力に深く感謝申し上げます。

平成30年9月23日

編著者を代表して

櫻田　譲

［改訂版］New ベーシック税務会計＜個人課税編＞発行に当たって

　今回，第109回以降の税法能力検定試験の試験範囲改訂に伴い，最新の所得税法１級の過去問を収録した他，第104回以降に新たに追加された試験税目である相続税法については最新の２級の過去問（第108回）を収録している。また＜改訂版＞の発行に当たり新たに畠中貴幸先生（新潟経営大学）並びに柳田具孝先生（東京理科大学）を迎えた。

　令和４年７月１日

櫻田　讓

凡例と検定問題引用上の注意

凡　例

法令通達等略称表示は，次のとおりとなります。

通　法：国税通則法	消　法：消費税法
通　令：国税通則法施行令	消　令：消費税法施行令
通　規：国税通則法施行規則	消　規：消費税法施行規則
通基通：国税通則法基本通達	消基通：消費税法基本通達
所　法：所得税法	酒　法：酒税法
所　令：所得税法施行令	国犯法：国税犯則取締法
所　規：所得税法施行規則	徴　法：国税徴収法
所基通：所得税基本通達	措　法：租税特別措置法
法　法：法人税法	相　法：相続税法
法　令：法人税法施行令	相　令：相続税法施行令
法　規：法人税法施行規則	相基通：相続税法基本通達
法基通：法人税基本通達	評基通：財産評価基本通達

以下，各税法において同じ。

また，
民　法：民法
会　社：会社法
金融商品法：金融商品取引法

検定問題引用上の注意

　本書は全国経理教育協会主催の税務会計能力検定試験から問題を引用しています。引用の際，事業年度や所得計算する年分を最新にすることで現行税法に従って解答するように若干修正した問題もあります。これらの修正によって，検定試験の過去問と本書で取り扱う問題は厳密に一致しませんが，概ね検定問題の大意を損なうものではないと判断される限りにおいては，「類題」と表記しています。

目　　次

第2編　相続税法

第 1 編

所得税法

第1章　所得税の沿革

　所得税法は，120年余の歴史ある税法です[1]。それは明治維新後の日本が近代国家を形成していくための財源を求めて国家権力の一方的な行使によって課税をはじめた税であり，近年は複雑化する経済社会や金融取引の変化に対応するために多様な要素を取り入れて変化している税法です。現在の所得税法は法律的にも大きく大変複雑なものとなっています。ここでは，所得税法の大きな枠組みの変化について，主なテーマごとにその沿革概要を述べることにします[2]。

第1節　所得税法の創設

　所得税法は，大日本帝国憲法[3] 施行前の1887（明治20）年3月23日に勅令第5号として公布され，同年7月1日から施行されました。今日では法人税法や消費税法と同様に租税収入[4] の大きな税法ですが，当時，独立国家として軍事費確保のためわずか29ヶ条文で創設されたのです。当初は次のような収入を課税対象としましたが，「軍人の従軍中の俸給，旅費，傷痍疾病者の恩給金，孤児・寡婦の扶助料，営利事業以外の一時所得[5]」は非課税としました。

① 公債・預貯金の利子，株式の利益配当金，給与（俸給，手当金，年金，恩給等）

　　→収入金額＝所得金額

② ①以外の資産又は営業等による収入

　　→収入金額−必要経費＊＝控除後の金額

　　「控除後の金額」の前3年間平均＝所得金額

　　（必要経費＊：国税，地方税，製造原価，仕入原価，賃借料，修繕費，給料，借入金の利子，雑費など）

　このように課税対象と所得金額を定めたうえで，1年間に300円以上の所得がある個人に対して所得金額を5段階に区分し1％から3％の税率で課税したのです（所得金額区分と税率：3万円以上3％，2万円以上2.5％，1万円以上2％，1千円以上1.5％，300円以上1％）。

　このときの税率は「累進税率」でした。すなわち上位の所得区分に該当すると「すべての所得」が上位の税率によって納税額が計算されるのです。また，個人所得といっても，明治期の家長制時代ですから，現代風にいえばその同居家族のすべての所得を家長である戸主に合算して課税するという，いわば「家族単位」の課税でした。しかも「申告納税制度」ではなく，資料を提出させて課税庁が決定し通知するという「賦課決定」方式でした。ちなみに1887（明治20）年の所得税収が租税・印紙収入に占める割合はわずか0.8％で，当時の税収の大半は地租（63.6％），次いで酒造税（19.7％，後の酒税）という状況だったのです[6]。

第2節 法人所得課税の創設

1899（明治32）年には法人も生成されてきたので，法人に対しても所得税を課税するようになりました。そのため所得税法の課税所得を「第一種：法人所得（一律2.5%）」，「第二種：公債・社債の利子所得（一律2.0%）」，「第三種：第二種所得以外の所得」と三種に分類し，第一種及び第二種所得には「源泉徴収制度」を導入しました[7]。このとき法人は個人株主の集合体と考え法人税は所得税の前払いとして，個人所得税額から税額控除する制度としていました。この第一種法人所得の規定は1940（昭和15）年改正まで所得税法に同居しますが，その後は「法人税法」として独立の道を歩みます。

第3節 超過累進税率と申告納税制度の導入

1．超過累進税率の導入と戦時増税

所得税法制定当初は，税率も低く「累進税率」でしたが，1913（大正2）年には，これを「超過累進税率」[8]に変更し，免税点を300円から400円に引き上げました。

その後1914（大正3）年，第1次世界大戦に伴う軍備拡充のため，さらに1918（大正7）年，増税が行われました。1920（大正9）年には制度上の公平を図るとともに増税するため全文改正を行い，銀行定期預金の利子，内国法人からの受取配当金に課税するなど課税対象を拡大するとともに，山林所得課税の整備も図りました。1922（大正11）年には信託法の制定に伴い信託財産所得の課税の整備を行いました[9]。

昭和に入り戦時色が高まるにつれて増税が行われ，1937（昭和12）年には所得全体に増税し，特に国債利子を新規に課税対象とし，配当からの控除割合を40%から20%に引き下げて課税強化しました。また，昭和12年北支事変がはじまると一段と増税が行われ，1938（昭和13）年には，第一種法人所得（25%），第三種個人所得（22.5%）の税率を大幅に引き上げるとともに，免税点1,200円を1,000円に引き下げました。もちろん所得税や法人税のほかにも，1940（昭和15）年にはさらに戦時体制の戦費調達のために1941年から1945年まで相次ぐ増税が行われました。

2．賦課課税制度から申告納税制度の導入

太平洋戦争[10]は1945（昭和20）年に敗戦という形で終結し，疲弊した戦後経済は急激なインフレをもたらしました。そこで1946（昭和21）年にはこれに対応するため，免税点，基礎控除，扶養控除などを引き上げるとともに，財政再建のため，特に資産課税の増税を図りました。1947（昭和22）年には，新憲法施行（昭和22年5月3日）に伴い所得税法も全文改正して，分類所得税[11]と総合所得税の二本建てを廃止し，超過累進税率による総合所得課税一本に改正するとともに申告納税制度と予定申告制度[12]を導入しました。これは，急激なインフレ経済のもとでは，賦課決定制度によると，賦課決定の時期が異なると同じ税額でも納税者の租税負担感が異なるので，まず，申告によって同じ時期に納税額が確定する制度としたのです[13]。

第 4 節　シャウプ勧告と税制改革

1. シャウプ勧告と個人単位課税

　連合国最高司令官[14]の要請により，シャウプ博士を団長とする使節団は，日本の税制調査を行い，1949（昭和24）年に日本の恒久的・安定的な税制として「シャウプ勧告」を提案しました。これを受けて，政府はその精神に照応して各税法の改正を行ったのです。所得税法では，戦時的色彩の強かった最高税率を85％から55％に引き下げるほか，高所得者に対しては所得税とは別に「富裕税」を創設しました。また，戦後の民法改正に伴い戸主合算課税を廃止し，個人単位課税と改正しました。そして所得区分を現行と同様，10種類に分類することとしたのです。

　なお，配当所得については，法人課税によって前納しているものとして二重課税を防止するため，所得税額から一定の税額を控除することとしました[15]。

2. サンフランシスコ条約締結後の税制改革

　敗戦の日本は1952（昭和27）年のサンフランシスコ条約によって，国家行政の主体性を回復するとともに，1953（昭和28）年以後の改正は，シャウプ勧告税制からの脱皮であり，執行上の困難から，富裕税，累積的取得税制度，有価証券譲渡益課税の廃止，付加価値税の事業税への引き継ぎなどが行われました。

　1956（昭和31）年の経済白書に「もはや戦後ではない」とうたわれ，経済の高度成長に伴う自然増収を背景に減税が実施されました。1965（昭和40）年には，戦後の改正によるツギハギを整理し制度整備を図るため，所得税法と同時に法人税法も全文改正しました。

第 5 節　勤労所得控除から特定支出控除の創設まで

　1913（大正 2）年には，勤労所得に「勤労所得控除」を創設しました。それまでの勤労所得は，収入金額をそのまま所得金額として課税していたのですが，「俸給，給料，手当，歳費の所得は，資産所得又は資産勤労の共働所得に比べて負担能力が薄弱なばかりでなく，その所得を得るのに必要な多少の経費を伴う」[16]ので，収入年額の10％を勤労所得控除として減額したものを勤労所得としたのです。1920（大正 9）年には勤労控除の対象を年金・恩給・退職金・賞与課税などに広げるとともに，控除額について所得総額を基準とした傾斜的控除（20％－ 0 ％）としましたが，1947（昭和22）年，所得税法全文改正において収入金額の20％で 6 千円を限度とする控除としたのです。

　その後，勤労控除は「給与所得控除」と改められますが，それが法定概算控除制度であったので，給与所得者にも実額経費控除を認めるべきと1966（昭和41）年に大島訴訟[17]が提起され，1985（昭和60）年最高裁判決まで長期にわたる裁判が行われました[18]。　最高裁判決では，給与所得控除制度は違憲ではないと棄却しましたが，この訴訟の影響で給与所得控除額は逐次引き上げられ，1974（昭和49）年には給与収入600万円以上10％，1980（昭和55）年には1,000万円以上

5％の青天井[19] となったのです。さらに1987（昭和62）年には実額経費を控除できる「特定支出控除」制度が所得税法に創設されました[20] が，適用条件が厳しく実効性の薄いものでした。

2012（平成24）年には給与所得控除を改正し，2013年分以降，給与収入1,500万円超の給与所得控除額は245万円を上限としました。さらに2014（平成26）年改正では，2016（平成28）年の給与所得控除額を230万円（給与収入1,200万円）上限，2017（平成29）年分以降の給与所得控除額を220万円（給与収入1,000万円）上限とされました。

第6節　所得控除の創設と拡充

1．家族扶養控除の創設と諸控除に拡大

1920（大正9）年には増税と共に少額所得者に対して，幼年，老人，身障者を有する所得者に「家族扶養控除」を創設しました。戦後はシャウプ勧告に従って所得控除として基礎控除24千円，扶養控除12千円，不具者控除12千円，雑損控除，医療費控除（10万円限度）が整備され現在の所得控除の原型ができたのです。その後，基礎控除，配偶者控除，扶養控除をはじめ専従者控除の控除額を引き上げるほか，1967（昭和42）年には，税額控除制度となっていた人的控除（障害者，老年者，寡婦，勤労学生控除）及び寄附金控除を所得控除に変更して簡素化を図りました。

その後も1972（昭和47）年，老人扶養控除，1977（昭和52）年，老人配偶者控除，1987（昭和62）年には主婦の就労調整に配偶者特別控除，1989（平成元）年，特定扶養控除など多様な所得控除を創設し拡大してきました。

2．生命保険料控除等の創設と適用拡大

1923（大正12）年[21] には議員立法により「生命保険料控除」を創設し，年額200円まで控除することとしました。当初は生命保険料だけであったところ，1984（昭和59）年に個人年金保険料を，2010（平成22）年に介護医療保険料を控除対象として拡充し，12万円を限度として所得控除ができるようになりました。また，2006（平成18）年には従来の損害保険料控除（限度額1万5千円）を改組し，地震保険料控除（限度額5万円）として所得控除ができるようになりました。

第7節　土地税制とみなし法人課税選択制度

1．土地税制の緩和と強化

従来，土地・建物の譲渡益は，譲渡所得として総合課税で超過累進税率が適用されていました。しかし経済成長に伴って土地の供給不足が経済成長のネックとなってきたため，1969（昭和44）年には，土地・建物等の長期譲渡所得を総合課税から切り離して比例税率による軽課税とし，短期譲渡所得には重課税とする土地税制を導入しました。また，1972（昭和47）年には持家政策を促進するため税額控除（2万円を限度）として住宅取得控除を創設しました[22]。

その後，個人の土地税制改正による税制緩和によって土地成金が生まれるとともに地価の高騰を引き起こし，行き過ぎた緩和が社会的問題となり，これに対して土地重課税制度が創設され，

急激な土地神話崩壊のきっかけとなりました。現在も譲渡所得は，政策的な見地から総合所得課税と分離所得課税とが並行して行われ，複雑な課税制度となっています。

２．みなし法人課税制度の創設と廃止

　1973（昭和48）年には，所得税における事業所得者と法人形態事業者との課税上のアンバランスを調整するため，所得税法に「みなし法人課税選択制度」を創設しました。これは，青色申告の不動産所得，事業所得者には，事業部分を選択により「法人」とすることができる制度で，事業主の報酬は「みなし法人」からの給与として給与所得控除を適用します。もちろん報酬控除後の事業所得に当たる部分は「みなし法人所得」として法人税率相当の税率による課税を行う制度でした。しかしこの制度は，事業主報酬における給与所得控除が経費の二重控除となるなどの理由から1992（平成４）年に廃止されました。この年，従来の青色申告控除を廃止し，不動産所得及び事業所得に対して「一切の取引の内容を正規の簿記の原則に従い，整然と，かつ，明瞭に記帳している場合」[23]には，所得金額から35万円（現在65万円）控除できる「青色申告特別控除」を創設しました。

第 8 節　税制抜本改革と所得控除の整理

　1975（昭和50）年代には，不況による歳入不足などの財政危機を打開するため，間接税や法人税の引き上げ，租税特別措置法の整理なども行われてきましたが，解決しませんでした。そこで1979（昭和54）年に付加価値税，1987（昭和62）年に売上税の導入を図りましたが，国民的合意が得られませんでした。その後1988（昭和63）年には税制抜本改革を行い，一般消費税として消費税法を導入しました。

　この抜本改革で所得税法は，従来10.5％〜70％（15段階）であった累進税率構造を10％〜50％（５段階）に簡素化・減税するほか，基礎控除（35万円 → 38万円），配偶者控除（同），扶養控除（同）等を引き上げ，過去最高３兆３千億円の大幅な所得税減税が行われました。その後，1994（平成６）年には，所得，消費，資産等の間におけるバランスを図り，中堅所得層の負担軽減を図るための累進緩和などを行いました[24]。しかし2003（平成15）年には「あるべき税制」として配偶者特別控除の一部廃止，2004（平成16）年には公的年金控除の見直しとともに「老年者控除」を廃止しました。また，2006（平成18）年から翌年にかけて「三位一体改革」の一環として，所得税から個人住民税（国から地方）への３兆円の税源移譲が行われ，それに伴って定率減税の廃止，税率構造の改正などが行われました[25]。

　2010（平成22）年には，民主党政権による「控除から手当てへ」と所得控除が見直され，「子ども手当」との振替で平成23年分から，０歳から15歳までの扶養控除，16歳から18歳の高校生年齢の特定扶養上乗せ分（25万円）を廃止しました。また，「公益的な活動に対する個人の寄附を一層促進する観点から」[26]，特定寄附金から控除する金額を５千円から２千円に引き下げました。

　さらに2013（平成25）年度改正によって45％税率の区分を設け，2015（平成27）年から適用されることとなりました[27]。

第9節 配偶者就労時間の拡充と格差是正の改正

1．配偶者控除及び配偶者特別控除の見直し

　改正前は，居住者（納税者本人）において配偶者控除が適用される配偶者は，合計所得金額が38万円（給与収入金額103万円）以下なので，これを超えると控除対象外となりました。このことから，配偶者控除を適用するため就労時間を抑制するという状況が生じていました。これを「103万円の壁」といいます。また，配偶者特別控除の適用も給与収入金額が141万円以下とされていました。

　2017（平成29）年には，格差是正のため居住者の合計所得金額を4階層に区分して配偶者控除額を減額する制度としました。また，配偶者就労時間を拡充させるため，所得基準を緩和し，合計所得金額が38万円超となって配偶者控除が不適用となった配偶者に対しては，合計所得金額123万円（給与収入金額201万円）以下であれば配偶者特別控除の適用が受けられるようにしましたが，居住者の合計所得金額の階層に対応し，かつ，配偶者の合計所得金額によって低減する制度として2018（平成30）年分から適用されました[28]。

居住者の合計所得金額の階層区分	配偶者控除の額（老人控除対象配偶者の場合）	配偶者特別控除の額（配偶者の合計所得金額に応じて段階的に減額され，133万円超は不適用となる。）
1,000万円超	不適用	不適用
950万円超1,000万円以下	13万円（16万円）	13万円～1万円
900万円超950万円以下	26万円（32万円）	26万円～2万円
900万円以下	38万円（48万円）	38万円～3万円

2．給与所得控除等から基礎控除へ負担調整

　2018（平成30）年には，給与所得控除額を一律10万円引き下げました。これは「特定の収入にのみ適用される給与所得控除や公的年金等控除から，どのような所得にでも適用される基礎控除に，負担調整の比重を移していくことが必要との観点から行われたもので」[29]，合計所得金額が2,400万円以下の場合には基礎控除の額は48万円と変わりませんが，同金額が2,500万円超の場合に適用控除額が消失する制度として2020（令和2）年分から適用されました。

第10節　金融証券税制の改正

　「元来，所得税制において一時的，偶発的な所得は本格的に課税の対象にされていなかった。」[30]が，1947（昭和22）年に課税することとなったのです。しかし政策的に1965（昭和40）年代，割引債の割引差益や株式譲渡益の大部分は非課税でした。1987（昭和62）年税制抜本改革では，こうした資産優遇の税制を見直し，株式の譲渡益についてすべて課税することとしました。その後，景気の悪化に対応するため2001（平成13）年には緊急経済対策として，長期保有の上場株式の譲渡益に対して分離課税や特別控除を創設し投資の促進を図り，2005（平成17）年まで継続しました。2002（平成14）年には証券業者に特定口座を設定して行う取引の損益課税についての特例を設定，2004（平成16）年にはベンチャー企業・中小企業の支援などの観点からエンジェル税制の拡充，2005（平成17）年には「あるべき税制」の構築に向けていわゆる「タンス株」の特定口座への受入措置，2008（平成20）年には上場株式等の譲渡所得等に対する軽減税率を廃止，2010（平成22）年には金融所得課税の一体化へ改正と共に新たな個人投資促進のため通称NISA（ニーサ）といわれる「少額投資非課税制度」が創設され，2014（平成26）年1月から実施されました。年額投資額は100万円を上限として，NISA口座の株式譲渡益及び配当を5年間非課税とするものです[31]。　しかし，NISAの利用実態を見ると高齢者層に偏っていたことから，2015（平成27）年に対象者を20歳未満の者に制限し，かつ，投資額を年80万円を限度とした「未成年者NISA」を創設しました[32]。このように流動性の高い金融資産課税は，経済政策，金融証券制度の改正や他の所得課税とのバランスを考慮しながら，緩和と強化といった長期構想の見えない制度改正が行われ複雑化してきました。

第11節　経済社会変化に対応した改正

1．配偶者居住権に対応する譲渡所得の特例創設

　2018（平成30）年改正民法に「配偶者居住権」が設けられました。この配偶者居住権は，これまでの相続では住み慣れた住居を立ち退かなければならないという配偶者が生じていたことに対して，そのまま生活できるように「残された配偶者の生活に配慮する等の観点から，配偶者の居住権を保護するための方策」[33]として創設されました。「配偶者居住権は，取得した相続財産の分割行為である遺産分割等により設定され，具体的相続分を構成することから，相続税の課税対象」[34]とされました。

　この配偶者居住権は，「その対価を得て合意解除することにより消滅させることが可能とされており，合意解除が行われた場合には，事実上，配偶者居住権を有する者から対価の支払者（配偶者居住権付き建物の所有者）に対する資産の譲渡と同じ効果が生じることになる」[34]と考えられます。

　そこで配偶者居住権を消滅するための対価の支払を受けた場合には，その対価は譲渡所得の課税対象とされました。取得した配偶者居住権の消滅による所得は，原則として長期譲渡所得とし，

取得した日から5年を経過する日以前に消滅した場合の所得は短期譲渡所得とすることとされました(35)。

2．ワークシェアリング労働に対する納税環境の整備

　Uberやメルカリを活用して収入を得たりするなど，給与所得者でもワークシェアリングエコノミー等による兼業又は副業が多く見られ，多様な働き方が容易になってきています。こうした経済社会変化を受けて，雑所得に対する納税環境が整備されました。

　2020（令和2）年には，雑所得に対する現金主義の適用範囲を年収入金額300万円以下とし，さらに収入金額が年1,000万円を超える場合には事業所得者と同様に収支内訳書の作成を義務化し，2022（令和4）年分以降，確定申告書を提出する場合には，雑所得に係る収支内訳書を添付することとし，関係書類の保存も必要となりました(36)。

■ 注 ■

（1）所得税の創設は，イギリス1798年，スイス1840年，アメリカ連邦税1862年，イタリア1864年，セルビア1884（明治17）年，南オーストラリア1884年，フランス1914（大正3）年，ドイツ連邦税1920（大正9）年とされています（第一法規出版『所得税法釈義』102頁）。

（2）この所得税の沿革では，限られた紙幅の制約上，所得税の主な項目を取り上げたため，年金課税制度，収用等の特例措置，事業所得に関する改正事項など，実務上重要であるにもかかわらず記述から除かれています。

（3）大日本帝国憲法，通称「明治憲法」は，1889（明治22）年2月11日に発布され，翌年11月29日に施行されました。この明治20年当初の所得税法は，「北海道，沖縄県及び東京府管轄小笠原島，伊豆七島においては，官府より受ける俸給，手当金，年金，恩給金の外は，当分の内，これを施行せず」と定めていました（所法29但書）。

（4）各税収の令和元年度決算額（括弧書きは租税収入に対する割合『令和元年度　国税庁統計年報書』，6頁）。所得税：19兆1,707億円（32.8％），法人税：10兆7,971億円（18.5％），消費税：18兆3,527億円（31.4％），租税収入58兆4,415億円。

（5）現在，一時所得は課税所得となっています。

（6）明治期の租税及び印紙収入の内訳

税　　目	明治20年	明治30年	明治40年
地　租	42,152千円（63.6％）	37,965千円（37.6％）	84,974千円（24.9％）
酒造税（酒税）	13,070千円（19.7％）	31,105千円（30.8％）	78,406千円（23.0％）
所得税	528千円（0.8％）	2,095千円（2.1％）	27,292千円（8.0％）
収入合計	66,255千円（100％）	100,884千円（100％）	341,139千円（100％）

（7）1899（明治32）年の種別納税者数，所得金額及び税額（国税庁『国税統計年報書』第100回記念号）。

種別区分	納税者数	所得金額	税　額
第1種（法人）	6,133人	60,810千円	1,520千円
第2種（公債）	－	12,676千円	254千円
第3種（個人営業等）	342,721人	204,117千円	3,026千円

（8）現行所得税法は超過累進税率です。所得金額の下位の税率から順次適用され，所得区分を超えると次の税率適用となります。

（9）この年の信託法は，その後，2006（平成18）年に全面的な見直しが行われ，それに伴って所得税法の信託関係規定も2007（平成19）年に改正されました。

（10）1941（昭和16）年12月 8 日に真珠湾攻撃によって開戦され，1945（昭和20）年 8 月15日にポツダム宣言受諾という敗戦で終結しました。政府は戦争の名称を「大東亜戦争」としていました。

（11）分類所得税は昭和15年改正で導入されました。所得を不動産所得，配当利子所得，事業所得，勤労所得，山林所得，退職所得に分類して，それぞれに応じて税率，免税点，控除，課税方法を定めたもので，今日の各種所得区分の基礎となっています。

（12）現行の予定納税とは異なり，その年の所得及び税額を推計し，6 月30日までに申告書を提出し税額の 3 分の 1 を納税，次いで10月31日に同額を納税し，翌年 1 月31日までに実際の所得による税額との差額を納税するという制度でした。

（13）シャウプ勧告では，これを「目標額制度」といい，課税庁において各地域の見積もりに従って徴税執行が行われていたことは問題であり，目標額制度の廃止を勧告しました。そして最も所得額を知っている納税者自身が自発的に提出する申告納税制度を提言しました（福田幸弘監修『シャウプの税制勧告』霞出版社，366〜379頁）。

（14）日本のポツダム宣言受諾の敗戦によって，連合国が最高司令官（GHQ：General Head Quarters）を配置し戦後統治を行いました（福田弘幸監修『シャウプの税制勧告』霞出版社）。

（15）配当は法人段階で35％が課税されており，配当を受け取った個人は配当を含む総額で所得税額を計算し，そこから法人税相当額の25％を税額控除しました。

（16）第一法規出版『所得税法釈義』104頁。

（17）北野弘久『サラリーマン税金訴訟』（税務経理協会，昭和61年 1 月）に詳細に紹介されています。

（18）昭和41年に提訴，昭和49年 5 月30日京都地裁判決，昭和54年11月 7 日大阪高裁判決，昭和60年 3 月27日最高裁判決。

（19）平成23年度当初改正案では，給与所得控除額に一定額の限度額を設定することとなっていましたが，3 月11日東日本大震災のため，改正を見送られました。

（20）中島茂幸「特定支出控除」『北見大学論叢』26号。

（21）この大正12年 9 月 1 日には関東大震災が発生し，政府は早急に 9 月12日には震災に伴う勅令を発し，減免措置を図りました。

（22）1972（昭和47）年及び1973年中に一定の新築住宅を取得し居住している場合に，2 万円を限度として 3 年間税額控除できる制度です（『昭和47年改正税法のすべて』）。

（23）『平成 4 年　改正税法のすべて』43頁。

（24）1994（平成 6 ）年の改正前と改正後の税率構造。

税率	課税所得の金額区分（改正前）	同 区 分 （改正後）
10%	300万円以下	330万円以下
20%	300万円超〜 600万円以下	330万円超〜 900万円以下
30%	600万円超〜1,000万円以下	900万円超〜1,800万円以下
40%	1,000万円超〜2,000万円以下	1,800万円超〜3,000万円以下
50%	2,000万円超	3,000万円超

2006（平成18）年改正の税率構造

税率	課税所得の金額区分（18年分まで）	税率	同　区　分（19年分から）
10%	330万円以下	5％	195万円以下
20%	330万円超〜　900万円以下	10%	195万円超〜　330万円以下
30%	900万円超〜1,800万円以下	20%	330万円超〜　695万円以下
37%	1,800万円超	23%	695万円超〜　900万円以下
		33%	900万円超〜1,800万円以下
		40%	1,800万円超

(25) 所得税と住民税の税率構造改正の結果改正前と改正後

改正前（平成18年分まで）		改正後（平成19年分から）	
所得税の適用課税所得	合計税率 （所得税＋個人住民税）	所得税の適用課税所得	合計税率 （所得税＋個人住民税）
195万円以下の金額	15%（10%＋5％）	195万円以下の金額	15%（5％＋10%）
330万円以下の金額	20%（10%＋10%）	330万円以下の金額	20%（10%＋10%）
695万円以下の金額	30%（20%＋10%）	695万円以下の金額	30%（20%＋10%）
900万円以下の金額	33%（20%＋13%）	900万円以下の金額	33%（23%＋10%）
1,800万円以下の金額	43%（30%＋13%）	1,800万円以下の金額	43%（33%＋10%）
1,800万円超の金額	50%（37%＋13%）	1,800万円超の金額	50%（40%＋10%）

(26)『平成22年度版　改正税法のすべて』86頁。

(27)『平成25年度版　改正税法のすべて』77頁。改正後は，平成19年分の税率区分上限の1,800万円超を
　　「1,800万円超4,000万円以下の金額　40%」と「4,000万円超の金額　45%」と上位区分を設けました。

(28)『平成29年度版　改正税法のすべて』92, 93頁。

(29)『平成30年度版　改正税法のすべて』85頁。

(30) 第一法規出版『所得税法釈義』125頁。

(31)『平成22年度版　改正税法のすべて』103頁,『平成23年度版　改正税法のすべて』111頁及び『平成25
　　年度版　改正税法のすべて』176頁。

(32)『平成27年度版　改正税法のすべて』145頁〜147頁。

(33)『令和2年度版　改正税法のすべて』116頁。

(34)『令和2年度版　改正税法のすべて』117, 118頁。

(35)『令和2年度版　改正税法のすべて』118頁〜120頁。

(36)『令和2年度版　改正税法のすべて』130頁〜132頁。

第 2 章　所得税法の概要

第 1 節　所得税額算定の流れ

　所得税法は，個人の所得に対して税負担を求める租税制度で，所得の多寡と扶養親族の人数や状態によって納税額が異なります。個人は，いろいろな性質の収入を得るのでそれらの性質に応じて各種「所得の金額」を計算します。これらの所得は下記のとおり10種類に分類されます。

① 利 子 所 得　預貯金，公社債や金銭信託の利子など（所法23①）
② 配 当 所 得　株式や出資などから生ずる配当，投資信託の収益の分配など（所法24①，25）
③ 不動産所得　地代，家賃などの貸付料などによる収入（所法26①）
④ 事 業 所 得　商工業や農業など事業から生ずるもの，自由業による収入（所法27①）
⑤ 給 与 所 得　俸給，給料，賃金，賞与など（所法28①）
⑥ 退 職 所 得　退職金，一時恩給などによる一時金収入（所法30①，31）
⑦ 山 林 所 得　山林取得後5年経過後に伐採・譲渡することによる収入（所法32①，②）
⑧ 譲 渡 所 得　株式，土地建物の譲渡とそれ以外の資産の譲渡による収入（所法33①，②）
⑨ 一 時 所 得　法人からの贈与やギャンブルなどによる収入（所法34①）
⑩ 雑 所 得　上記9種類の所得に分類されない所得の他，公的年金等（所法35①）

　利子所得・配当所得の一部・退職所得・山林所得・譲渡所得や雑所得の金額の一部を除いて所得は合算されます。そしてその合算した金額は総所得金額と呼ばれ，その金額から各種所得控除の合計額を差し引き，課税総所得金額が算定されます。所得控除とは稼得者の世帯における損失発生，医療費支出，配偶者や扶養者，そして障害者と生計を一にすることなどの財産的・人的な配慮を所得金額の計算において反映させる制度です。なお，課税所得に対する税率は課税所得の多寡によって異なり，高額所得者ほど高い税率（超過累進税率）が適用されます。

　個人所得税は原則として1月1日から12月31日までの暦年基準による期間収入から同一期間の必要経費を差し引いて算定されます。個人事業主の所得税が算定される構造とその流れは図表2－1に示したとおりです。

　申告所得税は，年に一度確定申告をする制度となっています。そこで，所得税の納税を円滑かつ確実に行うために前年の申告・納税の実績に基づいて，一定額を前払納税する制度を設けています。この前払制度を予定納税といいます。前年度の納税額などによって予定納税基準額及び予定納税額（所法2①三六）を算定し，税務署長から書面により6月15日までに通知されます（所法104）。予定納税では前年の所得金額をもとにその3分の1ずつを7月（第1期）と11月（第2期）に納税します。したがって確定申告で決定する納付税額は，申告納税額から予定納税した額

図表2－1　確定申告における納付すべき所得税額の算定

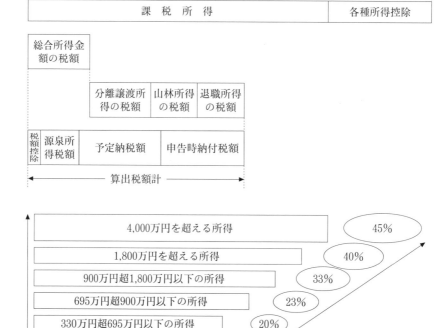

を差し引いた残額となります。居住者は，予定納税基準額が15万円以上である場合には，第1期及び第2期において，それぞれの予定納税基準額の3分の1に相当する金額を国に納付せねばなりません。

　例えば予定納税で100万円を納税し，その後，算出税額計を算定したら80万円だったとします。このように確定申告による算出税額計が予定納税額を下回る場合，差額20万円が納税者に還付されます。また税額計算の間違いによって還付金額が少ない場合も，法定申告期限から5年以内に更正の請求を行い，正しい税額にすることができます（通則法23）。逆に還付金額が多すぎたり，納税額が少ない場合は修正申告が必要です（通則法19）。納税者が税務調査通知前に自発的に修正申告をした場合と，税務調査通知後に修正申告をした場合では，後者による場合に過少申告加

図表 2 - 2　　所得税の予定納税と確定申告

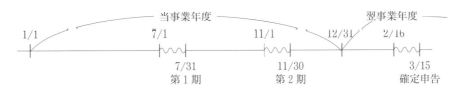

算税などが課されます。

第 2 節　　納税義務者

　わが国では，非永住者以外の居住者と非永住者，非居住者に対して所得税が課されます。非永住者以外の居住者とは，日本国内に住所または 1 年以上居所を有する個人をいいます（所法 2 ①三）。これに対して非永住者は，居住者のうち，日本国籍のない者で，かつ，過去10年以内に日本国内に住所または居所を 5 年以内有した者をいいます（所法 2 ①四）。非居住者とは，居住者（非永住者以外の居住者・非永住者）以外の個人をいいます。非永住者以外の居住者の課税所得の範囲は，国内外で生じたすべての所得となり（所法 7 ①），納税方法は申告納税又は源泉徴収によります。非永住者の課税所得は，国内源泉所得と国外源泉所得のうち，国内で支払われるもの及び国外から送金されるものです。また非居住者の課税所得は国内源泉所得になります。

第 3 節　　青色申告者

　所得税では不動産所得，事業所得，山林所得を生ずる青色申告者（所法143）に対して，主に次に掲げる特典を認めています。
　＜所得税法による特典＞
①　青色事業専従者に対する給与の必要経費化（所法57①）
②　現金主義　不動産及び事業の所得金額合計300万円以下に適用（所法67）
③　純損失の 3 年繰越控除（所法70①）と純損失の繰戻し還付（所法140，141）
④　更正処分の制限　推計課税の不適用（所法155①）
⑤　更正処分の理由付記（所法155②）
⑥　一括評価賃金に対する貸倒引当金[1]・退職引当金等の必要経費への算入（所法52，54）
⑦　棚卸資産の低価法評価（所令99①）
　　なお，事業専従者とは，事業主と生計を一にする親族で専らその事業者の営む事業に 6 カ月を超えて従事し，15歳未満を除く者をいい，兼業者は該当しません（所令165）。
　＜租税特別措置法による特典＞
①　65万円，55万円，10万円の青色申告特別控除（措置法25の 2 ）
②　中小企業者に対する少額減価償却資産の特例（措置法28の 2 ）

　上記特典を受けるためには正規の簿記により作成された帳簿を備え置き，不動産・事業・山林の各所得の金額に係る取引を記録する必要があり，その帳簿は7年間保存しなければなりません（所法148①，所規63）。青色申告特別控除10万円は，不動産・事業・山林所得の順で控除し，損益計算書の提出を必要とします。ただし，不動産所得が事業用規模（5棟10室）であり，申告書とともに貸借対照表と損益計算書を申告期限までに提出する等一定の要件を満たす場合に限り青色申告特別控除が55万円になります。青色申告特別控除65万円[2]は，55万円控除の要件を満たした上で，e-Taxなど利用した場合に認められます（措法25の2−4）。所得税法では，青色申告の承認を受けようとする居住者は，原則としてその年の3月15日までに納税地の所轄税務署長に青色申告の承認申請書を提出しなければなりません（所法144）。

第4節　収入金額と収入から差し引かれるもの

　不動産所得・事業所得・山林所得・一時所得・譲渡所得・雑所得における総収入金額は，その年において収入すべきことが確定した金額をいいます。なお，事業所得の総収入金額のうち，例外的に一定の農作物について収穫基準が採用されており，収穫時の時価相当額を収穫年の総収入金額に算入することができます（所法41）。

　不動産所得・事業所得・山林所得・一時所得・譲渡所得・雑所得における総収入金額から差し引かれるものは，必要経費・取得費・支出した費用となります。所得の算定における必要経費には，所轄税務署長の承認を必要とするもの，限度額が設定されているもの，減価償却費を除いて，その年において債務の確定した金額に限られます（債務確定主義）。また，償却資産の修繕による資本的支出部分の算定や中古資産の購入による耐用年数の再計算，一括償却資産の取り扱い，貸倒引当金繰入額の算定などに関する所得税法の規定は，概ね法人税法と同様に規定されています。

　個人が有する預貯金や株式について生じる受取利息や受取配当金は，所得税法上，それぞれ利

図表2−3　各所得の収入金額と収入から差し引かれるもの

所得の種類		（総）収入金額	収入から差し引かれるもの
利子所得		預貯金・公社債等の利子等	―
配当所得		株式又は出資の配当等	借入金利子
不動産所得		地代・家賃等	必要経費
事業所得		事業による収入	必要経費
給与所得		俸給，給料等	給与所得控除・特定支出控除
退職所得		退職金，一時恩給等	退職所得控除
山林所得		5年経過後の山林伐採・譲渡収入	必要経費・特別控除
譲渡所得	土地建物	土地等の譲渡収入	譲渡物件の取得費等
	株式等	株式等の譲渡収入	株式等の取得費等
	その他	上記資産以外の譲渡収入	譲渡物件の取得費等と特別控除
一時所得		法人からの贈与・ギャンブル収入等の収入	収入を得るために支出した費用と特別控除
雑所得		公的年金等の収入	必要経費と公的年金等控除額

子所得・配当所得として区分され，事業所得の総収入金額から除外されます。個人課税では所得区分を行うため，法人企業と異なる取り扱いとなります。また個人企業が有する資産を売却した場合に簿記上は雑収入勘定で処理することもありますが，所得税法上は一部の例外を除き事業所得の総収入金額に含めず，譲渡所得となります。

第 5 節　必要経費とならない支出

　事業主の所得税を個人企業の現金で支払うことがありますが，所得税は必要経費ではないため，租税公課勘定を用いる会計処理は適切ではなく，資本の引出しとして処理します。また事業主の生命保険料を個人企業の必要経費にすることはできず，この場合も資本の引出しとして処理します。事業主の生命保険料は，事業所得を得るためだけに支出されたわけではなく，不動産所得を得るために必要とされたかもしれませんし，一時所得を得るために必要とされたのかもしれません。このことからわかるように，生命保険料は，それぞれの所得の総収入を得るための経費としての対応関係が明確ではありません。したがって所得税法では，各種の所得を合計した総所得金額から生命保険料のうち一定額を所得控除することにしています。さらに事業主個人の私的な費用である衣服費・娯楽費・食費・住居費などの事業とは無関係の費用（家事費）を個人企業の現金などにより支出した場合も，資本の引出しとして処理します。

　事業主の所得税・生命保険料・家事費の簿記処理は，資本金勘定を直接減少させて処理するか，引出金勘定を資本金勘定の評価勘定として設け，この勘定の借方残高を資本金勘定の借方残高に振替える方法が考えられます。しかし，所得税法は引出金勘定を用いず，事業主貸勘定及び事業主借勘定を用います。これらの勘定は，所得税青色申告決算書における貸借対照表において記載されている勘定科目です（〈資料 1 － 3〉・〈資料 1 － 5〉参照）。また所得税の申告書では資本金勘定の代わりに元入金勘定を使います。

問題 2 － 1
　次の取引の仕訳をしなさい。ただし，勘定科目については，＜科目＞欄に掲げられた科目を使用するものとする。
1. 本年分の所得税の予定納税額第 1 期分として予定納税基準額630,000円の 3 分の 1 を現金で納付した。
2. 従業員の本月分給与380,000円について，源泉所得税30,000円を控除し，残額を現金で支払った。
3. 店舗兼居住用の建物（店舗部分70％，居住用部分30％）の家賃240,000円を現金で支払った。
4. 所有する東京商事株式の配当金144,000円（源泉所得税36,000円差引き後の手取額）が普通預金に振込まれた通知を受けた。
5. お中元の贈答品200,000円を現金で購入したが，このうち70,000円は，親類に対するものであり，残りは得意先に対するものである。

〈科目〉	現　　　金	普 通 預 金	事 業 主 貸	所得税預り金	事 業 主 借
	売　　　上	固定資産税	給　　　料	支 払 家 賃	交 際 費

解答欄

	借方科目	借方金額	貸方科目	貸方金額
1				
2				
3				
4				
5				

［4級4問］

第6節　収入金額と必要経費

　青色申告者であれば，不動産所得や事業所得を計算する個人企業でも損益計算書を作成しなければなりません（〈資料1－3〉〜〈資料1－5〉参照）。しかし，税務上の修正が施される前の損益計算書に計上される費用収益の額について所得税法能力検定試験の作題上は，納税者が税務に関する知識が不足しているという前提のため，さまざまな所得が混ぜ合わさって計上されています。したがって検定試験の総合問題で出題される通り，損益計算書の費用がそのまま事業所得の必要経費となることや，収益がすべて事業所得の収入になることは無く，さまざまな所得の経費や収入が混ざるという問題構成になっています。

　例えば所得税法能力検定試験2級の総合問題（第3問）では，物品販売業を営む居住者の申告納税額を計算しますが，資料として与えられる損益計算書に計上される雑収入には事業所得の収入に由来する金額がほとんどです。しかしその他の所得に由来する金額も含まれており，例えば，受取配当は配当所得の収入になり，アパートの賃貸収入や権利金収入は不動産所得の収入になります。遺失物（いしつぶつ）の拾得（しゅうとく）によって金員を獲得した場合は一時所得になり，事業の片手間に株式投資の

図表2－4　必要経費にならない営業費と総収入にならない雑収入

損　益　計　算　書

自　令和4年1月1日　至　令和4年12月31日（単位：円）

科　目	金　額	科　目	金　額
年初商品棚卸高	2,351,000	当年商品売上高	58,236,000
当年商品仕入高	42,432,000	年末商品棚卸高	2,679,000
営　業　費	12,753,000	雑　収　入	6,353,000
青色専従者給与	3,120,000		
当　年　利　益	6,612,000		
	67,268,000		67,268,000

・所得税
・貸付不動産の固定資産税
・家事費など

・印税収入
・不動産貸付収入
・落とし物の報労金
・配当金など

本を書いて印税が入ったり，所得税の還付による還付加算金を受け取れば，それらは雑所得になります。しかしながら，このような事業所得と関係のない収入が事業所得の雑収入に計上されている場合，これらを適正な所得の収入額に再分類せねばなりません。

他方，必要経費について個別に具体例の一部を挙げてみると，株式投資で銀行から借金をして配当を得たとすれば，借入金の支払利息は配当所得計算上の控除項目となり，配当所得の収入金額から差し引かれます。アパート賃貸業で生じたアパートの減価償却費や固定資産税，維持管理費は不動産所得の必要経費となります。これらは事業所得と関係のない経費なので，誤って事業所得の営業費に含まれた場合には，適正な所得の必要経費に再分類せねばなりません。

総収入と必要経費の対応関係は事業所得や不動産所得の算定のみならず，山林所得や譲渡所得の一部，一時所得や雑所得にも存在します。そこでこのような所得金額が算定される一連の流れについて，次の問題 2 － 2 を解いて確認してみましょう。

問題 2 － 2

次の資料により，物品販売業を営む全経太郎（58歳）の平成30年分の各種所得の金額を同人に最も有利になるように計算しなさい。

【資料 1】

損 益 計 算 書

自 令和 4 年 1 月 1 日　至 令和 4 年12月31日（単位：円）

科　　目	金　　額	科　　目	金　　額
年初商品棚卸高	6,309,000	当年商品売上高	119,898,000
当年商品仕入高	76,333,000	年末商品棚卸高	6,223,000
営　業　費	36,040,000	雑　収　入	6,954,000
青色専従者給与	4,842,000		
当 年 利 益	9,551,000		
	133,075,000		133,075,000

付記事項
（1）全経太郎は，青色申告書の提出の承認を受けており，また，開業時よりすべての取引を正規の簿記の原則にしたがって記録し，これに基づいて貸借対照表及び損益計算書を作成している。なお，棚卸資産の評価方法及び減価償却資産の償却方法についての届け出は行っていない。
（2）全経太郎が家事のために消費した商品（通常の販売価額858,000円，仕入価額516,000円）については，当年商品売上高に何ら計上されていない。
（3）損益計算書の年末商品棚卸高は，最終仕入原価法に基づく原価法により評価した金額である。
（4）雑収入の内訳は次のとおりである。
　　①　仕入商品のリベートとして受け取った金額　　　　　　　　36,000円
　　②　全経太郎が出版した書籍について受け取った印税（事業に関連したものでなく，源泉所得税控除前の金額）　　　　　　　　83,000円
　　③　所有する株式について受け取った配当金（上場株式等に係るものではなく，源泉所得税20%控除後の金額）　　　　　　　　160,000円
　　④　生命保険契約（掛金支払者全経太郎，掛金の支払総額680,000円，保険期間20年）の満期返戻金　　　　　　　　1,600,000円

 ⑤ 駐車場の貸し付け収入   4,655,000円

  この駐車場は月極(当月の駐車料は当月末日に支払を受ける契約)のものであり,車両の出入について管理者を置いていない。本年12月分のうち168,000円は未収のため雑収入に含めていないが,翌年1月分のうち84,000円は本年12月に受け取り,雑収入に含めている。

 ⑥ 上記⑤の駐車場貸付時に受け取った敷金(預り金) 420,000円

(5)営業費の内訳は次のとおりであり,いずれも 適法に計算されている。

 ① 所得税納付額   1,683,000円

 ② 住民税納付額   1,211,000円

 ③ 物品販売業に係る事業税納付額   524,000円

 ④ 駐車場に係る固定資産税納付額   285,000円 (付記事項(4)の⑤⑥参照)

 ⑤ 駐車場に係る経費   1,846,000円 (付記事項(4)の⑤⑥参照)

 ⑥ 物品販売業に係る営業費   30,491,000円

(6)本年10月1日に車両を取得し,ただちに事業の用に供しているが,この車両についての減価償却費の計算は行っておらず,上記の(5)の⑥の物品販売業の営業費に含まれていない。なお,車両以外の物品販売業に係る減価償却資産の減価償却費は適正に計算され,上記(5)の⑥の営業費に含まれている。

  車両の取得価額 4,200,000円

  耐用年数5年(耐用年数5年の償却率は,定額法 0.200,定率法 0.500)

(7)青色専従者給与は物品販売業に従事している次男に対して支払ったものである。これは青色専従者給与に関する届出書に記載した金額の範囲内であり,労務の対価として相当額である。

解答欄

区　　　　分	金　　額	計　算　過　程
(　　　)所得	① 　　　円	円 ÷(1 − 0.2)= 　　　円
不 動 産 所 得	② 　　　円	(1) 総収入金額 　　　円 + 　　　円 − 　　　円 = 　　　円 (2) 必要経費 　　　円 + 　　　円 = 　　　円 (3) 不動産所得の金額 　　　円 − 　　　円 − 650,000円 = 　　　円
事 業 所 得	③ 　　　円	(1) 総収入金額 　　　　　　　　　(注)家事消費高 　　　円 + 　　　円 + 　　　円 = 　　　円 　　(注)家事消費高の計算 　　　円 <(　　　円 × 0.7 = 　　　円) 　　　　　　∴ 　　　円 (2) 必要経費 　㋐ 売上原価 　　　円 + 　　　円 − 　　　円 = 　　　円

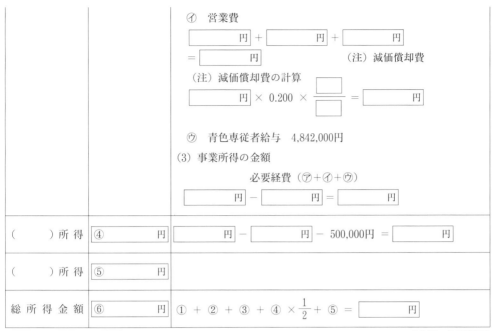

ⓒ 青色専従者給与　4,842,000円

(3) 事業所得の金額

必要経費（㋐＋㋑＋㋒）

| 　　　　円 | － | 　　　　円 | ＝ | 　　　　円 |

| （　　）所得 | ④ | 　　円 | | 　　　円 | － | 　　　円 | － 500,000円 ＝ | 　　円 |

| （　　）所得 | ⑤ | 　　円 | |

| 総所得金額 | ⑥ | 　　円 | ① ＋ ② ＋ ③ ＋ ④ × $\frac{1}{2}$ ＋ ⑤ ＝ | 　　円 |

［3 級・3 問類題］

第 7 節　課税所得金額の計算

　納税者の個人的事情による担税力の相違を総合課税の計算において反映させるために，課税標準となる総所得金額等から控除する制度があり，これを所得控除といいます（所法72～86）。所得控除には現在14種類がありますが，そのうち扶養控除については図表 2 － 5 の通りとなります。問題 2 － 3 で医療費控除・社会保険料控除・配偶者控除・扶養控除・基礎控除について実際の計算をしておきましょう。なお，これらの控除については本編第15章でより詳しく説明してありますので，そちらも参考にしてください。また，課税所得金額の計算の前段階として，「損益通算」を行いますが，こちらは本編第13章で詳しく学習します。

図表 2 － 5　扶養控除額

下記の者（特定扶養親族・老人扶養親族）を除く		38万	← 基本形（配偶者控除）と同額
特定扶養親族（19歳以上23歳未満）		63万	この他に障害者控除，寡婦控除，勤労学生控除，配偶者特別控除が人的控除としてあります。
老人扶養親族（70歳以上）	同居老親等	58万	
	そ　の　他	48万	
基　礎　控　除		48万	

問題 2 － 3

　次の資料と問題 2 － 2 を前提に，物品販売業を営む全経太郎（58歳）の令和 4 年分の所得控除額及び課税総所得金額を同人に最も有利になるように計算しなさい。

【資料】

（1）全経太郎は，実父が本年11月5日から16日間入院したことによる治療費を支払っている。この治療費につき総所得金額から控除される金額を適法に計算したところ146,740円であった。

（2）全経太郎が，本年中に支払った保険料は次のとおりである。

①	国民健康保険料，国民年金保険料及び介護保険科	843,000円
②	妻を受取人とする新契約に係る一般の生命保険料	74,000円
③	妻を受取人とする新契約に係る個人年金保険料	128,000円
④	居住している家屋及び生活用動産に対する地震保険契約の保険料	62,000円

（3）本年末日現在，全経太郎と生計を一にし，かつ，同居している親族は次のとおりである。

妻	53歳	無職（無収入）
長 男	31歳	会社員（給与所得の金額が5,286,000円あり）
次 男	29歳	青色事業専従者
長 女	24歳	無職（無収入・一般の障害者）
次 女	20歳	大学生（無収入）
実 父	82歳	無職（無収入）

解答欄

区　　　　分	金　　　額	計　算　過　程
（　　　）控除	⑦　　　　円	
社会保険料控除	⑧　　　　円	
生命保険料控除	⑨　　78,500円	㋐　一般の生命保険料の限度額 　　$74,000円 \times \dfrac{1}{4} + 20,000円 = 38,500円$ ㋑　個人年金保険料の限度額 　　支払額が80,000円を超えるため40,000円 ㋒　控除額　㋐＋㋑＝78,500円
地震保険料控除	⑩　　50,000円	支払額が50,000円を超えるため50,000円
障害者控除	⑪　270,000円	
配偶者控除	⑫　　　　円	
扶養控除	⑬　　　　円	長女　　　　　次女　　　　　実父 　　　円　＋　　　　円　＋　　　　円　＝　　　　円
基礎控除	⑭　　　　円	
所得控除合計	⑮　　　　円	⑦＋⑧＋⑨＋⑩＋⑪＋⑫＋⑬＋⑭＝　　　　　円
課税総所得金額	⑯　　　　円	⑥－⑮＝　　　　円　→　　　　円　（1,000円未満切り捨て）

■ 注 ■

（1）貸倒引当金の計上は事業所得を得る者のみならず，不動産所得・山林所得を得る者についてもその計上が認められていますが，不動産所得においては貸付の規模が，また山林所得においては業務の規模がいずれも事業的規模の場合に貸倒引当金の計上が認められます。＜参考＞→ 5棟10室。

（2）平成30年度税制改正により青色申告特別控除は55万円に引き下げられ，令和 2 年分の所得税の計算より適用されます。但し，以下に該当する場合，引き続き65万円の控除が適用されます。

① 仕訳帳及び総勘定元帳について電磁的記録による備付け及び保存を行う場合。

② e-tax を利用した確定申告を行っている場合。

（3）平成30年度税制改正により基礎控除は48万円に引き上げられ，令和 2 年分の所得税の計算より適用されます。但し，合計所得金額が2,400万円を超える納税者について段階的に基礎控除が引き下げられ，同2,500万円超でゼロになります。

〈資料1-1〉

令和＿＿年＿＿月＿＿日　＿＿＿＿＿税務署長

令和 ⓪ 年分の所得税及び復興特別所得税の確定申告書A　FA2000

第一表（令和二年分以降用）

収入金額等	給与　区分	㋐	
	雑　公的年金等	㋑	
	雑　業務　区分	㋒	
	雑　その他	㋓	
	配　　当	㋔	
	一　　時	㋕	
所得金額等	給与　区分	①	
	雑　公的年金等	②	
	雑　業務	③	
	雑　その他	④	
	②から④までの計	⑤	
	配　　当	⑥	
	一　　時	⑦	
	合計（①+⑤+⑥+⑦）	⑧	
所得から差し引かれる金額	社会保険料控除	⑨	
	小規模企業共済等掛金控除	⑩	
	生命保険料控除	⑪	
	地震保険料控除	⑫	
	寡婦、ひとり親控除　区分	⑬〜⑭	0000
	勤労学生、障害者控除	⑮〜⑯	0000
	配偶者（特別）控除　区分	⑰〜⑱	0000
	扶養控除　区分	⑲	0000
	基礎控除	⑳	0000
	⑨から⑳までの計	㉑	
	雑損控除	㉒	
	医療費控除　区分	㉓	
	寄附金控除	㉔	
	合計（㉑+㉒+㉓+㉔）	㉕	

税金の計算	課税される所得金額（⑧-㉕）	㉖	000
	上の㉖に対する税額	㉗	
	配当控除	㉘	
	（特定増改築等）住宅借入金等特別控除　区分1 区分2	㉙	00
	政党等寄附金等特別控除	㉚〜㉜	
	住宅耐震改修特別控除等　区分	㉝〜㉟	
	差引所得税額（㉗-㉘-㉙-㉚-㉝-㊱）	㊱	
	災害減免額	㊲	
	再差引所得税額（基準所得税額）（㊱-㊲）	㊳	
	復興特別所得税額（㊳×2.1%）	㊴	
	所得税及び復興特別所得税の額（㊳+㊴）	㊵	
	外国税額控除等　区分	㊶〜㊷	
	源泉徴収税額	㊸	
	申告納税額　納める税金（㊵-㊶-㊷-㊸）	㊹	00
	還付される税金	㊺	
その他	公的年金等以外の合計所得金額	㊻	
	配偶者の合計所得金額	㊼	
	雑所得・一時所得の源泉徴収税額の合計額	㊽	
	未納付の源泉徴収税額	㊾	
延納の届出	申告期限までに納付する金額	㊿	00
	延納届出額	51	000

㊴・㊵・㊹又は㊺の記入をお忘れなく。

整理番号

区分　A B C D E F G H I J K
整理欄

第3章　利子所得

第1節　利子所得の概要と計算式

　利子所得とは，①公社債の利子，②預貯金の利子，③合同運用信託の収益の分配金，④公社債投資信託の収益の分配金，⑤公募公社債等運用投資信託の収益の分配金に係る所得をいいます（所法23①）。上記①から⑤を簡単に説明すると以下のとおりです。

①　公社債の利子

　　公社債（債券）は，資金調達をしようとする国や地方公共団体，企業などが多数の投資家から資金を借入れる際に発行する「借用証書」です。国債・地方債・会社社債・農林債権・商工債権などといわれ，元本と利息を返済することを約束しています。公社債の利子はこれらの債権の利息のことをいいます。

②　預貯金の利子（分離利息振替国債の利子を除く）

　　預金や貯金から得られる利子のことをいいます。金融機関等が不特定多数の者から消費寄託契約に基づいて受け入れた資金に対して支払う利息です。

③　合同運用信託の収益の分配金

　　信託会社等が引き受けた金銭信託で，共同しない多数の委託者からの信託財産を合同し運用して得られた収益の分配金をいいます。合同運用信託の収益の分配とは，貸付信託の収益の分配金，指定金銭信託の収益の分配などがあります。

④　公社債投資信託の収益の分配金

　　信託財産を公社債に対する投資として運用することを目的とした証券投資信託で，その証券投資信託から得られる収益の分配金をいいます。公社債投資信託の収益の分配金には，中期国債ファンドの収益の分配金などがあります。

⑤　公募公社債等運用投資信託の収益の分配金

　　証券投資信託のうち信託財産として受け入れた金銭を一定の公社債に対して運用するもので，その設定にかかわる受益証券の募集が公募によって行われるものを公募公社債等運用投資信託といい，この公募公社債等運用投資信託から得られる収益の分配金をいいます。

　　その他，租税特別措置法において国外公社債等の利子等も利子所得とされ（措法3の3），勤労者財産形成貯蓄預金契約等である生命保険契約等に係る差益などは利子所得とみなされます（措法4の4①）。

　利子所得の中心をなすのは，②預貯金の利子です。①公社債の利子，③，④，⑤に係る収益の

分配金は，②預貯金の利子と法的性質は異なりますが，定期に定率で多数の者に同一条件で支払われる点で預貯金の利子と異ならないため利子所得に分類されています。なお，公社債の償還差益又は発行差金は利子所得ではなく雑所得とされています。さらに，一般的には利子とされる，いわゆる知人や会社等などに対する貸付金等（消費貸借契約）の利息は利子所得ではなく，金銭の貸付が事業として行われているかどうかによって事業所得または雑所得として扱います。

この利子所得は次の計算式によって求めます（所法23②）。

$$利子所得の金額 ＝ 収入金額$$

なお，利子所得に係る経費の控除は認められていません。これは，通常は利子所得が経費を必要としないという理由によるものです。

第2節　利子所得の収入金額の収入すべき時期

利子所得の収入金額の収入すべき時期は，それぞれ次に掲げる日とされています（所法36③，所基通36-2）。

① 定期預金の利子

　預入期間の満了後に支払を受ける利子で，その契約期間が満了するまでの期間に係るものについてはその満了の日，その契約期間が満了した後の期間に係るものについてはその支払を受けた日となります。また，契約期間の満了前に既経過期間に対応して支払い又は元本に繰り入れる旨の特約のある利子については，その特約により支払を受けることとなり又は元本に繰り入れられる日です。なお，契約期間の満了前に解約された預金の利子については，その解約の日が収入すべき時期となります。

② 普通預金又は貯蓄預金の利子

　約定により支払を受けることとなり又は元本に繰り入れられる日が収入すべき時期です。ただし，その利子計算期間の中途で解約された預金の利子については，その解約の日が収入すべき時期になります。

③ 通知預金の利子

　利子の払出しの日が収入すべき時期になります。

④ 合同運用信託，公社債投資信託又は公募公社債等運用投資信託の収益の分配金

　信託期間中のものについては収益計算期間の満了の日，信託の終了又は解約（一部の解約を含む。）によるものについてはその終了又は解約の日が収入すべき時期となります。

⑤ 公社債の利子

　記名式公社債の利子については，その利子につき支払開始日と定められた日が収入すべき時期になります。ただし，無記名（債権者の氏名が券面に記載されないもの）の公社債の利子については，その年において支払を受けた日が収入すべき時期です。

第 3 節　利子所得に対する課税の特例

　国内において，支払を受けるべき利子等は課税の特例（源泉分離課税等）を受けます。これらは，他の所得と区分して，支払を受ける金額に対して15％の所得税（平成25年からは，復興特別所得2.1％が上乗せされ，15.315％となっています）を課されます。そして，その利子等の支払者が源泉徴収（天引き）して納税をします。さらに，居住者については 5 ％の地方税が源泉徴収（天引き）されます。このように源泉徴収されるものは受け取る段階で所得税と地方税が徴収されるため，この時点で納税が完結することになります。この場合の利子所得の収入金額は，実際手取金額に源泉徴収された金額（所得税と地方税）を加えた額となります。

（例）利子所得の収入金額　100,000円の場合
　　　実際手取金額 ＝ 収入金額 － 所得税 － 地方税
　　　所　　得　　税 ＝ 100,000円 × 15％ ＋ 15,000円 × 2.1％
　　　地　　方　　税 ＝ 100,000円 × 5 ％
　　　実際手取金額79,685円 ＝ 100,000円 － 15,315円 － 5,000円

　利子所得のうち非課税になるものは，特に手続きを要しないものとして，年利 1 ％を超えない当座預金の利子や子供銀行の貯蓄金及び納税準備預金の利子があります。また，一定の手続きが必要なものとして，障害者等のマル優貯蓄（ 1 人350万円まで），勤労財形（元本550万円まで）などがあります（所法 9 ①，所法10，措法 4 の 2 等）。

第4章　配当所得

第1節　配当所得の概要と計算式

　配当所得とは，法人（公益法人等及び人格のない社団等を除く）から受ける次の内容に係る所得をいいます（所法24①）。文言上は「配当」でないものであっても，配当と同じく利益の処分の性質を有するものについては，配当と同じ取り扱いをするのが妥当であることから，配当所得とされているものもあります。

① 剰余金の配当（株式または出資に対する剰余金の配当。資本剰余金の額の減少や，分割型分割に伴ってなされたものを除く）

② 利益の配当（合名会社，合資会社，合同会社における配当）

③ 剰余金の分配（組合等の出資に係るものに限る。）

④ 金銭の分配（投資信託及び投資法人に関する法律137）

⑤ 基金利息（保険業法に規定する相互会社の基金に対する利息）

⑥ 投資信託の収益の分配（公社債投資信託及び公募公社債等運用投資信託を除く。）

⑦ 特定受益証券発行信託の収益の分配（法人税法に規定する適格現物分配に係るものを除く。）

　配当所得の金額は次の計算式によって求めることができます（所法24②）。資金を借入れて投資や出資を行う場合には，その元本を取得するために要した負債の利子の控除が認められています。

> 配当所得の金額 ＝ 収入金額 － 元本を取得するために要した負債の利子

　控除すべき負債の利子は，その年においてその元本を有していた期間に対応する部分の金額であり，次の計算式によって求められます（所令59）。

> 元本を取得するために要した負債の利子
> ＝（負債利子年額÷12）× 元本の所有月数（1月に満たない場合は1月）

　配当所得は，利子所得と同様，支払の際に所得税等が源泉徴収されます（所法181，182，措法8の2，8の3，8の5，9の3，東日本大震災からの復興のための施策を実施するために必要な財源の確保に関する特別措置法28）。

① 上場株式等の配当等の場合

平成21年1月1日～平成24年12月31日

7％（他に地方税3％）の軽減税率により所得税が源泉徴収

平成25年1月1日～平成25年12月31日

7.147％（他に地方税3％）の軽減税率により所得税及び復興特別所得税が源泉徴収

平成26年1月1日～

15.315％（他に地方税5％）の税率により　所得税及び復興特別所得税が源泉徴収

※一定の大口株主は上記の軽減税率の適用がなく，下記②の通り源泉徴収されます。

② 上場株式等以外の配当等の場合

平成24年12月31日以前

20％（地方税なし）の税率により所得税が源泉徴収

平成25年1月1日～

20.42％（地方税なし）の税率により所得税及び復興特別所得税が源泉徴収

問題4－1

次の所得の金額を計算しなさい。

物品販売業を営む居住者甲（年齢45歳）が取引先D社の株式（上場株式等でない）によって受け取る剰余金の配当は135,286円（源泉徴収税額34,714円控除後の手取り額）である。なお，D株式会社株式取得のための借入金の利子が12,000円ある。

解答編

1．収入金額　　　　☐　　　　円 ＋ ☐　　　　円 ＝ ☐　　　　円

2．負債の利子　　☐　　　　円

3．（　　　　　　）所得の金額　　1．－2．＝ ☐　　　　円

［2級・3問類題］

第2節　配当所得の収入金額

前述した配当等を収入した金額（所得税等の源泉徴収前の総額）のほか，法人の株主等が当該法人の次に掲げる事由により金銭その他の資産の交付を受けた場合において，その合計額が当該法人の資本金等の額のうちその交付の基因となった当該法人の株式又は出資に対応する部分の金額を超えるときは，その超える部分は，剰余金の配当，利益の配当又は剰余金の分配とみなされ，収入金額に含まれます（所法25）。

① 合併（法人税法に規定する適格合併を除く）

② 分割型分割（法人税法に規定する適格分割型分割を除く）

③ 資本の払戻し（資本剰余金の額の減少に伴うものに限る）

④ 解散による残余財産の分配

⑤　自己株式又は出資の取得（一定の場合を除く）

⑥　出資の消却，出資の払戻し

⑦　社員その他の出資者の退社若しくは脱退による持分の払戻し

⑧　株式若しくは出資を当該法人が取得することなく消滅させること

⑨　組織変更

　なお，平成21年1月1日以後に支払を受けるべき配当等で次に掲げるものを有する場合は，源泉徴収のみで課税関係を終了させること（確定申告不要制度）を選択できます（措法8の5）。

①　内国法人から支払を受ける配当等（次号から第四号までに掲げるものを除く。）で，当該内国法人から一回に支払を受けるべき金額が，10万円に配当計算期間の月数を乗じてこれを12で除して計算した金額以下であるもの

②　内国法人から支払を受ける上場株式等の配当等（大口株主である場合を除く。）

③　内国法人から支払を受ける公社債投資信託以外の証券投資信託でその設定に係る受益権の募集が公募により行われたものの収益の分配に係る配当等（特定株式投資信託を除く。）

④　特定投資法人から支払を受ける投資口の配当等

⑤　特定投資信託の利益の分配等

　また，大口以外の上場株式等の配当等について，株式の譲渡損との損益通算を希望する場合は，申告分離課税を選択することにより損益通算することができます（措法8の4）。この制度は個人株主単独での株式保有割合が3％未満であれば適用されるため，同族会社を通じて3％以上の株式を保有しているような実質的な大口株主も申告分離課税を選択できる仕組みになっています。この点について，令和5年10月1日以後は，個人株主と同族会社あわせて3％以上となっている場合には総合課税の対象となることとされています（令和4年度税制改正の大綱）。

　平成26年1月より日本版ISA（NISA）が導入され，NISA口座を通じた一定の少額投資による譲渡所得，配当所得が非課税とされています（措法9の8）。非課税となる投資額は平成27年分までは毎年100万円，総額500万円が限度とされていましたが，平成28年分からは毎年120万円，総額600万円に引き上げられています。そして令和6年からは，いわゆる二階建ての仕組みの「新NISA」に衣替えとなり，一階部分は毎年20万円，総額100万円が非課税限度，二階部分は毎年102万円，総額510万円が非課税限度となることとされています（令和2年度税制改正の大綱）。

　NISAは20歳以上の居住者を対象とした制度ですが，平成28年1月から令和5年12月までの期間限定で，20歳以下を対象とした「未成年者少額投資非課税制度」，いわゆるジュニアNISAが導入されています（措法9の9）。さらに，平成30年1月から，積立・分散投資に適した一定の投資信託への投資に係る譲渡所得，配当所得を非課税とする「非課税累積投資契約に係る少額投資非課税制度」（積立NISA）が創設されています（措法37の14⑤一，措法9の8）。

第3節 配当所得をめぐる課税事件

　私法上不適法な配当が所得税法上の配当にあたるかどうか争われた事件で，最高裁判所は，一般論として，いわゆる蛸配当，株主平等の原則に反する配当等のように，商法上不適法な配当であっても，所得税法上の利益配当のうちに含まれると判示しています。ただし，具体的な事案へのあてはめの段階では，株主相互金融会社の株主優待金のように利益の有無にかかわらず支払われるものは所得税法上の利益配当に含まれないと判示しました（最判昭和35年10月7日，民集14巻12号2420頁）。

　平成17年に制定された会社法は利益の配当と資本の払戻等を「剰余金の配当」として一本化しています（会社453）が，所得税法上の配当所得は「利益の配当」部分に限られます（所得税法24①にいう「剰余金の配当」から資本剰余金の額の減少は除かれています）。しかし基金利息や中間配当，投資信託の収益の分配が「利益の配当」であるかどうかについては議論の余地があります。この点について大阪地判平成23年3月17日判決は（税法上の配当所得の概念には）「本来は利益の配分の性質を持たない基金利息や利益の前払の性格をもつ中間配当を含み，さらに，配当，利子，証券の売却益等各種収益の混合から成る証券投資信託の収益の分配等まで取り込まれ，さらには，会社の正式な決算手続に基づき利益が分配されたものでなくても，実質的にみてそれが出資者が出資者の立場で受ける利益の分配とみられる限りにおいて，配当所得として取り扱うこととされている」と判示しています。ただし，金融所得一体課税により，配当所得と他の金融所得の課税上の差異は少なくなってきています。

　また，海外のLLCから支払いを受けた分配金が，配当所得に含まれるか否かが争われた事件があります。アメリカではLLCに対する課税方式として，法人としての課税と，組合としての課税（いわゆるパス・スルー課税）の2つが存在しており，納税者がいずれかを選択できることとしています。しかし当該LLCは，ニューヨーク州法上法人格を有する団体として規定されてお

り，独立した法的実体として存在しているから，我が国の租税法上は外国法人にあたる（パス・スルー課税を認めない）としたうえで，その分配金は出資者である地位に基づく経済的な利益であり，配当所得に該当すると東京高裁が判示しています（東京高判平成19年10月10日，訟務月報54巻10号2516頁）。

第5章　不動産所得

第1節　不動産所得の意義

　不動産所得とは，不動産，不動産の上に存する権利の貸付けによる所得を言います（所法26①）。船舶または航空機の貸付けによる所得も含まれます。貸付けとは，他人に使用させる一切の場合をいい，家屋の壁を広告のために利用させることも含まれます（所基通26-5）。これは資産の貸付けによる資産性の所得で勤労の対価の要素が含まれていません。不動産所得はもともと事業所得，雑所得とともに事業等所得として一括されていましたが，平成元年に廃止され，事業等所得のうち資産性のものが不動産所得として切り分けられたという経緯があります。

第2節　不動産所得の総収入金額

　不動産所得とは，次の不動産等の貸付けによる所得を言います。
①　不動産（例：地代，家賃，権利金，礼金などの収入）
②　不動産の上に存する権利（例：地上権，永小作権，借地権などの貸付け，設定その他他人に不動産等を使用させて得る収入）
③　船舶又は航空機（例：船舶，航空機の貸付けなどによる収入）

　不動産とは，土地及び建物，構築物その他の土地に定着する有体物を言います（民法86）。そのため機械，器具，自動車などの動産の貸付けによる所得は，事業所得又は雑所得に該当します。
　船舶及び航空機は動産ですが，登記，登録，抵当権の方法などが不動産と同じなので，不動産に準じて取り扱います（所基通26-1）。

　下宿などのように，単に部屋を貸すだけでなく，食事を提供する場合の所得は，不動産所得ではなく，事業所得又は雑所得となります。土地を賃貸（転貸を含む）する場合において通常取得するいわゆる権利金は，所法33①かっこ書に該当し譲渡所得とされるものを除き，不動産所得となります。また，不動産の賃貸借時には，権利金（礼金），敷金（保証金）が授受されるのが通例です。この場合，権利金は不動産所得となるが，敷金は返還を要しない旨の特約のある場合を除き，所得とはなりません。権利金は，不動産の賃貸借契約に際し，賃借人が賃貸人に支払うもので，契約終了後も返還を要しません。敷金は，賃借料の債務（家賃など）を担保するために不動産の賃貸借契約に際し，賃借人が賃貸人に交付するもので，通常は単なる預り金です。しかし，賃貸借期間の経過等に応じて，その敷金の一部又は全部の返還を要しなくなるような場合には，返還を要しなくなった時点で，その返還を要しなくなった額を，収入に計上します。

第3節　不動産所得の必要経費

　不動産所得の必要経費とされるものは，その不動産に係る公租公課，保険料，修繕費，減価償却費，支払地代，雇人費，仲介手数料，借入金の利子などです。店舗兼住宅に係る地代，家賃，火災保険料，水道光熱費等の家事関連費は業務の遂行上必要であり，かつ，その必要である部分を明らかに区分することができる場合には，その部分を必要経費に算入します（所法45）。不動産貸付業を営む個人が，貸付業務用の土地建物を購入する際に，不動産仲介業者に支払った仲介手数料は必要経費に算入できません（東京地判平成25年10月22日月報60巻11号2423頁）。

問題5－1
　次の資料により，不動産貸付業を営む居住者甲の平成30年分の不動産所得の金額を解答欄にしたがって計算しなさい。なお，甲は青色申告書の提出につき承認を受けており，すべての取引を正規の簿記の原則にしたがって記録し，これに基づいて貸借対照表及び損益計算書を作成している。

【資料】

記号	収入の種類	収入金額	必要経費	備　　　　考
ア	貸宅地の権利金	6,000,000円	350,000円	甲所有の時価10,000,000円の土地に建物の所有を目的とする借地権を設定したものである。
イ	貸宅地の地代	240,000円	75,000円	
ウ	アパート及び貸倉庫の賃貸料	3,790,000円	1,387,000円	貸倉庫に係る平成30年12月分50,000円が未収となっている。
エ	アパートの礼金	120,000円	－	
オ	アパートの敷金	80,000円	－	返還を要するものである。
カ	アパートの契約更新料	40,000円	－	
キ	広告宣伝用看板の設置料	264,000円	61,600円	甲所有の空地に設置させたことによる使用料収入である。
ク	自動車の貸付収入	105,000円	37,500円	
ケ	バンガローの貸付収入	1,200,000円	238,000円	夏期だけ設置し，ほかの季節は解体・格納している。
コ	駐車場の貸付収入	858,000円	335,000円	甲に保管責任のあるものではない。

解答欄
1. 資料アからコまでの収入のうち，所得税法上不動産所得になるものには○印を，その他の所得になるものには×印を，所得に該当しないものには△印を下記解答欄の□のなかに記入しなさい。

ア	イ	ウ	エ	オ	カ	キ	ク	ケ	コ

2．不動産所得の金額の計算

（1）総収入金額

		円
	＝	

（2）必要経費

		円
	＝	

（3）不動産所得の金額

円	－	円	－	円	＝	円

[2 級・ 2 問類題]

第 4 節　不動産所得をめぐる課税事件

　不動産所得の範囲が問題となった名古屋地判平成17年 3 月 3 日判タ1238号204頁を紹介します。原告は，不動産賃貸業等を営んでいましたが，昭和52年ころ，名古屋三菱自動車販売会社（以下「名古屋三菱」とします）との間で，土地を仮設モーターショップ及びモータープール用地として一時使用目的で賃貸する旨の契約を締結しました。名古屋三菱は，同地上に建物（以下「本件建物」とします）を建築して，高針店として営業を開始しました。名古屋三菱は，平成12年 8 月ころ，高針店を閉鎖して業務を縮小すべく，原告に対して，本件賃貸契約の中途解約について協議を申し入れていたところ，中古車買取販売業者である株式会社ガリバーインターナショナル（以下「ガリバー」とします）が本件土地を本件建物付きで借り受けたいと申し入れてきたため，原告及び名古屋三菱は，平成12年11月14日，①本件賃貸契約を同月15日限り解約すること，②原告は，支払済みの同月分の賃料62万円のうち解約日以降の賃料に相当する31万円及び保証金1,000万円を名古屋三菱に返還すること，③名古屋三菱は，本件建物を原告に無償譲渡することなどを内容とする中途解約の合意をしました。原告が平成12年分所得税について，本件賃貸契約の合意解除に際して，賃借人から原告に無償で提供された建物利益を一時所得として確定申告したところ，被告税務署長は不動産所得に当たるとして所得税更正処分及び過少申告加算税賦課決定処分を行ったという事件です。

　裁判所は「本件建物の無償譲受けは，賃貸借契約に基づいて目的物を使用収益させる賃貸人の義務やこれに対する賃料等を支払う賃借人の義務とは関連せず，専ら同契約の終了に伴う原状回復義務の履行を賃借人が免れる（軽減する）ことを目的として行われたものであるから，何らかの意味で賃貸借の目的物を使用収益する対価（あるいはこれに代わるもの）たる性質を有するものでないといわざるを得ない」として一時所得と判断しました。

〈資料1－2〉

FA3200

令和 ○ 年分所得税青色申告決算書（不動産所得用）

この青色申告決算書は機械で読み取りますので、黒のボールペンで書いてください。

住所　　事務所
所在地

氏名　フリガナ
氏　名

職業　　電話
番号

依頼税理士等
事務所所在地
氏　名（名称）
電話番号

整理番号

●下の欄には、書かないでください。

㉙　㋐

令和　年　月　日　提出

用（令和二年分以降用）

損　益　計　算　書　（自　　月　　日　至　　月　　日）　（円）

	科　目	金　額（円）		科　目	金　額（円）
収入金額	賃　貸　料	①		⑬	
	礼金・権利金・更新料	②		⑭	
		③		⑮	
	計	④		⑯	
必要経費	租　税　公　課	⑤	その他の経費	⑰	
	損　害　保　険　料	⑥		⑱	
	修　繕　費	⑦	計	⑲	
	減　価　償　却　費	⑧	差引金額（④－⑱）	⑲	
	借　入　金　利　子	⑨	専　従　者　給　与	⑳	
	地　代　家　賃	⑩	青色申告特別控除前の所得金額（⑲－⑳）	㉑	
	給　料　賃　金	⑪	青色申告特別控除額（65万円又は55万円と㉑のいずれか少ない方の金額）	㉒	
		⑫	所得金額（㉑－㉒）	㉓	

土地等を取得するために要した負債の利子の額

○青色申告特別控除については、「決算の手引き」の「青色申告特別控除」の項を読んでください。

→㉓欄が赤字の人で必要経費に算入した土地等を取得するために要した負債の利子の額がある人は、その負債の利子の額を書いてください。

－1－

〈資料１－３〉

整理番号 □□□□□□　FA3275

貸借対照表（資産負債調）

（令和　年　月　日現在）

資産の部			負債・資本の部		
科目	月　日（期首）	月　日（期末）	科目	月　日（期首）	月　日（期末）
	円	円		円	円
現　金			借　入　金		
普 通 預 金			未　払　金		
定 期 預 金			保証金・敷金		
その他の預金					
受 取 手 形					
未収賃貸料					
未　収　金					
有 価 証 券					
前　払　金					
貸　付　金					
建　物					
建物附属設備					
構　築　物					
船　舶					
工具器具備品					
土　地					
借　地　権					
公共施設負担金					
			事　業　主　借		
			元　入　金		
事　業　主　貸			青色申告特別控除前の所得金額		
合　　計			合　　計		

◎65万円又は55万円の青色申告特別控除を受ける人は必ず記入してください。その以外の人でも分かる箇所はできるだけ記入してください。（令和三年分以降用）

◎本年中における特殊事情・保証金等の運用状況（他地権の設定に係る保証金などの預り金がある場合には、その運用状況を記載してください）

（注）「元入金」は、期首の資産の総額から「期首の負債の総額」を差し引いて計算します。

－4－

第6章　事業所得

第1節　事業所得の概要と計算式

次の事業から生じる所得を事業所得といいます（所令63）。

①農業　②林業及び狩猟業　③漁業及び水産養殖業　④鉱業（土砂採取業を含む。）　⑤建設業　⑥製造業　⑦卸売業及び小売業（飲食店業及び料理店業を含む。）　⑧金融業及び保険業　⑨不動産業　⑩運輸通信業（倉庫業を含む。）　⑪医療保健業，著述業その他のサービス業　⑫上記のもののほか，対価を得て継続的に行う事業

また事業所得は次の式によって求めます（所法27②）。

> 事業所得の金額 ＝ 総収入金額 － 必要経費（－青色申告特別控除額　最大65万円）

第2節　事業所得の総収入金額

事業所得の総収入金額には次のものが含まれます。

①　売上高

売上高は原則として引渡基準によって認識されます。家事消費と贈与は取得原価と販売価額の70％のうち，いずれか多い方の金額を当期売上高に計上します（所基通39－2）。また低額譲渡についても販売価額の70％を売上高とします。低額譲渡とは，棚卸資産価額の概ね70％相当に満たない対価による譲渡をいいます（所基通40－2）。

②　商品等に盗難等の損害を受けたことにより取得する保険金，損害賠償金など（所令94①）

③　事業主が従業員に寄宿舎を提供する場合の使用料（所基通26－8）

④　事業に関連して取引先や使用人に対して貸付けた貸付金の利子（所基通27－5）

⑤　事業用の資産の購入に伴って景品として受ける金品（所基通27－5）

⑥　新聞販売店における折り込み広告収入や浴場などの広告掲示による収入（所基通27－5）

⑦　事業用の固定資産税に係る前納報奨金（所基通27－5）

⑧　広告宣伝用資産の取得によって発生した受贈益（所基通36－18）

上記⑧について販売業者等が製造業者等から次のような広告宣伝用資産を無償又はその資産の価額に満たない対価で取得した場合の受贈益は総収入金額に計上されます。

・自動車，自動三輪車，自動二輪車で車体の大部分に一定の色彩を塗装して製造業者

等の製品名又は社名を表示し，その広告宣伝を目的としていることが明らかなもの
・陳列棚，陳列ケース，冷蔵庫又は容器で，製造業者等の製品名又は社名の広告宣伝を目的としていることが明らかなもの
・展示用モデルハウスのように製造業者等の製品の見本であることが明らかなもの

なお，所得計算上，総収入金額となる受贈益は次の算式によって算定されますが，受贈益が30万円以下のものは経済的利益が無いものとします。

当該資産の価額 × $\frac{2}{3}$ － 当該資産取得のために支出した金額 ＝ 受贈益

また，広告宣伝用の看板やネオンサイン，どん帳といった専ら製造業者等の広告宣伝の用に供されるものには受贈益は発生しません。

⑨　少額減価償却資産や一括償却資産の売却収入（所基通33－1の3）
⑩　各種引当金や準備金の戻入額，作業屑や空箱などの売却代金，仕入割引，リベートなど

問題6－1

物品販売業を営む居住者甲の当年分の所得税の確定申告に関して，総収入金額のうち，低額譲渡修正高と家事消費額を計算しなさい。

（1）甲の営む事業とは関係のない友人Aに販売した商品162,000円がある。なお，この商品の仕入価額は156,000円，通常の販売価額は237,000円である。

（2）甲が家事のために消費した商品（仕入価額330,000円，通常の販売価額465,000円）がある。

解答欄

（1）低額譲渡修正高

（該当するものを○で囲むこと）

∴ ［　　　　　　円］

（2）家事消費額

（該当するものを○で囲むこと）

∴ ［　　　　　　円］

［1級・4問類題］

問題6－2

物品販売業を営む居住者乙が取得した広告宣伝用資産に関し，次の資料に基づき，税務上の受贈益の計算過程を明らかにして求めなさい。

本年8月に仕入先であるC株式会社より低額で譲り受けた配送用車両の同社における取得価額相当額2,250,000円と乙が負担した500,000円との差額相当額を計上した。なお，この車両は，C株式会社の製造製品の広告宣伝を目的としていることが明らかである。

解答欄

受贈益

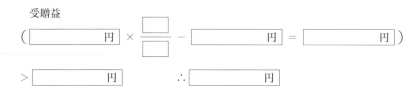

［1級・4問類題］

第3節　事業所得の総収入金額から差し引かれるもの（必要経費）

　その年分の事業所得の金額の計算上，必要経費に算入すべき金額は，別段の定めがあるものを除き，これらの所得の総収入金額に係る売上原価その他当該総収入金額を得るため直接に要した費用の額及びその年における販売費，一般管理費その他これらの所得を生ずべき業務について生じた費用（償却費以外の費用でその年において債務の確定しないものを除く。）の額とします（所法37①）が，この規定は不動産所得・山林所得・雑所得の計算にも適用されます。

　必要経費から債務の確定しないものを除くとありますので，債務が確定した仕入などであれば必要経費となります。しかしながら単に前払金を支払っただけでは仕入とならないので，売上原価を構成しません。なぜなら債務確定の要件である商品の受取という具体的事実が発生していないためです。

　ちなみに不動産所得，事業所得，山林所得又は雑所得の金額の計算上，必要経費に算入しないものについては，主に次の項目があげられます（所法45①）。

　1．家事上の経費及びこれに関連する経費

　2．所得税

　3．所得税以外の国税に係る延滞税，過少申告加算税，無申告加算税，不納付加算税及び重加算税並びに印紙税法の規定による過怠税

　4．道府県民税及び市町村民税（都民税及び特別区民税を含む。）

　5．地方税法の規定による延滞金，過少申告加算金，不申告加算金及び重加算金

　6．罰金及び科料並びに過料

　7．故意又は重大な過失によって生じた損害賠償金（これに類するものを含む。）

　また，居住者が供与をする賄賂又は不正競争防止法に規定する金銭その他の利益に当たるべき金銭の額及び金銭以外の物又は権利その他経済的な利益の価額や，所得税額から控除する外国税額は，その者の不動産所得の金額，事業所得の金額，山林所得の金額若しくは雑所得の金額又は一時所得の金額の計算上，必要経費又は支出した金額に算入しません（所法45②，③）。

1．水道光熱費や損害保険料などの一般管理費

　青色申告者に対しては，店舗併用住宅などのように，個人事業主の自宅と事業所が一体となる場合，水道代や電気代は自宅経費（家事関連費）部分と事業用経費部分に区別し，後者を必要経

費とします（所令96）。この様な場合，事業所得を正確に計算するために自宅と店の床面積比や使用頻度など合理的基準によって必要経費を按分します（所基通45－1）。また，使用人の行為に基因する損害賠償金の負担額はその使用者に故意又は重大な過失が無い場合は必要経費となります（所基通45－6（2））。

　このほか必要経費に関する注意点としては次のとおりです。①火災が生じた場合の後片づけ費用は必要経費に含まれます（所法51①）。②販売促進のために得意先を接待したことによる支出があることと，その支出が専ら事業のために必要である場合は必要経費となります（所令96）。③借り入れを行って車両などの事業用資産を購入する場合，支払利息が発生しますが，この金額は当該固定資産の取得費に含めず，事業所得算定上の必要経費となります（所基通37－27）。④租税公課のうち，事業税や業務用資産に対する固定資産税等は原則として必要経費です（所基通37－5）が，配達中の交通違反などによって課された罰科金（ばっかきん）は，法人税法における取り扱いに同じで必要経費となりません（所法45①六）。

2．棚卸資産の評価と商品の火災などによる損失など

　棚卸資産とは，事業所得の事業に係る商品，製品，半製品，仕掛品，原材料その他の資産で棚卸すべき特定のものをいい，有価証券及び山林は除かれます（所法2①十六）。

　棚卸資産の評価方法は原則として原価法です。しかし，青色申告書の提出が認められている場合には棚卸資産の評価方法について低価法を用いることができます（所令99①）。原価法には個別法，先入先出法，総平均法，移動平均法，最終仕入原価法が認められていますが，評価方法について届出がない場合は最終仕入原価法に基づく原価法が適用となります（所令102①）。これを法定評価方法といいます。また，商品が火災などによって失われた場合の火災損失は必要経費となります（所法51①）。これは商品が保険対象となる損害保険契約を締結して保険金が支払われた場合，雑収入として計上されることに対応しています。このほか商品購入契約を締結した後，自らの都合でその商品購入契約の一部又は全部を解除した場合の違約金も必要経費となります。

3．減価償却資産の償却

　減価償却資産とは，業務の用に供される建物，構築物，機械及び装置，船舶，車両及び運搬具，工具器具及び備品，鉱業権その他の資産で特定のものをいいます（所法2①十九）。

　減価償却資産の償却方法は，①平成19年3月31日以前に取得されたものには，旧定額法，旧定率法，旧生産高比例法，旧リース期間定額法，②同年4月1日以降に取得されたものには，定額法，定率法，生産高比例法，リース期間定額法の適用が認められています。

　所得税法では償却方法を選定していない場合には，法定償却方法として一部のものを除き定額法となります（所令125）。償却方法を変更する場合には，所轄税務署長の承認を得る必要があり，新たな償却方法を採用する年の3月15日までに変更承認申請を提出しなければなりません（所令124）。

① 少額減価償却資産と一括償却資産

　減価償却資産とは，使用可能期間が1年以上を前提としています。そもそも減価償却費の計上

は，会計上，償却資産の取得原価を使用する期間にわたって配分することで期間損益を適正化する目的があり，このことからすると取得原価が金額的に重要である償却資産で，耐用年数が比較的長きにわたる場合に適用されて初めて意味があるといえるのです。しかし実際には，取得価額が20万円未満とか，使用可能期間が1年未満である償却資産も存在し，これらにいかなる減価償却を行うべきか問題となります。そこで税法では使用可能期間が1年未満，又は取得価額が10万円未満である減価償却資産についてはこれらを少額減価償却資産とし，これらを取得し業務の用に供した年に取得価額の全額を，当年分の必要経費とします（所令138）。また，20万円未満の減価償却資産を一括償却資産とし，取得価額を業務の用に供した年から3年間に均等額を必要経費とすることとしました（所令139）。

　なお，中小企業者等（青色申告者に限る）は，令和4年3月31日までの間に取得した減価償却資産のうち30万円未満のものを少額減価償却資産の特例として必要経費にすることが可能であり，必要経費に算入出来る限度額は年間300万円までです。

②　事業用資産の損失

　倉庫など固定資産が火災などによって損失を被った場合，資産損失を認識します。その金額測定は，被災資産の未償却額から当期の減価償却費と損失発生直後の当該資産の時価，保険金受取額を差し引いて算出されます（所法51①，所基通51−6）。

問題6−3

　次の資料は，物品販売業を営む居住者丙（年齢57歳）の令和4年分の所得税の確定申告に関するものである。この資料に基づき，丙の本年分の所得税の確定申告において納付すべき所得税額を最も有利になるよう資産損失の計算過程を明らかにして求めなさい。なお，償却方法については届出を行っていない。

【資料】

項目1．雑収入には次のものが含まれている。

（1）令和4年5月25日に火災で全焼した商品倉庫A及び商品につき保険会社から支払いを受けた保険金

①　商品倉庫Aの損失に係るもの　　　　4,000,000円

②　商品の損失に係るもの　　　　　　　2,500,000円

③　焼失後商品倉庫Aの時価は0円である。

項目2．焼失資産の減価償却費に関する資料

種類等	取得・事業供用日	取得価額	年初未償却残額	法定耐用年数	償却率
商品倉庫A	平成30年5月10日	6,300,000円	4,752,300円	15年	定額法　0.067 定率法　0.167 200%定率法　0.133

解答欄

資産損失

	=		円

③　資本的支出

　居住者が有する固定資産について支出する金額のうち資本的支出に該当するものは，その支出する日の属する年分の不動産所得の金額，事業所得の金額，山林所得の金額又は雑所得の金額の計算上，必要経費に算入されません。資本的支出とは，その支出によってその資産の使用可能期間を延長させるもの，又は，価額を増加させるものをいいます（所令181）。減価償却資産について資本的支出が行われた場合にはその支出金額を取得価額として，その有する減価償却資産と種類及び耐用年数を同じくする減価償却資産を新たに取得したものとします（所令127①）。

　また居住者のその年の前年分の所得税につき必要経費に算入されなかった金額がある場合において，居住者が有する旧減価償却資産及び新たに取得したとされる追加償却資産について定率法を採用しているときは，その年の 1 月 1 日において，同日における旧減価償却資産の取得価額と追加償却資産の取得価額等との合計額を一の減価償却資産として，新たに取得したものとすることができます（所令127④）。

問題 6 － 4

　物品販売業を営む居住者甲は，令和 4 年10月15日に店舗用建物に係る修理・改良費用2,750,000円を支出している。そのうち1,250,000円は修繕費とされるもので，残額の1,500,000円は資本的支出とされるものである。次の資料に基づき，店舗用建物に係る令和 4 年分の減価償却費の額を計算しなさい。なお，償却方法については届出を行っていない。

【資料 1 】減価償却を行っていない資産

種類等	取得・事業供用日	取得価額	年初未償却残額	法定耐用年数
店舗用建物	平成18年 4 月 2 日	14,000,000円	4,871,300円	22年

【資料 2 】償却率

償却方法	耐用年数 22年
旧定額法（平成19年 3 月31日以前に取得した資産）	0.046
定　額　法（平成19年 4 月 1 日以後に取得した資産）	0.046
旧定率法（平成19年 3 月31日以前に取得した資産）	0.099
定　率　法（平成19年 4 月 1 日以後に取得した資産）	0.114
200%定率法	0.091

解答欄

減価償却費（店舗用建物）

1．本体部分　　　　　　　　　　円 × 0.9 × 0.　　　　＝　　　　　　　円

2．資本的支出部分

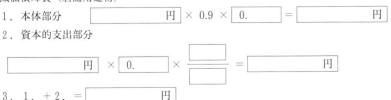

3．1．＋2．＝　　　　　　　円

④　**非業務用資産を業務用に転用した場合**

　居住者が有する家屋等の資産で，不動産所得，事業所得，山林所得又は雑所得を生ずべき業務の用に供していないものを当該業務の用に供した場合には，当該業務の用に供した日に資産の譲渡があったものとみなした場合に計算される「減価の額」（所令85）を控除した取得費に相当する金額を未償却残高と考え，転用後の償却を行います（所令135）。詳細は第10章図表10－5を参照してください。

⑤　**中古資産の買入**

　中古資産取得後，いかなる耐用年数で取得後の減価償却を行うのかが問題となります。政令によれば，取得後の耐用年数を見積もり，その見積もった耐用年数を使用します（耐例3）。但し見積もることが困難な場合には次の簡便法を用います。この計算において1年未満の端数は切り捨て，2年に満たない場合は2年とします（耐用年数省令3①二）。

> ①　法定耐用年数すべて経過の場合：法定耐用年数 × 20%
>
> ②　法定耐用年数一部経過の場合：（法定耐用年数 － 経過年数）＋ 経過年数 × 20%

　また，当該中古資産を取得して事業の用に使用するために改良の支出（資本的支出）があった場合は，次のような考え方に基づき計算をします（耐通1－5－3，1－5－6）。

　改良費^{*1}≦中古資産の取得価額×50%＜改良費^{*2}≦同種新品の再取得価額×50%＜改良費^{*3}

^{*1}の場合：改良費は少額なので，改良費を支出してもなお中古であると考え簡便法を用いる。

^{*3}の場合：改良費は高額なので，新品に近いと考え法定耐用年数を用いる。

^{*2}の場合：^{*1}，^{*3}を加味した計算となり，以下の算式により計算した耐用年数を用いる。

$$（中古資産の取得価額＋改良費の額）÷\left(\frac{中古資産の取得価額}{簡便法による耐用年数}＋\frac{改良費の額}{法定耐用年数}\right)$$

よって，

償却費＝（取得価額＋改良費）×（上記の計算による耐用年数の償却率）×（月数／12）

となります。

問題6－5

　販売業を営む居住者乙は，本年中に中古資産を取得し，事業の用に供している。次の資料に基づき，取得した中古資産に係る本年分の減価償却費の額を計算しなさい。

【資料】

1．乙が本年中に取得し，事業の用に供した中古資産は次のとおりである。

中古資産	事業供用日	取得価額	法定耐用年数	経過年数
備　品	本年5月7日	300,000円	8年	6年
車　両	本年10月15日	750,000円	6年	2年

（1）備品は取得後改良費600,000円を支出し，その後，事業の用に供したものである。なお，備品の新品での再取得価額は1,100,000円である。

（2）車両は取得後直ちに事業の用に供したもので，支出した改良費はなかった。

2．乙は器具及び備品並びに車両及び運搬具の償却方法として定額法を選定している。

3．定額法の償却率は次のとおりである。

耐用年数	2 年	3 年	4 年	5 年	6 年	7 年	8 年
償 却 率	0.500	0.334	0.250	0.200	0.167	0.143	0.125

解答欄

1．備　品

（1）耐用年数

支出改良費 ⬚ 円 が再取得価額 ⬚ 円 の ⬚ ％ 相当額を超えるため，適用する耐用年数は ⬚ 年 である。

（2）減価償却費

$$（⬚ 円 + ⬚ 円）× 0.⬚ × \frac{⬚}{⬚} = ⬚ 円$$

2．車　両

（1）耐用年数

$$（⬚ 年 - ⬚ 年）+ ⬚ 年 × ⬚ ％ = ⬚ 年 → ⬚ 年$$

（1年未満の端数 ⬚ ）

（2）減価償却費

$$⬚ 円 × 0.⬚ × \frac{⬚}{⬚} = ⬚ 円$$

［1級・3問類題］

4．繰延資産の償却

① 繰延資産の範囲

繰延資産とは，不動産所得，事業所得，山林所得又は雑所得を生ずべき業務に関し個人が支出する費用のうち，支出の効果がその支出の日以後1年以上に及ぶ政令で定めるものをいいます（所法2①20）。そして所得税法上の繰延資産は①会社法に規定する繰延資産と②税法独自に規定する繰延資産に分かれます。前者には開業費，開発費が該当し，後者は例えば，商店街振興会の決定によって設置されるアーケードや同会の会館改良費負担金などが所得税法能力検定試験1級で出題されています（所令7）。これらは法定耐用年数が定められていても，所得税法上は繰延資産の償却期間で償却します（図表6－1）。

② 繰延資産の償却額

原則として開業費・開発費の償却費の計算については当該資産の額を60で除し，これにその年において不動産所得，事業所得，山林所得又は雑所得を生ずべき業務を行っていた期間の月数を乗じて計算した金額となります（5年以内に償却・所令137①一）が，例外として任意償却ができます。また税法上の繰延資産については，当該資産の額をその繰延資産となる費用の支出の効果の及ぶ期間の月数で除し，これにその年における業務を行った期間の月数を乗じて計算した金額が償却額となります（所令137①）。なお，償却費計算における月数按分で，1月に満たない業務期

図表6-1 税法上の繰延資産の償却期間

種類	公共的施設等の負担金					建物の賃借のために要する権利金等			広告宣伝の用に供する資産の贈与等による費用	同業者団体等の加入金
	公共的施設の設置又は改良のために支出した費用		共同的施設の設置又は改良のために支出した費用							
参考条文	所基通2-24		所基通2-25	所基通50-4	所基通2-25	所基通2-27(1)			所令7①四二	所基通2-29の四
分類	負担者専用	その他	負担した者または負担者共同の用に供される（共同展示場等）	協会等の本来の用に供される（会館等）	負担者共同に加え一般公衆の用にも供される（アーケード・日よけ等）	建物の新築で所有者に支払った権利金等	左以外の権利金で借家権として転売可能な権利金等	その他の権利金等		
償却期間（年未満切捨）	耐用年数の10分の7	耐用年数の10分の4	耐用年数の10分の7	耐用年数の10分の7と10年の短い方	耐用年数と5年の短い方	耐用年数の10分の7	賃借後の見積残存耐用年数の10分の7	賃借期間と5年の短い方	耐用年数の10分の7で5年を上限	5年

間の端数は1月とします（同②）。また税法上の繰延資産の償却期間は，図表6-1に示したとおりです（所基通50-3）。

　所得税法では，繰延資産となる費用のうち20万円未満の少額のものについては，繰延資産の償却の規定にかかわらず，その支出する全額を支出年の必要経費に算入することができます（所令139の2）。また，簡易舗装，街灯，がんぎについても全額を必要経費に算入可能です（所基通2-26）。

問題6-6

　次の資料から本年分の所得税の確定申告において必要経費となる繰延資産の償却費の計算過程を明らかにして求めなさい。

【資料】

　甲が所属する商店街の共同アーケード（288,000円・法定耐用年数15年）建設のため，本年4月10日に支出した。

解答欄

[1級・4問類題]

5．青色事業専従者給与

　青色事業専従者とは，その年の12月31日の現況で15歳以上の親族（配偶者含む）のうち青色申告者と生計を一にする者で，専らその居住者の営む事業に従事する者をいいます。青色事業専従

者給与の額については，その労務の性質や事業に従事した期間，ほかの従業員や同業他社の支給状況などから相当と認められる部分に限り必要経費に算入できます（所法57①）。控除対象配偶者や扶養親族として所得控除を受ける者は青色事業専従者になれません。また学校教育法１条ほかに規定する生徒，ほかに職業を有する者，老衰そのほかの心身の障害を有する者も青色事業専従者から除かれます（所令165②）。

　青色事業専従者給与の支給に際しては，原則同一生計親族への給与支払いが必要経費に認められないことから，「青色事業専従者給与に関する届出書」を所轄税務署長へ提出することを必要としています。青色事業専従者給与を必要経費に算入しようとする年の３月15日，または１月16日以後に事業を開始した場合は開始の日から２月以内に，納税地の所轄税務署長に届け出なければなりません（所法57②）。

6．貸倒損失

　居住者の営む不動産所得，事業所得又は山林所得を生ずべき事業について，その事業の遂行上生じた売掛金，貸付金，前渡金その他これらに準ずる債権の貸倒れその他政令で定める事由により生じた損失の金額は，その者のその損失の生じた日の属する年分の不動産所得の金額，事業所得の金額又は山林所得の金額の計算上，必要経費に算入されます（所法51②）。

　貸金等の全部又は一部について更生計画や再生計画等の認可の決定による切捨てをした場合の貸倒れについては，切り捨てられた金額が，その事実の発生した日の属する年分の当該貸金等に係る事業の所得の金額の計算上，必要経費に算入されます（所基通51-11）。

　回収不能の貸金等の貸倒れについては，その貸金等が，債務者の資産状況，支払能力等からみて全額が回収できないことが明らかになった場合，当該債務者に対して有する貸金等の全額について貸倒れになったものとして，その明らかになった日の属する年分の当該貸金等に係る事業の所得の金額の計算上，必要経費に算入することができます。この場合，当該貸金等について担保物があるときは，その担保物の処分後でなければ貸倒れとすることはできません。また保証債務は，現実にこれの履行後でなければ貸倒れとすることはできません（所基通51-12）。

　一定期間取引停止後，弁済がない場合等の貸倒れについては，債務者について次に掲げる事実が発生した場合，その債務者に対して有する売掛金，未収請負金その他これらに準ずる債権で，貸付金その他これに準ずる債権を含まない売掛債権の額から，備忘価額（１円）を控除した残額を貸倒れになったものとし，その売掛債権に係る事業の所得の金額の計算上，必要経費に算入することができます（所基通51-13）。

①　債務者と取引停止後１年以上を経過した場合。ただし，継続的な取引を行っていた債務者に限られ，例えば不動産取引のようにたまたま取引を行った債務者に対して有する当該取引に係る売掛債権については，その取扱いの適用はありません。

②　債務者に対し支払を督促したにもかかわらず弁済がなく，同一地域の債務者について有する売掛債権の総額がその取立てのために要する旅費その他の費用に満たない場合。

図表6－2　貸金等の全部又は一部の切捨てをした場合の貸倒れ

会社更生法若しくは金融機関等の更生手続の特例等による更生計画認可の決定又は民事再生法の規定による再生計画認可の決定があった場合		左の決定により切り捨てられることとなった部分の金額
会社法の規定による特別清算に係る協定の認可の決定があった場合		左の決定により切り捨てられることとなった部分の金額
法令の規定による整理手続によらない関係者の協議決定で，次に掲げる場合	債権者集会の協議決定で合理的な基準により債権者の負債整理を定めている場合	左の切り捨てられることとなった部分の金額
	行政機関又は金融機関その他の第三者のあっせんによる当事者間の協議により締結された契約でその内容が上に準ずる場合	
債務者の債務超過の状態が相当期間継続し，その貸金等の弁済を受けることができないと認められ，その債務者に対し債務免除額を書面により通知した場合		左の通知した債務免除額

問題6－7

　遠方地域にある得意先B社に対する売掛金の全額（45,000円）について貸倒れとした場合の貸倒損失額を計算しなさい。B社は，現在資力もあり，事業も順調に行っているが，同社に対する再三の督促にもかかわらず弁済がないことから計上した。なお，B社が所在する地域に他の得意先はなく，回収のための旅費等の費用は最低63,000円要する。

解答欄

　＝　　　　　円

[1級・4問類題]

7．貸倒引当金

①　個別評価と一括評価

　不動産所得，事業所得又は山林所得を生ずべき事業を営む居住者が保有する売掛金，貸付金，前渡金その他これらに準ずる金銭債権が，時には会社更生法の規定による更生計画認可の決定によって債務者から貸金等の弁済の猶予を求められたり，賦払により弁済を求められる場合があります。そのような場合，その一部につき債権者たる当該居住者は，貸倒れその他これに類する事由による損失を見込むことになります。これを個別評価貸金等の損失見込額といいますが，その年12月31日において当該個別評価貸金等の取立て又は弁済の見込みがないと認められる部分の金額を基礎として政令で定めるところにより計算した金額に達するまでの金額を貸倒引当金勘定に繰り入れた場合，必要経費に算入することができます（所法52①）。

　また，上記個別評価貸金等以外の貸金等で，売掛金，貸付金その他これらに準ずる金銭債権を一括評価貸金といいますが，各年において貸倒引当金勘定に繰り入れた金額については，その者のその年分の事業所得の金額の計算上，必要経費に算入することができます（所法52②）。

②　個別評価貸金に係る貸倒引当金の繰入限度額

　個別評価貸金等に係る貸倒引当金勘定への繰入が可能な場合は，居住者がその年12月31日において有する個別評価貸金等につき，当該個別評価貸金等に係る債務者について，会社更生法又は金融機関等による更生計画認可の決定，民事再生法による再生計画認可の決定，会社法による特

別清算に係る協定の認可の決定，その他財務省令で定める事由がある時です。その時の貸倒引当金の繰入限度額は，当該事由が生じた日の属する年の翌年 1 月 1 日から 5 年を経過する日までに弁済されることとなっている金額以外の金額となります。しかしながら，担保権の実行その他によりその取立て又は弁済の見込みがある金額を除きます（所令144一）。

　このほかに，居住者にとってその年12月31日時点で保有する個別評価貸金等に係る債務者につき，その債務者に債務超過の状態が相当期間継続し，かつ，その営む事業に好転の見通しがないことや，災害，経済事情の急変等により多大な損害が生じたことその他の事由が生じている場合に，該当額が個別評価貸金にかかる貸倒引当金繰入額として認められます（所令144二）。

　最後に，会社更生法又は金融機関等の更生手続開始の申立て，民事再生法の再生手続開始の申立て，破産法による破産手続開始の申立て，会社法の特別清算開始の申立て，そのほか財務省令で定める事由が生じた場合も個別評価貸金にかかる貸倒引当金を繰り入れられます。このときの繰入限度額は，実質的に債権とみられない部分の金額等を除いた額の100分の50に相当する金額です（所令144三）。なお，財務省令で定める事由とは，手形交換所による取引停止処分が挙げられます（所規35の 2 ）。

③　一括評価貸金に係る貸倒引当金の繰入限度額

　一括評価貸金に係る貸倒引当金勘定への繰入限度額について，政令で定めるところにより計算した金額とは，居住者のその年12月31日において有する一括評価貸金の帳簿価額の合計額に，金融業以外の事業であれば1000分の55を乗じて計算した金額とし，金融業であれば1000分の33を乗じて計算した金額とします。しかしながら当該一括評価貸金のうち，当該居住者が当該一括評価貸金に係る債務者から受け入れた金額，すなわち債務がある場合，その全部又は一部が実質的に債権とみられないものと判断され，その債権とみられない部分の金額に相当する金額は当該一括評価貸金から控除しなければなりません（所令145①）。

　なお，平成27年 1 月 1 日以後引き続き事業を営んでいる者は，その年12月31日における一括評価貸金の額に，平成27年及び平成28年の各年の12月31日における一括評価貸金の額の合計額のうち，それら各年の12月31日における実質的に債権とみられない部分の金額の合計額の占める割合（当該割合に小数点以下 3 位未満の端数があるときは切り捨てます）を乗じて計算した金額を，債権とみられない部分の金額として簡便的に計算することができます（所令145②）。

> 一括評価貸金に係る貸倒引当金勘定への繰入限度額＝
> 年末貸金の帳簿価額 $\times$ $\dfrac{\text{分母の金額のうち実質的に債権とみられないものの金額}}{\text{平成27・28年の各年末の貸金合計}}$

また，次のものは貸金に該当しません（所基通52-17）。

①　保証金，敷金（土地，建物等の賃借等に関連して無利息又は低利率で提供した建設協力金等を含む。），預け金その他これらに類する金銭債権

②　手付金，前渡金等のように資産の取得の代価又は費用の支出に充てるものとして支出した金額

③　前払給料，概算払旅費，前渡交際費等のように将来精算される費用の前払として一時的に

　　仮払金，立替金等として支出した金額

④　雇用保険法，雇用対策法，障害者の雇用の促進等に関する法律等の規定に基づき交付を受ける給付金等の未収金

⑤　仕入割戻しの未収金

問題6－8

　次の資料は，物品販売業を営む居住者甲（年齢50歳）の令和4年（以下「本年」と称する）分の所得税の確定申告に関するものである。この資料に基づき，甲の本年分の所得税の確定申告において必要経費となる貸倒損失と貸倒引当金繰入額の計算過程を明らかにして求めなさい。

【資料】

1．得意先F社に対する売掛金の回収額　　　　　　　　　200,000円

　　F社が本年11月30日に手形交換所において取引停止処分を受けたことから，丙は同年末日において同社に対する売掛金550,000円の50％相当額である275,000円を貸倒引当金勘定に繰り入れている。上記回収額は，F社から本年中に回収した金額を計上したもので，回収後の残額350,000円については回収不能と認められることから書面により債務を免除する旨の通知を同社に送付している。なお，免除した金額についての経理処理は何ら行っておらず，また，F社に対する債務はない。

2．事業債権の年末残高は次のとおりである。

（1）受取手形　　　　　　　　　　　　　　　　　　　　1,100,000円

　　なお，上記のほか，銀行で割引したもので本年末現在決済日が到来していないものが200,000円ある。

（2）売掛金　　　　　　　　　　　　　　　　　　　　　3,500,000円

　①　上記金額には，委託販売に係るもの600,000円が含まれている。600,000円は，A社に対する委託販売につき本年11月20日に積送した商品の販売価額相当額で，このうち本年末日までに同社が販売したものは4分の3相当額の450,000円であり，同日までにその代金の支払は受けていない。

　　なお，A社が販売した商品については，その販売価額の9％相当額の委託販売手数料を支払う契約になっているが，本年末日現在その支払は行われておらず，丙が行った経理処理は，積送時における次の仕訳だけである。

　　　　　売　　掛　　金　600,000円　／　売　　　　　上　600,000円

　②　上記金額には，得意先F社に係るもの550,000円が含まれている。

　③　上記金額には，相互取引をしており買掛金が180,00円あるI社に対するもの150,000円が含まれている。

（3）商品仕入れに係る前渡金　　　　　　　　　　　　　500,000円

（4）仕入割戻しの未収金　　　　　　　　　　　　　　　67,000円

　　これは，仕入先E社より本年12月25日に支払う旨の通知を受けたものについて計上したものであるが，実際に支払を受けるのは，翌々年1月5日である。

　　なお，この仕入割戻しに関する算定基準は仕入先E社との契約により明示されているものではない。

（5）貸付金

　①　取引先G商店に対する貸付金　　　　　　　　　　2,000,000円

　②　友人Hに対する貸付金　　　　　　　　　　　　　1,000,000円

（6）平成27年及び平成28年における売掛金等に関する資料

　①　売掛金等の債権合計額　　　　　　　　　　　　　8,540,000円

　②　①のうち実質的に債権とみられないものの合計額　　300,000円

解答欄

1．貸倒損失 [　　　　　　　　　　　　　　　　　　] 円

2．貸倒引当金繰入額（一括評価）

（1）年末債権の額

[　　　　　　　　　　　　　　　　　　　　　　　　] ＝ [　　　　　　] 円

（2）実質的に債権とみられないものの額

　　ⅰ．原則法

[　　　　　　　　　　　　　　　　　　　　　] ＝ [　　　　　] 円

　　ⅱ．簡便法

　　　　　　　（注）簡便割合

[　　　　] 円 × [0.　　　] ＝ [　　　　] 円

　　　　（注）簡便割合

$$\frac{[\quad\quad 円\quad\quad]}{[\quad\quad 円\quad\quad]} = [0.\quad\quad] \rightarrow [0.\quad\quad]$$

　　ⅲ．判　定　ⅰ $\begin{matrix}>\\<\end{matrix}$ ⅱ　　　　∴ [　　　　] 円

　　　　（該当するものを○で囲うこと）

（3）年末貸金の額

[　　　　] 円 － [　　　　] 円 ＝ [　　　　] 円

（4）繰入額

[　　　　　　　　　　　　　　　　] 円 ＝ [　　　　] 円

［1級・4問類題］

第4節　事業所得をめぐる課税事件－弁護士の印税収入－

　弁護士が弁護士業によって得る所得は事業所得に区分されます。そこで弁護士A自身の法律事務所の宣伝もかねてビジネス書を執筆する場合，その執筆によって得る印税収入が事業所得なのか本編第12章で後述する雑所得なのか考えてみましょう。通常，作家などの執筆活動を生業としていない者が得る印税収入は雑所得に区分されます。もしも弁護士Aの執筆による印税収入が事業所得であれば，その著書に係る広告費用が必要経費に算入されても良い道理になります。しかし，印税収入と広告費が雑所得に区分された場合，莫大な広告費の計上によって生ずる損失は損益通算されません。本係争事件では書籍の広告費を事業所得の必要経費とする処理を認めず，課税庁は雑所得の必要経費としました。弁護士Aはこれを不服として異議申立てをしましたが，申立ては却下され，審査請求を行いました（国税不服審判所平成15年3月11日）。その結果，審判所の判断では，弁護士Aの主張が支持されています。

〈資料1－4〉

FA3000

令和○年分所得税青色申告決算書（一般用）

この青色申告決算書は機械で読み取りますので、黒のボールペンで書いてください。

提出用　（令和三年分以後用）

住所
事業所所在地
業種名

フリガナ
氏名
電話番号（自宅・事業所）
加入団体名

番号

整理番号

事務所所在地
税理士氏名（名称）
税理士等電話番号

令和　年　月　日

損　益　計　算　書　（自　　月　　日　至　　月　　日）

科　目		金　額 (円)	科　目		金　額 (円)	科　目		金　額 (円)
売上（収入）金額（雑収入を含む）	①		減価償却費	⑱		貸倒引当金	㊱	
売上原価	期首商品（製品）棚卸高	②		福利厚生費	⑲				㊲	
	仕入金額（製品製造原価）	③		給料賃金	⑳		繰戻額等		㊳	
	小計（②+③）	④		外注工賃	㉑		各種引当金・準備金等	貸倒引当金	㊴	
	期末商品（製品）棚卸高	⑤		利子割引料	㉒			専従者給与	㊵	
	差引原価（④－⑤）	⑥		地代家賃	㉓			繰入額等	㊶	
差引金額（①－⑥）	⑦		貸倒金	㉔			計	㊷	
経費	租税公課	⑧			㉕		青色申告特別控除前の所得金額（㉝+㊲－㊷）		㊸	
	荷造運賃	⑨			㉖		青色申告特別控除額		㊹	
	水道光熱費	⑩			㉗		所得金額（㊸－㊹）		㊺	
	旅費交通費	⑪			㉘					
	通信費	⑫			㉙					
	広告宣伝費	⑬			㉚					
	接待交際費	⑭			㉛					
	損害保険料	⑮		雑費	㉜					
	修繕費	⑯		計	㉝					
	消耗品費	⑰		差引金額（⑦－㉝）	㉞					

●青色申告特別控除については、「決算の手引き」の「青色申告特別控除」の項を読んでください。

●下の欄には、書かないでください。

	㊼		
	㊽		
	㊾		
	㊿		
	ⓐ		

－1－

〈資料1-5〉

整理番号　　　　　　　　　　　　F A 3 0 7 5

製造原価の計算
（原価計算を行っていない人は、記入する必要はありません。）

	科　目		金　額
原材料費	期首原材料棚卸高	①	円
	原材料仕入高	②	
	小　計（①＋②）	③	
	期末原材料棚卸高	④	
	差引原材料費（③－④）	⑤	
	労　務　費	⑥	
	外　注　工　賃	⑦	
その他の製造経費	電　力　費	⑧	
	水　道　光　熱　費	⑨	
	修　繕　費	⑩	
	減　価　償　却　費	⑪	
		⑫	
		⑬	
		⑭	
		⑮	
		⑯	
		⑰	
		⑱	
		⑲	
	雑　費	⑳	
	計	㉑	
総製造費（⑤＋⑥＋⑦＋㉑）		㉒	
期首半製品・仕掛品棚卸高		㉓	
小　計（㉒＋㉓）		㉔	
期末半製品・仕掛品棚卸高		㉕	
製品製造原価（㉔－㉕）		㉖	

（注）⑳欄の金額は、1ページの「損益計算書」の⑧欄に移記してください。

貸借対照表（資産負債調）
（令和　年　月　日現在）

資産の部

科　目	月　日（期首）	月　日（期末）
現　金	円	円
当　座　預　金		
定　期　預　金		
その他の預金		
受　取　手　形		
売　掛　金		
有　価　証　券		
棚　卸　資　産		
前　払　金		
貸　付　金		
建　物		
建物附属設備		
機　械　装　置		
車両運搬具		
工具器具備品		
土　地		
事　業　主　貸		
合　計		

負債・資本の部

科　目	月　日（期首）	月　日（期末）
支　払　手　形	円	円
買　掛　金		
借　入　金		
未　払　金		
前　受　金		
預　り　金		
貸倒引当金		
事　業　主　借		
元　入　金		
青色申告特別控除前の所得金額		
合　計		

（注）「元入金」は、「期首の資産の総額」から「期首の負債の総額」を差し引いて計算します。

●65万円又は55万円の青色申告特別控除を受ける人は、必ず記入してください。その他の人で、記入できる場合には、できるだけ記入してください。
（令和三年分以降用）

－4－

第7章　給与所得

第1節　給与所得の概要と計算式

　給与所得とは，俸給，給料，賃金，歳費及び賞与並びにこれらの性質を有する給与に係る所得をいいます（所法28①）。公務員は俸給，議員は歳費，会社員は給料と称され，雇用されている者が労働の対価として給付されるものです。給与所得の金額は，次の計算式で算定します。

給与所得の金額　＝　収入金額（税込で源泉徴収前の金額）－　給与所得控除額

給与所得控除額の計算式（令和2年分以後）

給与所得の収入金額 （源泉徴収票の支払金額）		給与所得控除額の計算式	給与所得控除額（速算）
	1,625,000円迄		550,000円（最低）
1,625,001円以上	1,800,000円迄	550,000円＋（収入金額－1,625,000円）×40%	収入金額×40%－100,000円
1,800,001円以上	3,600,000円迄	620,000円＋（収入金額－1,800,000円）×30%	収入金額×30%＋80,000円
3,600,001円以上	6,600,000円迄	1,160,000円＋（収入金額－3,600,000円）×20%	収入金額×20%＋440,000円
6,600,001円以上	8,500,000円迄	1,760,000円＋（収入金額－6,600,000円）×10%	収入金額×10%＋1,100,000円
8,500,001円以上		1,950,000円（上限）	1,950,000円（上限）

　給与所得控除額の計算式に当てはめると，給与収入金額が6,000,000円の場合，給与所得控除額および給与所得は，

　　給与所得控除額　＝　1,160,00円　＋　（6,000,000円　－　3,600,000円）×　20%　＝　1,640,000円

　　給与所得の金額　＝　6,000,000円　－　1,640,000円　＝　4,360,000円

となります（令和2年分から改正で給与所得の金額が多くなりました）。

　また，収入金額が550,000円以下の場合は，給与所得控除額は収入金額と同額となります。

　給与所得控除の額に関しては，さらに特定支出控除というものがあります。特定支出控除とは，特定支出の合計額が給与所得控除額の2分の1を超える場合，その超える部分について，確定申告を通じて給与所得の金額から控除できる制度です（所法57②）。特定支出控除は近年の税制改正で特定支出の範囲が拡がっており適用することができます。算式は以下の通りです。

　　　給与所得の金額＝給与等の収入金額－{給与所得控除額＋（その年の特定支出の合計額－

　　　　　　給与所得控除額の2分の1）}（所法57②－1）

　特定支出とは①通勤費，②転居費，③職務の遂行に必要な研修費，④職務に直接必要な資格取

得費，⑤転任等で単身赴任になった場合の，自宅と転任地の帰宅旅費，⑥職務に関連する図書費，勤務場所で着用することが必要とされる衣服費，職務に関係する者に対する交際費等の勤務必要経費等がありますが，さらに弁護士，公認会計士，税理士などの資格取得費も最近の税制改正では追加されています（所法57②－2）。なお，特定支出控除の適用を受ける場合には，給与等の支払者から交付を受けた証明書を，確定申告時に添付する必要があります（所法57②－4）。

第2節　給与所得の収入金額

所得税法においては，給与所得を以下の2つに区分して規定しています。

① 俸給，歳費，給与，賃金及び賞与ならびにこれらの性質を有する給与（所法28①）
② 青色事業専従者給与および事業専従者控除額（所法57①，④）

このうち，これらの性質を有する給与の中に含まれるものとして，給与以外の給付や現物支給給与等の経済的利益が含まれます。

第3節　給与所得の収入金額から差し引かれるもの

給与所得には，通常の給与，賞与等の収入の他に，各種の手当や現物支給も含まれますが，これらに原則，所得税が課せられることになります。しかし，支給されるもののうち，一定のものは課税されません。例えば，職務に伴う旅費，勤務先までの通勤手当，学資金，子女教育費等のうち一定のものは非課税とされ，以下のようなものがあります。

1．旅費

①給与所得を有する者が勤務する場所を離れてその職務を遂行するため旅行をした場合，もしくは転任に伴う転居のための旅行をした場合，②就職もしくは退職をした者もしくは死亡による退職をした者の遺族がこれらに伴う転居のための旅行をした場合に，その旅行に必要な支出にあてるため支給される金品で，その旅行について通常必要と認められるものは課税されません（所法9①四）。

2．通勤手当

通勤者が必要な交通機関の利用又は交通用具の使用のために支出する費用にあてるものとして通常の給与に加算して受ける通勤手当のうち，通常必要であると認められる部分として定められるものについては課税されません。通常は月額10万円までであり，これを上まわる部分は課税されます（所法9①五）。

3．現物給与

給与所得者がその使用者から受ける金銭以外の物（経済的な利益を含む。）で，職務の性質上欠くことのできないものとして政令で定めるものが該当します（所法9①六）。

4．在外地赴任への手当

国外で勤務する居住者の受ける給与のうち，国内で勤務した場合に受けるべき通常の給与に加算して受ける在勤手当（これに類する特別の手当を含む。）で政令で定めるものが該当します（所法9①七）。

5．子女学資金，教育費

学資にあてるため企業から給付される金品（給与その他対価の性質を有するものを除く。）及び扶養義務者相互間において扶養義務を履行するため給付される金品が該当します（所法9①十四）。

第4節　給与所得に関する規定

学識や経験を買われ，国や地方公共団体の各種委員会（審議会，調査会，協議会等）の委員や公職に着任を依頼された場合，その手当が1年間で1万円超であれば，給与所得として課税の対象になります（所基通28⑦）。また，年度途中に役員が役員報酬を辞退したり，給与等の支払いを受けるべき者が，その給与等の全部または一部の受領を辞退した場合には，その給与等の支給期の到来前に辞退の意思を明示，表示して辞退したものに限り，課税されません（所基通28⑩）。すでに支給期が到来した給与等の受領を辞退した場合は，いったん受け取っているとみなされることから給与所得として源泉課税されます（所基通181～223）。

次に，年末調整について説明します。年末調整とは，雇用者がその給与所得者について源泉徴収している1年間の所得税を年末に計算し，その過不足額を求め，その差額を徴収または還付する手続きをいいます。もともと所得税は給与所得者の場合，給与や賞与から天引きし，雇用者が代行して納税する仕組みとなっています。この額は源泉徴収税額表という表を用いて算出されています。しかしながら，この表は給与，扶養人数，社会保険料を基準とした概算に過ぎません。そのため，年末調整によって正確な金額を算定する手続きをとることになっています。

問題7－1

青森次郎（37歳）が，令和3年度中に受け取った給料および賞与の手取額は4,762,000円であった。ただし，控除された源泉所得税と社会保険料の合計額は642,000円である。給与所得控除額の算定の資料により同人の給与所得の金額を計算しなさい。なお，給与所得控除額の計算式は本テキスト54頁を参照しなさい。

解答欄

（注）計算式の□の中に，＋・－・×・÷・＝のうち適切な符号を記入しなさい。

1．収入金額　　　[　　　　　]円　[　]　[　　　　　]円　[　]　[　　　　　]円

2．給与所得控除額　[　　　　　]円　[　]（[　　　　　]円　[　]　[　　　　　]円）

　　　　　　　　[　]　[　　]%　[　]　[　　　　　]円

3．給与所得の金額　[　　　　　]円　[　]　[　　　　　]円　[　]　[　　　　　]円

［旧4級類題］

問題 7 − 2

　次の資料に基づき，Y株式会社に勤務する居住者甲の令和 3 年（以下「本年」とする）分の給与所得の金額を解答欄にしたがって計算しなさい。なお，給与所得控除額の計算式は本テキスト54頁を参照しなさい。

【資料 1 】甲が本年中に Y 株式会社から支給を受けた給与・賞与等の明細は次のとおりである。

　　　なお，源泉徴収されるべきものは，徴収前の金額である。

記号	収入の種類	収入金額	備　　　考
ア	基 本 給	4,056,000円	
イ	通 勤 手 当	220,800円	これは給与規程に基づいて計算されており，1 カ月当たり18,400円の実費相当額の支給を受けたものである。
ウ	家 族 手 当	168,000円	これは給与規程に基づいて計算されており，扶養者 1 人当たり月7,000円の支給を受けたものである。
エ	住 宅 手 当	180,000円	これは給与規程に基づいて計算されたものである。
オ	資 格 手 当	240,000円	これは給与規程に基づいて計算されたものである。
カ	超 過 勤 務 手 当	373,000円	これは給与規程に基づいて計算された超過勤務に対するものである。
キ	出 張 手 当	95,000円	これは給与規程に基づいて計算されたものである。
ク	制 服 の 現 物 支 給	56,000円	この制服は甲の職務上着用することとされているものであり，56,000円は適正額である。
ケ	賞 与	1,521,000円	
コ	勤 務 先 預 金 の 利 子	12,000円	これは勤務先預金として給料の一部を預入れていることにより受取った利子である。

【資料 2 】甲が本年中に支出した特定支出の額の合計額は1,024,000円である。

［ 2 級・ 2 問類題］

解答欄

1. 資料アからコまでの収入のうち，所得税法上非課税になるものには×印を，給与所得として課税されるものには○印を，給与所得以外の所得として課税されるものには△印を下記解答欄の ☐ のなかに記入しなさい。

ア	イ	ウ	エ	オ	カ	キ	ク	ケ	コ

2. 給与所得の金額の計算
（ 1 ）収入金額

（ 2 ）給与所得控除額

（3）特定支出額控除　　　　　　　　　　円

（4）（2），（3）のうちいずれか多い金額　　　　　　　　円

（5）給与所得の金額

　　　　　　　　円 －　　　　　　円 ＝　　　　　　　円

〔2級・2問類題〕

第5節　給与所得をめぐる課税事件

1．大島訴訟

　給与所得者の「給与所得の金額」においては，法定上の「給与所得控除額」を控除するのに対して，事業所得者に対しては「必要経費」として，事業所得者の独自の判断で費用を控除できます。このような給与所得者と事業所得者の課税システムの相違に対して，給与所得控除に代えて「特定支出の控除の特例」（所法57②）が認められています。この制度は，通勤費，転居費，研修費，資格取得費，単身赴任等の帰宅旅費の支出の総額（給与の支払い者により補てんされるもので非課税となったものを除く）が，給与所得控除額を超えた場合に認められる特例であり，支出額の明細書や証明書を添えて確定申告をしなくてはなりません。いわゆる「大島訴訟」[1]ではこの点について争われました。

　この判例は，大島正氏が，所得税確定申告に対する所得税更正決定と無申告加算税賦課決定に対して「事業所得者に対して給与所得者の規定がその税の捕捉率など全体に不公平であること」等を訴えて提訴したものです。この件は，最高裁まで争われましたが棄却されました（最判昭和60年3月27日）。しかしながら，最高裁においては，必要経費に関して補足意見が付され，「必要経費が給与所得控除額を明らかに超える場合には，その超過額については，合理性を欠く」として，給与所得控除額の制度に関しては国側の裁量権を認めたものの，給与所得控除制度が必要経費の実際発生額によっては違憲となる可能性を示唆するものとなりました[2]。このように，この大島訴訟が契機となって上記の特例（所法57②）が誕生しましたが，適用例は少ないようです。

2．妻税理士夫弁護士訴訟

　弁護士の夫が税理士の妻に支払った会計業務の報酬を必要経費と認めなかった課税当局の処分が，憲法の平等原則に反するかが争われた訴訟があります。この訴訟について，最高裁は「課税は合憲」とし，弁護士側の上告を棄却しました（最判平成17年7月5日）。これは，税理士報酬を必要経費と一部認めた東京地裁判決を覆（くつがえ）し，弁護士側逆転敗訴を言い渡した東京高裁判決が確定したものです。判決理由は，夫婦はお互いが事業主であり「生計を一にする親族間で支払われた報酬は必要経費としない」とする所得税法の規定について「それぞれが独立して事業を営む場合でも，要件を満たせば規定が適用される」とし「2人は同居し，家計を負担し合っており，同一生計といえる」と地裁とは逆の判断を示したものです[3]。

■ **注** ■

（1）詳しくは，中島茂幸「給与所得者の特定支出控除の特例についての一考察」『北見大学論集』第26号，1990年。

（2）中島，上掲論文。

（3）所法56　居住者と生計を一にする配偶者その他の親族がその居住者の営む不動産所得，事業所得又は山林所得を生ずべき事業に従事したことその他の事由により当該事業から対価の支払を受ける場合には，その対価に相当する金額は，その居住者の当該事業に係る不動産所得の金額，事業所得の金額又は山林所得の金額の計算上，必要経費に算入しないものとし，かつ，その親族のその対価に係る各種所得の金額の計算上必要経費に算入されるべき金額は，その居住者の当該事業に係る不動産所得の金額，事業所得の金額又は山林所得の金額の計算上，必要経費に算入する。この場合において，その親族が支払を受けた対価の額及びその親族のその対価に係る各種所得の金額の計算上必要経費に算入されるべき金額は，当該各種所得の金額の計算上ないものとみなす。

第8章　退職所得

第1節　退職所得の概要と計算式

　退職所得とは，退職手当，一時恩給，その他の退職，離職により一時に受ける給与及びこれらの性質を有する給与（「退職手当等」）をいいます（所法30①）。退職所得は，長年，会社等に奉職して給与を受けた者への退職（定年退職等）に際して，所属した会社等の雇用主から支給される一時的な収入です。したがって，それまでの勤務に対する報酬的性格を持ちます。よって，退職・離職等の後に定期的，継続的に支給を受けるものは，退職所得ではなく，雑所得に分類されます。

　退職所得の金額は，次の計算式で算定します（所法30②）。

$$退職所得の金額 ＝ （収入金額（税込金額）－ 退職所得控除額）\times \frac{1}{2}$$

　これは超過累進税率を緩和するため，退職手当等の収入金額から退職所得控除額を控除した金額の2分の1を退職所得の金額としているのです。

第2節　退職所得の収入金額

　退職所得のうち，「一時恩給」は，恩給法の規定により公務員が3年以上勤務して普通恩給を受けられる年限に達しないうちに退職する場合に支給される給与（恩給法67，70）です。また，「これらの性質を有する給与」は，会社等の制度により，役員に選任された場合などで，引き続き勤務する役員または使用人に対して退職手当等として支払われる場合等があります。次に，「退職手当等」にあたるものとして，国民年金や厚生年金などの社会保険制度や退職共済制度に基づいて支給される一時金などは，雇用主から支給されませんが，過去の勤務をもとに支給される点，該当する保険料の一部を在籍した会社等が一部または折半して負担していて，退職手当または一時恩給と同様であるため退職手当等とみなされます（所法31①〜③）。また，死亡退職の場合の退職手当金等に関しては，退職所得ではなく相続税が課税されることになります。なお，退職所得として課税するのでは？　と混同してしまうのが，雇用保険の失業給付ですが，こちらは非課税となります。

第3節　退職所得の収入金額から差し引かれるもの

　退職所得に対する課税については，原則として分離課税されています。そして，手当の支給については所得税を源泉徴収します。退職所得控除額は，勤続年数に応じて，次の計算式で求めます。

ア）通常の退職の場合（所法30③一，二）

　　勤続年数が20年以下の場合：勤続年数 × 40万円（最低額は2年以下で80万円）

　　勤続年数が20年を超える場合：800万円 ＋ 70万円 ×（勤続年数 － 20年）

イ）障害者になったことに直接基因して退職した場合（所法30④三）

　　通常の退職の場合 ＋ 100万円

　その年の前年以前に他の退職手当等の支払を受けている場合，所法30③の規定に準じて計算した金額を控除した金額となります（所法30④一）。次に，勤続年数に関しては，退職手当等の支払者のもとで，その退職手当等の支払の基因となった退職の日まで「引き続き勤務した期間」により計算されます。勤続年数に1年未満の端数が生じるときには，1年とします（所令69②）。また，退職所得者が退職手当等の支払者のもとにおいて一時勤務しなかった期間があれば，その期間は，原則として差し引かれます（所令69①イ）。これらの算式については，終身雇用制度を前提にしているといえます。

第4節　退職所得に関する規定

　会社の業績の悪化を理由に会社を解雇された場合，予告手当金として給料の1カ月分を支給されますが，この手当は退職所得として課税されるのでしょうか。この予告による手当金は，労働基準法第20条（解雇の予告）の規定による，解雇予告手当金とみることができ，一時に受ける給与およびこれらの性質を有する給与になり，退職所得として課税されます（所基通30-5）。

　また，夫が死亡し，勤めていた会社から退職手当金が支給されることになり，妻が受け取ることになった場合です。夫に支給されるべき退職手当金が，夫の死亡後3年以内に支給が確定したものを相続人である妻が受け取った場合には，退職手当金は相続財産とみなされて相続税の対象になります（相法3①二，所法9①十六）。したがって，所得税は課税されません（所基通9-17）。

　なお，被相続人の死亡後3年を経過してから支給が確定した場合には，たとえ退職手当金の性格を有していても一般的にはその支払を受ける遺族の「一時所得」として所得税が課税されます（所基通34-2）。退職所得でなく，一時所得として課税されると，その税額は多くなります。

　次に，退職所得控除額の計算における勤続年数の通算についてです。これには，契約社員から正社員に採用された場合や育児休業期間中（就業規則で定められている場合）の通算などがあてはまります。この場合，これらの期間は会社が退職金の計算期間に含めていなくても，退職所得の

計算上，勤続年数に含めて計算することができます（所基通30－7）。

　最後に，退職所得に関する事情について述べておきます。最近では，「短期雇用などの優遇制度」について見直しの動きが出ています。これは，政府税制調査会が，給与収入より退職金が税制上，有利になっている現状を改める方針です。勤続年数が短い従業員が給与相当分を「退職金」としてまとめて受け取り，税負担を低減するのを防ぐ意図があります。関連して平成25年度分から退職所得について改正が行われました。すなわち，特定役員等の退職手当等に係る退職所得の金額については，退職手当等の収入金額から退職所得控除額を控除した残額に相当する金額とされました（所法30②）。つまり本章の第1節にもあるとおり，退職所得の金額は，退職による収入の額から退職所得控除額を引いた金額に2分の1を掛けて所得金額を計算しますが，役員等としての勤続年数が5年以下の役員（特定役員）には，この2分の1とする措置が廃止されました。特定役員には①法人税法第2条第15号に規定する役員，②国会議員及び地方公共団体の議会の議員，③国家公務員及び地方公務員等が規定されています（所法30④）。また一方で雇用の多様化に対応し，勤続年数が長いほど税負担が相対的に軽くなる現行制度も見直すとしています。政府税調は平成18年6月の報告書で「（退職金の課税が）悪用されている面もある」などの問題点を指摘しています[1]。

問題8－1

　居住者甲は，令和3年（2021年，以下「本年」とする。）7月31日にH株式会社を退職している。次の資料に基づき，甲の本年分の退職所得の金額を解答欄にしたがって計算しなさい。

【資料1】甲が本年退職時までにH株式会社から支給を受けたものの明細は，次のとおりである。なお，源泉徴収されるべきものは徴収前の金額であり，特定役員退職手当等に該当するものはない。

記号	収入の種類	収入金額	備　考
ア	基本給	3,066,000円	1月から7月まで給与の支給日（毎月25日，以下同じ。）に支払われたものである。
イ	資格手当	126,000円	1月から7月まで給与の支給日に支払われたもので，給与規程に基づいて計算されており，月額18,000円である。
ウ	通勤手当	86,800円	1月から7月まで給与の支給日に支払われたもので，給与規程に基づいて計算されており，月額12,400円である。
エ	勤務先預金の利子	11,400円	これは勤務先預金として給料の一部を預け入れたことにより受け取ったものである。
オ	賞与	876,000円	夏期賞与の支給日（7月5日）に支払われたものである。
カ	退職金	22,450,000円	
キ	退職功労金	1,200,000円	これは在職中の功績に対するもので賞与に該当しない一時金である。
ク	転居に伴う支度金	100,000円	これは退職に伴う転居のために支給された旅行費用等であり，通常必要とされる範囲内の金額である。

【資料2】甲がH株式会社に就職したのは，昭和61年（1986年）10月1日である。

解答欄

1. 資料アからクまでの収入のうち，所得税法上給与所得として課税されるものには△印を，退職所得として課税されるものには○印を，給与所得及び退職所得以外の所得として課税されるものには□印を，非課税所得とされるものには×印を，下記解答欄の ▭ のなかに記入しなさい。

ア	イ	ウ	エ	オ	カ	キ	ク

2. 退職所得の金額の計算

（1）収入金額

$$\boxed{} = \boxed{} 円$$

（2）勤続年数

$$\boxed{} 年 \quad \boxed{} カ月 \quad \therefore \quad \boxed{} 年$$

（3）退職所得控除額

（4）退識所得の金額

$$\left(\boxed{} 円 - \boxed{} 円 \right) \times \frac{\boxed{}}{\boxed{}} = \boxed{} 円$$

［2級・2問］

問題8－2

次の資料に基づき，居住者乙の令和3年（2021年）分の退職所得の金額を計算しなさい。

なお，資料の金額のうち，所得税の源泉徴収の対象となるものは，すべて源泉徴収税額控除前の金額である。

【資料】

1. S株式会社を退職する際（乙は退職時，同社の役員等でない。）に支給を受けた金額

（1）退 職 金　　15,800,000円

（2）退職功労金　　　700,000円

　　　これは，乙の在職期間中の功績に対するもので，賞与には該当しない。

（3）転居に伴う支度金　200,000円

　　　これは，乙の退職に伴う転居費用に充てるためのもので，通常必要と認められる金額である。

2. T株式会社を退職する際（乙は退職時，同社の役員等でない。）に支給を受けた退職金　　1,650,000円

3. 勤続期間

（1）S株式会社　平成5年（1993年）8月1日～令和3年（2021年）4月30日

（2）T株式会社　平成25年（2013年）4月1日～令和3年（2021年）10月31日

解答欄

1. 収入金額

$$\boxed{} = \boxed{} 円$$

2．退職所得控除額

（1）勤続年数

　　　　　　　年　　　　　　　月　→　　　　　　　年

（2）退職所得控除額

　　　　　　　　円　＋　　　　　　　円　×（　　　　　年　－　　　　　年）

　　　＝　　　　　　　　円

3．退職所得の金額

　　（　　　　　　　円　－　　　　　　　円）×　　　　　＝　　　．　　　　円

［1級・3問］

第5節　退職所得をめぐる課税事件

1．退職所得か一時所得か事件

　ある会社を退職したAさんは，厚生年金基金から年金の支給を受けていました。ところが，同基金が解散し，基金の残余財産の分配金を全額一時金として支払を受けました。このときAさんが受け取った，残余財産の分配金が退職所得に該当するか否かで裁判が行われました。この厚生年金基金の解散による残余財産分配金の所得区分をめぐる訴訟で，東京地裁では，Aさんの主張をある程度受け入れ，退職に基因して支払われることが前提とされる「退職所得」について，基金の解散による残余財産分配金を区分けすることにより部分的に「退職所得」として認めましたが，東京高裁では，納税者（Aさん）の主張を一部認めた地裁の判決を取り消し，逆転で課税当局の「一時所得」とする更正処分を適法とする判決を行いました（東京高判平成18年9月14日）。

2．5年退職金事件

　5年退職金事件とは，5年定年制に基づき5年の勤務期間を経過するごとに支給される退職金名義の給付は，支給を受けた従業員がいったん退職した上で再雇用されるものでなく，従前の勤務関係が継続していると認められる限り，退職所得にはあたらないとするものです（最判昭和58年9月9日民集37巻7号962頁）。同様に，10年定年制に基づく退職金名義の給付についても退職所得ではないとされています（10年退職金事件，最判昭和58年12月6日判時1106号61頁）。法人の使用人から役員に昇格したことに伴い，従来の使用人としての勤続期間にかかる退職手当等として支払われた給与は退職所得に該当する（所基通30-2）とされています[2]。

3．委員会設置会社の執行役へ就任した場合の打切り支給に関する裁決

　委員会等設置会社（現会社法では指名委員会等設置会社）の執行役に就任した者に支給した金員が退職所得に当たるか争われた事案で，国税不服審判所は平成17年6月，本件の金員は，執行役に関する退職慰労金等の規程がないなど，「打切り支給」の要件を満たしておらず，退職手当等とすることはできないとし，請求人の主張を斥けました（大審裁決，平16第105号，一部取消）。

　この事案は，退職金制度の見直しが進む中，「打切り支給」の退職金等の取扱いについて争われたものです。この中で，株主総会により委員会等設置会社に移行した会社の使用人が執行役に就任した際に支払った退職金について，賞与に該当するとして，課税庁が不納付加算税の賦課決定処分等を行いました。請求人は，①執行役という役員に就任したことで社員としての雇用契約は自動的に終了し，勤務関係は終了している。②執行役への就任は取締役会と委任契約に基づく新たな勤務関係の開始になる。③入社から執行役に就任するまでの長期間かつ継続的な勤務に対する報償であり，一時金として支払われている。などと主張しました。

　他方，課税庁は，退職金規程には，社員から執行役等の役員に就任した場合の規程が無いことに注目すべきだとしています。また，退職慰労金等の内規を考慮しても，勤続年数の算定において，社員から取締役に就任した場合は，社員としての勤続年数を通算されるとして，本件の一時金はいわゆる打切り支給されたものとは認められないとして，賞与に該当するとしました。

　この事案につき，国税不服審判所は，執行役の就任をもって，勤務関係が終了したと解することはできないとして，本件一時金の支払時には，執行役に関する退職慰労金等の規程は無く，執行役に関する退職慰労金等の支給の有無や算出条件等，内容の決定に関する方針も定められておらず，そのため，所得税基本通達に定める打切り支給の要件（所基通30−2）を満たさないとしました。また，執行役については，法人税法上の役員であるため，取締役や監査役の退職慰労金等の内規等を適用することを考慮しても，社員から役員に就任した場合には，社員としての勤続期間を取締役の勤続年数に通算するとされているため，退職手当等にはできないと判断しました。加えて，請求人は，執行役の退職金については，支払うかどうかを含め，報酬委員会の決定事項であるため，本件一時金の支払時に打切り支給の要件を確定させることはできないと主張しました。しかしながら，たとえその後の勤続期間を考慮せずに退職手当等が支払われる可能性があるとしても，打切り支給の要件は満たさないとしました。

　この案件は，退職金制度の抜本的見直しが議論される中，「打切り支給」の退職金の税務上の取扱いについて審理されたものとして見ておくといいでしょう。

■ 注 ■

（1）日本経済新聞，2005年5月14日。
（2）新井益太郎監修『現代税法の基礎知識6訂版』ぎょうせい，2005年。

第9章　山林所得

第1節　山林所得の概要と計算式

　山林所得とは，山林の伐採または譲渡による所得をいい，立木のまま譲渡した場合も含まれます（所法32①）。また，山林をその取得の日以後5年以内に伐採したり，譲渡したことによる所得は山林所得に含まれず（所法32②）事業所得または雑所得となります。山林所得の金額は，次の算式で計算した金額となります（所法32⑧）。また，2種類ある青色申告特別控除額は10万円のもののみに限られ，山林所得に対しては65万円を選択する等はできません。

> 山林所得の金額　＝（総収入金額　－　必要経費）－　山林所得の特別控除額（50万円）
> 　　　　　　　　（－　10万円の青色申告特別控除）

第2節　山林所得の総収入金額

　山林所得は，山林の伐採または譲渡による所得だけでなく，分収造林契約[1]または分収育林契約[2]の収益も含まれます（所令78の2①～③）。それらは，その土地の所有者，所有者以外で造林，育林を行う者，及びこれらの者以外で造林，育林の費用分担を行う者が，山林の伐採または譲渡による収益を分収することによって得られる収入，またはこれらの契約による権利を譲渡したことによる収入をいいます。

第3節　山林所得の総収入金額から差し引かれるもの
　　　　（必要経費）

　山林所得の計算式にかかる必要経費は，植林費，山林の購入費，管理費，伐採費やその他その山林の育成または譲渡に要した費用があります。そして，山林所得の特別控除額は50万円（50万円未満は当該残額）とされます。山林所得は，苗木の植林から始まって販売できるようになるまでに長い期間を要し，かつその譲渡に際しては一時に所得が生じるものなので分離課税で，いわゆる「五分五乗方式（制度）」によって課税されます。この方式は，その所得金額を5分の1に分割し，その分割後の所得に税率をかけて税額を求め，5倍するという方式です（所法89①）。

　山林を土地とともに譲渡した場合の所得は，山林には山林所得，土地には譲渡所得として分け

ることになります。また，山林所得には，概算経費控除と森林計画特別控除という課税の特例があります。

　山林所得の概算経費控除は，山林を15年前の12月31日以前から引き続き所有していた場合に概算による経費の計算を認めるもので（措法30①），この場合，山林所得の金額は次の算式によります。

> 山林所得の金額 ＝ 総収入金額 －｛(収入金額 － 伐採費，運搬費，手数料等の費用) × 50%
> ＋ 伐採費，運搬費，手数料等の費用 ＋ 被災事業用資産の損失の金額｝
> － 山林所得の特別控除額

　山林所得の森林計画特別控除は，森林施業計画に基づいて山林の伐採または譲渡をした場合には，森林計画特別控除額を控除できるというものです（措法30の2①，②）。この場合，通常の必要経費に加えて次の方法により計算された金額のうち，いずれか低い方を控除することができます（ただし，概算経費によった時には①によります）。

> ① (収入金額 － 伐採費，運搬費，手数料等の費用) × 20%（収入金額が 2 千万円超の場合は10%）
> ② (収入金額 － 伐採費，運搬費，手数料等の費用) × 50% －｛(収入金額に対応する必要経費) － (伐採費，運搬費，手数料等の費用) － (収入金額に対応する被災事業用資産の損失の金額)｝

問題 9 － 1

　乙は，平成20年 6 月に取得した山林を令和 3 年 7 月20日に伐採し，7,700,000円で譲渡している。この山林の取得に要した費用は1,800,000円，管理・育成費用は2,141,000円，伐採・譲渡費用は384,000円であった。このとき，乙の山林所得の金額を解答欄にしたがって計算しなさい。

解答欄

1．総収入金額　　[　　　　　]円

2．必要経費

　　[　　　　　　　　　　]＝[　　　　　]円

3．山林所得の金額

　　1．－ 2．－[　　　　　]円＝[　　　　　]円

　　　　　　　　　　　　　　　　　　　　　　　　　　　［2級・3問］

問題 9 － 2

　次の資料に基づき，居住者乙（年齢67歳）の山林所得に対する税額を解答欄にしたがって計算しなさい。なお，乙は，平成14年10月に取得した山林を令和 3 年 5 月に譲渡している。また，譲渡価額は譲渡時の価額（時価）相当額である。

【資料】

譲渡資産	取得費	管理・育成費用	伐採費・譲渡費用	譲渡価額
山　林	7,865,000円	4,050,000円	726,000円	20,000,000円

解答欄

1．総収入金額 [　　　　　　　　] 円

2．必要経費

（1）原　則

[　　　　　　　　　　　　　　　　　　　　] = [　　　　　　] 円

（2）概算経費

[　　　　　　　　　　　　　　　　　　　　] = [　　　　　　] 円

（3）判　定

（1） $\begin{matrix} > \\ < \end{matrix}$ （2）　　∴ [　　　　　　] 円

（該当するものを○で囲むこと）

3．所得の金額

1．－　2．－ [　　　　　　] 円 = [　　　　　] 円

4．納付税額の計算（税率は第16章の税額速算表を参考にして答えなさい。）

3．に対する税額（五分五乗方式）

[　　　　　　　　　　　　　　　　　　　　] = [　　　　　] 円

[1級・4問]

■注■

（1）分収造林契約とは，「分収林特別措置法」に基づき，造林者および費用負担者となって土地所有者との間に造林契約を結び，植栽，間伐等の保育事業を行い，伐期が到来し伐採した時にはその収益を分収割合に応じて土地所有者と分収することです。

（2）分収育林契約とは，分収造林契約と同様に「分収林特別措置法」に基づき，育林者および費用負担者となって，森林所有者との間に育林契約を結び，除間伐等の保育事業を行い，契約林木が収穫された時に収益を一定の割合で分収することです。

〈資料 1 - 6 〉

山林所得 収支内訳書 （計算明細書）	譲渡者	住所		氏名	（フリガナ）		電話 番号	（　　）
	関 与 税理士	住所		氏名			電話 番号	（　　）

			合　　計		内　　　　訳			
特 例 適 用 条 文					措法	条	措法	条
譲渡した山林の明細	山 林 の 所 在 地 番							
	面　積	皆伐・間伐 の 区 分			ヘクタール	皆伐・間伐	ヘクタール	皆伐・間伐
	樹 種	樹 齢				年		年
	本 数	数 量			本	㎡	本	㎡
	譲渡先	住 所 又 は 所 在 地						
		氏 名 又 は 名 称						
	譲 渡 し た 年 月 日				年	月	日	年 月 日
	譲渡山林を植林・購入した 時期				年	月	日	年 月 日
譲 渡 価 額 の 総 額（収入金額）		①	A 円		円		円	
伐採費など	伐採費、運搬費、譲渡費用 の額	②	円		円		円	
	専従者控除額のうち② に相当する部分の金額	③	円		円		円	
	計（②＋③）	④	円		円		円	
差 引 （ ① － ④ ）		⑤	円		円		円	
取得費、管理費など	概算経費による場合	概算経費の額 （⑤×50％）	⑥	円		円		円
	概算経費率によらない場合	植林費、取得 に要した経費	⑦	円		円		円
		管理費その他 の 育 成 費 用	⑧	円		円		円
		③ 以 外 の 専 従 者 控 除 額	⑨	円		円		円
		計（⑦＋⑧＋⑨）	⑩	円		円		円
被災事業用資産の損失の金額 （保険金等で補填される部分を除く。）		⑪	円		円		円	
必要経費｛④＋（⑥又は⑩）＋⑪｝		⑫	円		円		円	
森林計画特別控除（注1）	概算経費率の適用を受ける場合 （注2）で計算した金額を記載する。		⑬	円		円		円
	概算経費率の適用を受けない場合	収入金額基準額 （注2）で計算した金額を記載する。	⑭		円		円
		所 得 基 準 額 （⑤×50％－⑩）	⑮		円		円
		⑭と⑮のうち 低い方の金額	⑯	円		円		円
差 引 金 額 ｛①－⑫－（⑬又は⑯）｝		⑰	円		円		円	
特 別 控 除 額		⑱	円					
山 林 所 得 金 額		⑲	B 円		円		円	

(注)　1　「森林計画特別控除」の欄は、租税特別措置法第 30 条の2第1項の適用を受ける場合に記載してください。
　　　2　⑤の金額が 2,000 万円以下のときは「⑤×20％」、⑤の金額が 2,000 万円超のときは「⑤×10％＋200 万円」で計算した金額を記載して
　　　　ください。

第10章　譲渡所得

第1節　譲渡所得の概要と計算式

1．概　要

　譲渡所得の本質はキャピタルゲイン，すなわち保有資産の価値の増加益であり，資産が保有者の手を離れるのを機会に，その保有期間中の増加益を精算して課税しようとするものです[1]。この譲渡所得を課税の対象とすべきかどうかについては，学説上争いがありますが[2]，財政上の理由もあり昭和22年の税制改正によって，課税の対象とされました。それでは譲渡所得の範囲は所得税法上，いかなるものとされているのでしょうか。所得税法は譲渡所得をまず広くとらえ，「資産」の「譲渡」による所得（所法33①）と規定し，これから例外的に譲渡所得とならないものを除くという構成をとっています（所法33②）。

　すなわち，譲渡は売却にとどまらず所有権の移転を伴う交換，代物弁済等までも含むものとされます。また，贈与（寄付も贈与の一形態とされます）・遺贈・相続の一部の行為についても，みなし譲渡の規定により，譲渡所得とされる場合があります（6. みなし譲渡参照）。つまり，無償で贈与する行為であっても相手が個人でなく法人の場合などは，贈与時の時価を譲渡の対価として受け取ったものとして所得税が課せられることがありますので注意が必要です。また，土地に一定の借地権を設定させることにより，相手方から更地時価の2分の1を超える金銭を受領した場合等は，所有権は移転しませんが所得税法上は譲渡ととらえ，その受領した金銭を不動産所得ではなく譲渡所得として取り扱います（所令79）。これは，長期にわたって土地所有権の一部である使用収益権が移転する行為は経済的には土地の一部を譲渡したものと同一視できるという理由によります。

　棚卸資産，10万円未満である少額減価償却資産・20万円未満であるため一括償却が適用された資産（業務上，基本的に重要な資産は譲渡とされます），山林，金銭債権などは譲渡所得の基因となる資産からは除かれます（所法33②）。まず，棚卸資産については，その反復継続性によりすでに事業所得に区分されるものとされており，山林については，別に山林所得の規定により5年を超えて伐採譲渡するものは山林所得，5年を超えずに伐採譲渡するものは事業所得又は雑所得とされています。また，金銭債権の譲渡損益は金利に相当する[3]と考えられることから，譲渡所得とはされずに事業所得または雑所得とされます。

　有価証券については，昭和28年の改正により，投資の奨励を目的として一部の例外を除き譲渡所得から除外され，有価証券取引税が課されることになりましたが，課税の公平性の見地から，昭和63年の税制改正により平成元年4月1日以降，再び譲渡所得に該当するものとして改正され

ました。その後，平成15年度の新証券税制により，申告計算を容易にする特定口座制度が導入される等，申告方法に変更があったものの，原則として譲渡所得に該当するものとして現在に至っています。

2．計算式

　所得税法上，譲渡所得は原則として総合課税，すなわち他の所得と合算して課税する方式によりますが，長期のキャピタルゲインが一時に実現するものであるため，超過累進税率のもとにおいては突然高い税率が適用されてしまう弊害があります。そこでさまざまな緩和措置がとられ，すなわち長期譲渡所得（総合長期）については，総合課税ではあるものの半額課税を行うものとし（第14章　損益通算後の課税標準の計算参照），土地建物等については特に額が巨額になることから分離課税としています。

　土地・建物等の譲渡による所得は分離課税とされ，その年1月1日において所有期間が5年以下のものが「分離短期」（分短），その年1月1日において所有期間が5年を超えるものが「分離長期」（分長）に区分されます。例えば，平成25年3月に取得した土地を，平成30年6月に譲渡した場合，一見すると5年を超えていますが，平成30年1月1日で見ると5年以下なので分離短期となります。土地建物等以外については所有期間が5年以下のものが「総合短期」（総短），5年超のものが「総合長期」（総長）に区分されます。なお，所有期間の算定において，所有期間の起算日は原則としてその取得の日によりますが，一定の相続贈与等については，その贈与者等のもともとの取得時期を引き継ぐ場合があるので注意が必要です。

　有価証券の場合，それが上場株式等であれば一般口座と特定口座を選択でき，特定口座はさらに源泉徴収有りと源泉徴収無しを選択することができます（図表10-1参照）。特定口座でかつ源泉徴収有りを選択した場合，20%（所得税15%＋住民税5%）の源泉徴収が行われ，申告不要とすることができます。それ以外の口座取引は，NISA（少額上場株式につき年120万円，未成年80万円まで譲渡益・配当を最大5年非課税とする制度）を除き原則として申告が必要となります（措法37の10①）。なお，ゴルフ会員権等については上記にかかわらず総合短期又は総合長期とされます（所

図表10-1　有価証券の譲渡

有価証券の種類				源泉徴収	譲渡所得申告の有無	所得区分
ゴルフ会員権等以外	上場株式等	特定口座	源泉徴収有り	20%（所得税15%＋住民税5%）	申告不要（申告してもよい）	株式分離（上場株式等）
			源泉徴収無し		＊申告必要	
		一般口座			＊申告必要	株式分離（一般株式等）
	一般株式等					
ゴルフ会員権等						総合課税

＊年20万円以下で給与所得を有する者等，確定申告が不要とされる場合があります（所法121①）。

＊ゴルフ会員権等の譲渡損失については，平成26年4月1日以降，損益通算が制限されることになりました。

　なおこれはあくまで概略図であり，実際はさらに詳細に規定されています。

図表10－2　譲渡資産区分図

譲渡所得非課税（所令25）			譲渡所得課税	
家具・衣服等	貴金属・骨とう等		別荘・クルーザー等	住宅等（生活用資産で左記以外のもの），機械等（事業用・業務用資産）
	時価30万円以下	時価30万円超		
生活に通常必要な動産			生活に通常必要でない資産	

基通33－6の2，33－6の3）。

　生活に通常必要な家具，衣服，時価30万以下の貴金属・骨とう等については譲渡益は非課税とされ（図表10－2参照），逆に譲渡損が出た場合はその譲渡損はないものとみなされます（所法9①九，所令25）。この規定は，譲渡資産が少額である場合に対応した税務執行上の要請であり，国民感情を考慮したものでもあります。また，国等に対する寄付行為，国等に対する重要文化財の有償譲渡，一定の公社債の譲渡についても公益上の理由から非課税規定が設けられています（措法37の15）。

3．内部通算

　譲渡所得における「内部通算」とは，上記いずれかの譲渡損益のうちに譲渡損が生じている場合に，他の譲渡益と相殺することをいいます。しかし，無制限に相殺することはできず，相殺にあたっては以下の制限が設けられています。課税標準の計算の段階における「損益通算」と似ていますが混同しないよう注意が必要です。

① 　分離譲渡の損失の内部通算については，分離どうしすなわち，△分離短期 → 分離長期，△分離長期 → 分離短期の順で控除します。総合短期，総合長期や株式分離とは内部通算ができません。

② 　総合譲渡の損失の内部通算については，総合どうしすなわち，△総合短期 → 総合長期，△総合長期 → 総合短期の順で控除します。分離短期，分離長期や株式分離とは内部通算ができません。

③ 　株式分離の損失については，分離短期・分離長期，総合短期・総合長期との内部通算ができません。

　なお，株式分離はさらに一般株式等と上場株式等に区分されますが，このいずれかに損失が生じていた場合におけるこれらどうしの通算は平成25年税制改正により，平成28年1月1日以後できないこととされました。しかし，一般株式等どうし，上場株式等どうしの通算は現在も可能です。

　また，上場株式等の損失は他の所得と内部通算することはできませんが，課税標準の計算の段階で上場株式等の配当所得（申告不要を選択したものを除く）と損益通算することが可能です。

図表10－3　譲渡所得の計算の流れ

```
（1）譲渡損益
        分離短期                総収入金額－（取得費＋譲渡費用）＝××
        総合短期                総収入金額－（取得費＋譲渡費用）＝××
        分離長期                総収入金額－（取得費＋譲渡費用）＝××
        総合長期                総収入金額－（取得費＋譲渡費用）＝××
        株式分離   ①一般株式等   総収入金額－（取得費＋譲渡費用）＝××
                   ②上場株式等   総収入金額－（取得費＋譲渡費用）＝××
（注）申告不要とせず株式分離とした場合の上場株式等の譲渡損失は，課税標準の
     計算の段階で配当所得との損益通算が可能です。
（2）内部通算
     ①　△分離短期　→　分離長期，△分離長期　→　分離短期
     ②　△総合短期　→　総合長期，△総合長期　→　総合短期
（3）生活に通常必要とみられないものの損失の控除
     ①　直前取得費相当　－　直後時価　－　保険金等　＝　損失額
     ②　損失額を，総合短期　→　総合長期の順で控除
（4）特別控除
     ①　総合短期－特別控除50万円（総合短期を限度）
     ②　総合長期－特別控除50万円の残額（総合長期を限度）
```

問題10－1

　丙は，次の資産を本年中に譲渡（譲渡価額は譲渡時の価額（時価）相当額である。）している。次の資料により丙の平成30年分の譲渡所得の金額を求めなさい。なお，土地の譲渡は一般の譲渡であり，軽減税率が適用されるものではない。また，（4）については法定償却方法にて償却すること。

（1）土地A（取得日：平成27年2月6日，譲渡日：平成30年3月15日）

　①　取得価額　　　16,200,000円　　　　②　譲渡費用　　　　650,000円

　③　譲渡価額　　　18,200,000円

（2）絵画（取得日：平成15年9月18日，譲渡日：平成30年6月8日）

　①　取得価額　　　 1,470,000円　　　　②　譲渡費用　　　　100,000円

　③　譲渡価額　　　 3,000,000円

（3）土地B（取得日：平成11年4月13日，譲渡日：平成30年6月8日）

　①　取得価額　　　36,700,000円　　　　②　譲渡費用　　　1,680,000円

　③　譲渡価額　　　51,500,000円

（4）営業用車両A（取得日：平成26年8月10日，譲渡日：平成30年5月15日）

　①　取得価額　　　 2,400,000円　　　　②　法定耐用年数6年

　③　償却率：定額法（0.167），200％定率法（0.333）

　④　年初未償却残高 1,030,600円　　　　⑤　譲渡価額　　　　650,000円

解答欄

譲渡所得		1．譲渡損益の計算		
分離短期	［　　　］円	（1）分離短期（　　　）		
		［　　　　　　　　　　　　］	＝	［　　　］円
総合短期	［　　　］円	（2）総合短期（　　　）		
		［　　　　　　　　　　　　］	＝	［　　　］円
分離長期	［　　　］円	（3）分離長期（　　　）		
		［　　　　　　　　　　　　］	＝	［　　　］円
総合長期	［　　　］円	（4）総合長期（　　　）		
		［　　　　　　　　　　　　］	＝	［　　　］円
		2．内部通算（総合短期・総合長期相互間での通算）		
		［　　　］円 － ［　　　］円 ＝ ［　　　］円		
		3．所得の金額		
		（1）分離短期　［　　　］円		
		（2）分離長期　［　　　］円		
		（3）総合長期　［　　　］円 － ［　　　］円 ＝ ［　　　］円		

［98回　1級・4問改題］

4．生活に通常必要でない資産の損失の控除

　生活に通常必要でない資産の損失の控除とは，居住者の有する「生活に通常必要でない資産（図表10－2）」につき，災害・盗難・横領による損失が生じた場合に，直前の取得費相当額を基礎として計算した一定の金額（直前の取得費相当額－直後時価－保険金等）を，内部通算後の譲渡所得の金額より，総合短期 → 総合長期の順で控除するものです（所法62）。控除しきれない金額は，翌年に限り同様の順序で控除できます。後に所得控除（第15章）で説明される雑損控除とは要件が異なります（図表10－4参照）。

図表10－4　雑損控除との比較

	生活に通常必要でない資産の損失の控除（所法62）	雑損控除（所法72）
損失発生原因	災害・盗難・横領	
対象資産の範囲	生活に通常必要でない資産	資産（生活に通常必要でない資産・棚卸資産・事業用固定資産・山林を除く）
	本人の資産のみ	本人および課税標準合計38万円以下の生計を一にする親族の有する資産
損失額	取得費ベース（災害等関連支出は加算しない）	時価ベース（災害等関連支出を加算する）
その年で控除しきれない金額	その年の翌年に限り控除できる	雑損失の繰越控除により，その年の翌年以降3年にわたり控除できる

5．特別控除

　総合短期，総合長期の順で譲渡益を限度として50万円を控除します。分離短期・分離長期や株式分離から控除することはできません。

6．みなし譲渡

　一定の贈与・遺贈・相続については譲渡所得とされる場合があり，これをみなし譲渡といいます（所法59）。本来，譲渡所得は有償又は無償であっても資産の移転時にその値上がり益をとらえて課税をしようとするものです。しかし，贈与等の相手方によっては，相手方に十分な贈与税が課せられるなどの理由により，以下の一定の場合のみに譲渡所得とみなして課税を行うものとしています。
　① 法人に対する贈与
　② 法人に対する遺贈
　③ 法人に対する低額譲渡（時価の2分の1未満の対価による譲渡）
　④ 個人に対する限定承認に係わる相続
　⑤ 個人に対する限定承認に係わる包括遺贈

以上の事由が生じた場合には，その時の価額（時価）により譲渡があったものとみなされます。ここで，「遺贈」とは遺言によって財産を他人に与える行為のことです。このうち「包括遺贈」とは財産を特定しないで一定の割合で与える場合をいいますが（例えば遺産の30％とか），財産を特定して与える場合は「特定遺贈」といいます（例えば土地，預金）。また，相続にあたって一般的な相続人が被相続人の権利・義務を無条件で承認し，その一切を継承するものは「単純承認」といいますが，これに対し「限定承認」とは，被相続人の負債を被相続人の財産を限度として引き継ぐことを承認するものです。なお，上記①と③が，みなし譲渡では頻度も多く重要性の高いものです。

第２節　譲渡所得の総収入金額

譲渡所得の総収入金額の計上時期は，原則としてその譲渡資産の引き渡しがあった時によりますが，契約の効力発生日等によることもできます（所基通36－12）。またその金額（譲渡対価）は原則として譲渡による実際の収入金額によりますが（所法36①），交換のような場合は取得資産の時価が譲渡対価となります。時価を譲渡対価とする場合としては，他に前述のみなし譲渡の規定のように譲渡資産の時価を用いる場合があり，借地権の設定の対価等のようにその経済的利益を考慮して一定の算式により計算した金額を譲渡対価とする場合もあります。

第３節　譲渡所得の総収入金額から差し引かれるもの

１．取得費

取得費とは，その資産の取得に要した金額並びに設備費及び改良費の合計額をいいます（所法38①）。しかし，資産が時の経過によって減価するものであるときは，これから一定の金額を控除した額を改めて取得費とします。すなわち，家事の用に供している期間については，「減価の額」を控除し，業務の用に供している期間については「償却費の額の累積額」を控除します（所法38②）。以上が実際の取得費ですが，特則として，土地等建物等以外の資産が昭和27年12月31日以前に取得したものであるときは，昭和28年１月１日現在の時価等を選択によりその取得費とすることができます（所法61②，③，所令172）。これは，戦後の激しいインフレによる名目利益を譲渡益から取り除くことができるものとする規定です。また，譲渡による収入金額の５％を常に取得費とすることもでき，これにより実際の取得費が不明の場合でも最低５％は控除できます。そして適用上はこれらを総合的に勘案して，いずれか大きい金額を取得費とすることが納税者有利となります（図表10－６参照）。また，有価証券の取得費については，銘柄ごとに譲渡の都度総平均法に準ずる方法（すなわち移動平均法）により単価計算した金額を基本とします（措令25の10の２①，所令118）。

図表10－５　実際の取得費

実際の取得費（所法38）
- 減価しない資産　（取得に要した金額＋設備費＋改良費）＝ 実際の取得費
- 減価する資産　（取得に要した金額＋設備費＋改良費）－ 減価の額 － 償却費の額の累積額 ＝ 実際の取得費

家事の用に供した期間＝「減価の額」　　業務の用に供した期間＝「償却費の額の累積額」

取得→→→→→→業務供用→→→→→→→→→譲渡

「減価の額」（所令85）……（取得に要した金額＋設備費＋改良費）×定額法償却率（＊1）×経過年数（＊2）
（＊1）同種の減価償却資産の耐用年数×1.5＝××年（１年未満切捨）→耐用年数××年の定額法償却率を使用
（＊2）非業務供用期間の年数→６月以上切上，６月未満切捨
「償却費の額の累積額」……減価償却により必要経費に算入される償却費の額の累積額

図表10-6 取得費の特則

土地等建物等の取得費	・実際の取得費 ・収入金額×5%	いずれか多い 金額＝取得費			
土地等建物等以外で昭和27年以前から所有しているものの取得費	減価しない資産 (所法61②)	・昭和28年1月1日の相続税評価額 ・資産再評価額* ・昭和28年1月1日における実際の取得費	3つのうちいずれか多い金額 ＋ 28年以後の設備費・改良費	いずれか多い 金額＝取得費	いずれか多い 金額＝取得費
			・収入金額×5%		
	減価する資産 (所法61③)	・昭和28年1月1日の相続税評価額 ・資産再評価額* ・昭和28年1月1日における実際の取得費	3つのうちいずれか多い金額 ＋ 28年以後の設備費・改良費 － 28年以後の償却費の額の累積額、減価の額		
			・収入金額×5%		

＊戦後の激しいインフレに対処するため，昭和25年資産再評価法が制定され，再評価額との差額に再評価税を課す代わりにその再評価額を取得に要した費用と認めました。但し平成27年12月31日以前取得の資産のみに適用され，28年1月1日以後取得の財産には適用されません（所令172）。

問題10-2

居住者甲が平成30年中に譲渡した資産は，次の資料のとおりである。この資料に基づき，甲の平成30年分の総所得金額を解答欄にしたがって計算しなさい。なお，下記譲渡のほか，平成30年分の不動産所得の金額が3,456,000円及び一時所得の金額700,000円があった。

【資料】

記号	譲渡した資産	取得日	譲渡日	譲渡価額	取得費及び譲渡費用
ア	事業用備品	平成24年8月1日	平成30年2月15日	250,000円	197,000円
イ	家具（日常生活に使用）	平成25年6月10日	平成30年5月8日	500,000円	350,000円
ウ	事業用車両	平成27年10月18日	平成30年8月20日	2,840,000円	1,881,000円
エ	骨とう品（趣味で所有）	平成9年3月7日	平成30年10月12日	5,500,000円	4,100,000円
オ	書画（趣味で所有）	平成21年11月22日	平成30年12月13日	270,000円	220,000円

解答欄

1.（1）資料アからオまでの資産の譲渡のうち課税されるものについては○印を，非課税とされるものについては×印を，解答欄（1）の□のなかに記入しなさい。
（2）資科アからオまでの資産の譲渡のうち課税されるものについて，総合短期譲渡所得に区分されるものにはAを，総合長期譲渡所得に区分されるものにはBを，解答欄（2）の□のなかに記入しなさい。

	ア	イ	ウ	エ	オ
（1）					
（2）					

２．総所得金額の計算

（1）譲渡所得の計算

　　　①　総合短期譲渡所得の金額

	＝	円

　　　②　総合長期譲渡所得の金額

	＝	円

（2）総所得金額

	＝	円

〔95回　2級・2問改題〕

２．相続税額の取得費加算

　相続等の後，短期間（3年内）に譲渡した資産については，相続税額のうち一定額を取得費に加算できる場合があり，これを相続税額の取得費加算といいます（措法39）。これは相続税の負担を譲渡において考慮した規定であり，これにより譲渡益を少なくすることができます。計算上は，相続税額のうち，相続全体に対する譲渡資産の課税価格が占める割合を計算して算出します。なお，土地等については巨額であることからその他の資産と区別され，一部を譲渡しても相続により取得した土地等のすべてを譲渡したものと考えて控除できるように特別の配慮がなされています。なお，この規定により加算できる金額はその譲渡益を限度としており，譲渡損益がマイナスとなることはありません。

相続して譲渡した資産が土地等の場合に，取得費に加算できる金額

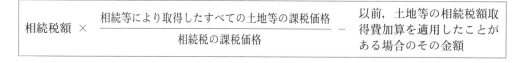

相続して譲渡した資産が土地等以外の場合に，取得費に加算できる金額

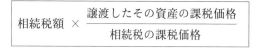

３．譲渡費用

　「資産の譲渡に要した費用」は譲渡費用として収入金額から控除することができ，以下のものが例としてあげられます。しかし，譲渡資産の修繕費，固定資産税などは，譲渡のための支出とは考えられず譲渡費用とはなりませんので注意が必要です（所基通33-7）。

　　　①　譲渡のために支出した仲介手数料，運搬費，登記もしくは登録費用等

　　　②　譲渡のために借家人を立ち退かせる場合の立退料

　　　③　土地を譲渡するためにその土地の上にある建物等を取り壊した場合における，当該建物等

の資産損失相当及び取り壊しに要した費用

問題10－3

乙は平成30年中に以下の資産を譲渡している。これらの譲渡損益をそれぞれ求めなさい。

譲渡した資産	譲渡日	譲渡価額	譲渡費用
土地A	平成30年4月25日	25,000,000円	810,000円
骨とう品	平成30年5月15日	3,200,000円	50,000円

【資料】

乙は，平成29年2月に死亡した父から単純承認により相続した財産のうち次のものを譲渡している。なお，譲渡価額はそれぞれの資産の譲渡時の価額相当額である。

（1）平成29年12月に行った相続税の申告内容のうち乙に関するものは次のとおりである。

譲渡した資産	父が取得した日	父が取得した金額	相続税の課税価格に算入された金額
土地A	平成23年3月5日	17,000,000円	12,400,000円
骨とう品	昭和59年7月22日	不　　明	2,000,000円

①　相続税の課税価格　135,000,000円

　　このうち土地及び土地の上に存する権利の価額は34,500,000円である。

②　相続税額　18,900,000円

（2）相続した財産のうち乙が譲渡したものに関する資料は次のとおりである。

解答欄

1．土地A（分離短期・分離長期）いずれかに○を付すこと。

①　総収入金額　□　　　　　　　　円

②　取得費

　i　原則　□　　　　　　　　円

　ii　相続税額の取得費加算額

　　□　　　　　　円 × □　　　　　円 / □　　　　　円 = □　　　　　　　円

　iii　小計 i + ii = □　　　　　　　円

③　譲渡費用　□　　　　　　　　円

④　譲渡損益　①－（②＋③）＝ □　　　　　　　円

2．骨とう品（総合短期・総合長期）いずれかに○を付すこと。

①　総収入金額　□　　　　　　　　円

②　取得費

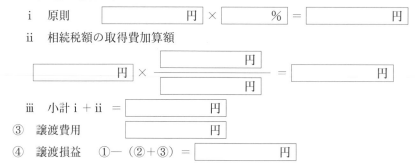

ⅰ　原則　　　　□　　円　×　　□　　％　＝　　□　　円

ⅱ　相続税額の取得費加算額

$$\boxed{}\ 円 \times \frac{\boxed{}\ 円}{\boxed{}\ 円} = \boxed{}\ 円$$

ⅲ　小計ⅰ＋ⅱ　＝　　□　　円

③　譲渡費用　　　　□　　円

④　譲渡損益　①－（②＋③）＝　　□　　円

［72回　1級・4問改題］

第4節　譲渡所得の特例

　譲渡所得については，納税者の選択のもとに通常の計算によらず，特例計算が認められています。これらは，譲渡資産を譲渡して取得資産を取得する，すなわち投資の連続性という目的を達成させるために，譲渡時には課税をなるべく行わず，将来改めて課税を行おうとするもので，取得費も譲渡資産のものが新しい資産に引き継がれることから課税の繰延べとも呼ばれます。これら特例計算の実際の適用要件は非常に複雑ですが，以下簡潔にその内容を説明します。

① 　収用等の買換え特例

　収用とは，公的機関の要請等によりその公的機関等に譲渡することです。一定の要件の下に収用資産の代替となる資産を取得した場合には，譲渡はなかったものとみなされ，課税がこの時点では行われなくなります（措法33条）。

② 　居住用財産の買換え特例

　一定の要件を満たす居住用財産を譲渡して，その代替となる居住用財産を取得する場合には，住み替えを可能とするため，譲渡はなかったものとみなされ，課税がこの時点では行われなくなります（措法36の2，36の5）。

③ 　特定事業用資産の買換え特例

　事業用資産の買換えを保護する等の目的のため，単に譲渡するにとどまらず，一定の要件を満たす代替となる事業用資産の取得を行う場合，一部の譲渡はなかったものとみなされ，課税がこの時点では一部しか行われなくなります（措法37）。

④ 　中高層の買換え特例

　大都市圏における土地の有効利用を促進するため，土地建物等を単に譲渡するにとどまらず，一定の要件のもとに代替となる中高層物件の取得を行う場合には，譲渡はなかったものとみなされ，課税がこの時点では行われなくなります（措法37の5）。

⑤ 　固定資産を交換した場合の特例

　固定資産を交換する場合，交換といえども取得資産の時価を譲渡対価として譲渡所得が課税されるのが原則です（第2節　譲渡所得の総収入金額参照）。しかし，一定の要件を満たす同一種類の固定資産どうしを交換する場合には，資産所有の経済的連続性を考慮して，譲渡資産の譲渡はなかったものとみなされ，課税がこの時点では行われなくなります（所法58）。ここで一定の要件

とは，①取得資産，譲渡資産につきそれぞれの所有者が１年以上所有していた固定資産であること，②取得資産は譲渡資産と種類を同じくする資産であり，かつ，交換前と同一の用途に供していること，③交換の時における取得資産の価額（時価）と譲渡資産の価額との差額が，これらのうちいずれか多い価額の100分の20相当額を超えないこと等です。なお，この規定の適用を受けたとしても，譲渡がなかったものとみなされるのは，譲渡資産の価額のうち，取得資産の価額に相当する部分に限られています。したがって，高いものをより安いものと交換する場合，その差額相当分については譲渡がなかったものとみなされず，譲渡所得が課税されます。

問題10－4

　居住者甲は，平成28年８月15日に土地の交換を行っている。この交換に関する次の資料に基づき，所得税法第58条《固定資産の交換の場合の譲渡所得の特例》の適用を受ける場合の譲渡所得の金額を計算しなさい。

【資料】

１．交換により譲渡した土地は，甲が平成16年６月６日に取得したもので，取得費相当額は48,000,000円，交換時の価額（時価）は60,000,000円である。

２．交換により取得した土地は，交換の相手方が数年前に取得したものであり，交換時の価額（時価）は55,000,000円である。

　　なお，相手方はこの土地を交換目的で取得したものではない。

３．この交換に際し，甲は，交換した土地の価額の差額として5,000,000円を受け取っている。

４．甲は，譲渡費用として2,100,000円を支出している。

５．甲は，交換により取得した土地を，交換により譲渡した土地の譲渡直前の用途と同一の用途に供している。

解答欄

１．交換の特例適用の判定

（該当するものを○で囲むこと）

∴適用（あり・なし）

（該当するものを○で囲むこと）

２．総収入金額

$$\boxed{\qquad 円} - \boxed{\qquad 円} = \boxed{\qquad 円}$$

３．取得費及び譲渡費用

４．譲渡所得の金額

$$\boxed{\qquad 円} - \boxed{\qquad 円} = \boxed{\qquad 円}$$

■ 注 ■

（1）金子宏『租税法　第24版』弘文堂，2021年，264頁。

（2）金子，上掲書，184頁。一時的利得を除外する制限的所得概念と除外しない包括的所得概念があります。

（3）中村淳一編『平成26年度版　図解譲渡所得』大蔵財務協会，2014年，6頁。

第11章　一時所得

第1節　一時所得の概要と計算式

　一時所得とは，一時金として受け入れる収入のうち，①営利目的による継続的行為，②労務その他役務の対価性（給与所得や退職所得），③資産の譲渡による対価性（譲渡所得）を有しない一時的，偶発的な所得です（所法34①）。一時所得の計算方法は，その年中の一時所得にかかる総収入金額からその収入を得るための支出額と特別控除額（最大50万円）を控除した金額になります（所法34③）。

　一時所得は，偶発的所得であることから担税力が弱い所得といえます。そこで，総所得金額に算入される一時所得の金額は2分の1に減額して，所得に対する累進課税を緩和することにしています（所法22②二）。

$$\text{一時所得の金額} = \text{総収入金額} - \frac{\text{その収入を得るために}}{\text{支出した金額}} - \frac{\text{特別控除額}}{\text{（最大50万円）}}$$

第2節　一時所得の総収入金額

　一時所得には，①懸賞，クイズの賞金品，②競馬，競輪の払戻金，③生命保険の満期返戻金，長期損害保険の満期返戻金，④法人からの贈与金品，⑤借家の立退料，⑥遺失物の功労金，⑦土地の売買契約の際に手付金を受取り，その後に契約が解除された場合に返還不要となる金額などが具体的な例示としてあります（所基通34-1）。また，収入金額は，一時金の場合はその金銭の額とされ，懸賞，クイズ当選品などはその小売価額の60%を収入金額とします（所基通205-9）。一時所得の収入の時期は，原則として支払を受けた日とされています。

　なお，借地の立退料のうち借地権の譲渡に該当するもの（譲渡所得），業務を行う人が立退きに際して受ける休業補償金（事業所得），事業の取引先からの金品の贈与（事業所得）は一時所得になりません。さらに，学資金など扶養義務を履行するため給付される金品，損害保険金（突発事故による資産損害に対するもの），損害賠償金・慰謝料（心身に加えられた損害に対するもの），オリンピックのメダリストにオリンピック委員会から交付される金品，日本の宝くじの当選金などは非課税です（所法9①，当せん金付証票法13）。

第3節　一時所得の総収入金額から差し引かれるもの

　一時所得の計算における総収入金額から差し引かれるものとして，当該収入を得るための支出額（その収入を生じた行為をするため，又はその収入を生じた原因の発生に伴い直接要した金額をいいます）と特別控除額（50万円）があります（所法34③）。したがって，収入を得るための支出額は，収入との直接性が要求されます。例えば，競馬で大当たりした場合に支出額となる金額は，それまでの外れ馬券は含まれず，大当たりすることとなった直接の馬券を購入した額ということになります。

問題11－1
【資料1】
　丙が作成した物品販売業に関する損益計算書の「雑収入」には，生活用品購入の際に収受した福引の当選金50,000円（業務に関連するものではない。）がある。
【資料2】
　丙は，本年7月に所有の土地Cの売買契約をG不動産会社と締結し，手付金2,000,000円を受け取っている。その後，8月8日にG不動産会社からの申出により上記売買契約が解除されることになり，上記手付金の返還は不要となっている。

解答欄

　1．総収入金額　　[　　　　　　　　　]　＝　[　　　　　　円]

　2．支出した金額　　[　　　　　円]

　3．所得の金額　1．－2．－[　　　　円]　＝　[　　　　　円]

［105回　1級・4問］

第4節　一時所得をめぐる課税事件－馬券訴訟－

1．はずれ馬券事件の概要

　個人が得た競走馬の払戻金に対しては所得税が課されることになります。その際の所得区分が争点となっている事件があります。納税者は公務員であり，その余暇のほとんどの時間を競走馬券の購入に充てていました。競馬券を購入する際には，自動購入ソフトを使用せず，これまで，培った自身の頭の中にあるノウハウを駆使して購入していました。そして，この当たり馬券の払戻金を原資として継続的に毎週馬券（全国で開催されるすべての競馬場の全レース）を購入しており，購入に当たっては，競馬出走馬の過去の実績，競走への適合性，騎手の技量や騎乗馬との相性，その日の出走馬のコンディション，枠順，コースの特徴，馬場の状態など多種多様のファクターを組み合わせて着順を予想し，また，競走後には競走内容及び自らの予想の分析及び検討を繰り返して次の競走に生かし，高確率で馬券を的中させていました。納税者は確定申告において，競馬の払戻金について，これを雑所得として申告しましたが，税務署長はこれを一時所得に当たる

として更正処分及び加算税賦課決定処分等を行いました。納税者はこれを不服として争訟を提起しました。争点は，この競馬所得は「営利を目的とする継続的行為から生じた所得以外の一時の所得」に該当し，一時所得となるか，「営利を目的とする継続的行為から生じた所得」として雑所得となるかということです。さらに，本件競馬所得に係る所得金額の計算において，年間を通じた馬券（はずれ馬券を含む）の購入金額の全額を控除できるかどうかも争点とされました。

図表11－1　競走馬券の購入と払戻の状況（概略）

（単位：千円）

年分	馬券購入金額合計	払戻金等合計金額	差引金額
平成17	345,000	364,000	19,000
平成18	646,000	705,000	59,000
平成19	2,174,000	2,295,000	122,000
平成20	1,561,000	1,667,000	105,000
平成21	1,495,000	1,703,000	208,000
平成22	1,048,000	1,104,000	56,000
合　計	7,269,000	7,838,000	569,000

2．最高裁判決（大阪事件と札幌事件）

　「はずれ馬券事件」として最高裁まで争われた事件は，大阪事件（平成27年3月10日判決），札幌事件（平成29年12月15日判決），東京事件（平成29年12月20日判決）があります。これらの判決が出されるまでは，所得税基本通達34－1において，競馬，競輪の払戻金は一時所得に該当する例示として掲げられていました。この通達は，法令ではありませんので，納税者を拘束しませんが，税務署は，この通達に拘束されることから，競馬の払戻金をすべて，一時所得として課税しなければならないことになります。そして，馬券の払戻金が一時所得になるということは，当たった馬券の購入費だけが必要経費になるということです。

　大阪事件の最高裁は「所得税法上，営利を目的とする継続的行為から生じた所得は，一時所得ではなく雑所得に区分されるところ，営利を目的とする継続的行為から生じた所得であるか否かは，文理に照らし，行為の期間，回数，頻度その他の態様，利益発生の規模，期間その他の状況等の事情を総合考慮して判断するのが相当である。」として，馬券の払戻金であっても，諸事情を総合考慮して判断すると雑所得に該当することがあると判断しました。つまり，競馬の払戻金が雑所得に該当するということは，はずれた馬券の購入費がすべて必要経費になるということです。そして，この所得区分に関する判断を大阪事件のケースにあてはめて「被告人が馬券を自動的に購入するソフトを使用して独自の条件設定と計算式に基づいてインターネットを介して長期間にわたり多数回かつ頻繁に個々の馬券の的中に着目しない網羅的な購入をして当たり馬券の払戻金を得ることにより多額の利益を恒常的に上げ，一連の馬券の購入が一体の経済活動の実態を有するといえるなどの本件事実関係の下では，払戻金は営利を目的とする継続的行為から生じた

所得として所得税法上の一時所得ではなく雑所得に当たるとした原判断は正当である。」という判決を言い渡しました。

　これを受けて，国税庁は，この通達を以下のように改正して（注）を入れました。「(2) 競馬の馬券の払戻金，競輪の車券の払戻金等（営利を目的とする継続的行為から生じたものを除く。）

　（注）1　馬券を自動的に購入するソフトウエアを使用して定めた独自の条件設定と計算式に基づき，又は予想の確度の高低と予想が的中した際の配当率の大小の組合せにより定めた購入パターンに従って，偶然性の影響を減殺するために，年間を通じてほぼ全てのレースで馬券を購入するなど，年間を通じての収支で利益が得られるように工夫しながら多数の馬券を購入し続けることにより，年間を通じての収支で多額の利益を上げ，これらの事実により，回収率が馬券の当該購入行為の期間総体として100％を超えるように馬券を購入し続けてきたことが客観的に明らかな場合の競馬の馬券の払戻金に係る所得は，営利を目的とする継続的行為から生じた所得として雑所得に該当する。

　2　上記（注）1以外の場合の競馬の馬券の払戻金に係る所得は，一時所得に該当することに留意する。

　3　競輪の車券の払戻金等に係る所得についても，競馬の馬券の払戻金に準じて取り扱うことに留意する。」と変更しました。

　確かに，大阪事件の最高裁判決は，必ずしも一時所得にならない馬券の払戻金があることを判示しました。しかしながら，その判断において「馬券を自動的に購入するソフトウェアを使用すること」までも所得区分の判断に加えているのではありません。このような通達は，税務署の課税処分を拘束します。つまり，「馬券を自動的に購入するソフトウェアを使用すること」による馬券の払戻金でなければ，雑所得に該当せず，一時所得に該当して，その結果，はずれ馬券をすべて必要経費にすることができないという誤解を招くことになります。

　その後，札幌事件の最高裁判決がありました。そこでは，大阪事件の最高裁判例を引用するとともに，本件事実をあてはめ「被上告人は，上記6年間のいずれの年についても年間を通じての収支で利益を得ていた上，その金額も，少ない年で約1,800万円，多い年では約2億円に及んでいたというのであるから，上記のような馬券購入の態様に加え，このような利益発生の規模，期間その他の状況等に鑑みると，被上告人は回収率が総体として100％を超えるように馬券を選別して購入し続けてきたといえるのであって，そのような被上告人の上記の一連の行為は，客観的にみて営利を目的とするものであったということができる。」として，所得の区分を雑所得と判断しました。そのうえで，はずれ馬券をすべて必要経費であると判示しました。さらに，これを受けて，国税庁は，「競馬の馬券の払戻金の所得区分については，馬券購入の期間，回数，頻度その他の態様，利益発生の規模，期間その他の状況等の事情を総合考慮して区分されます。具体的には，馬券を自動的に購入するソフトウェアを使用して定めた独自の条件設定と計算式に基づき，又は予想の確度の高低と予想が的中した際の配当率の大小の組合せにより定めた購入パターンに従って，偶然性の影響を減殺するために，年間を通じてほぼ全てのレースで馬券を購入するなど，年間を通じての収支で利益が得られるように工夫しながら多数の馬券を購入し続けることにより，年間を通じての収支で多額の利益を上げ，これらの事実により，回収率が馬券の当該購

入行為の期間総体として100％を超えるように馬券を購入し続けてきたことが客観的に明らかな場合は，雑所得に該当すると考えます。」として，再度，所得税基本通達34－1を上記のように改定しました。

　この短期間に数度の通達改正が行われることは，めずらしい事ですが，通達という性格を考えると，2つの最高裁判決の事例判断（一時所得の例示）を，そのまま，採用して，例示以外のものは雑所得には該当しないかのような記載は改められるべきであると思われます。

　いずれにしても，このような判断は，納税者も納得のできるものでしょう。今後は，競輪・競艇・パチンコなどで得た所得の所得区分のあり方について，新たな所得区分を設けるなどの制度設計が必要な時期に来ていると思います。

第12章　雑所得

第1節　雑所得の概要と計算式

　雑所得とは，利子所得，配当所得，不動産所得，事業所得，給与所得，退職所得，山林所得，譲渡所得及び一時所得のいずれにも該当しない所得をいいます（所法35）。

　このように雑所得を定義しているのは，日本の所得税法が，一定期間の純資産の増加を所得ととらえる純資産増加説（包括的所得概念）の影響を受けており，原則として，すべての利得を所得として課税の対象としていることの表れであると考えられています。

　所得税法は，雑所得の金額を，公的年金等に係るものとそれ以外のものに分けて計算し，その合計額とすることにしています（所法35②）。公的年金等については，過去の勤務関係に依存して支払われるものであることなどから，1986（昭和61）年までは給与所得として課税されていました。しかし，給与と異なり経費がかからないため概算経費控除を行うことは不合理であることと，年金受給者は通常高齢であることから給与所得より課税を軽減する必要があることから，1987（昭和62）年に給与所得から切り離され，現在に至っています。

> 雑所得の金額 ＝ 公的年金等に係る雑所得の金額 ＋ その他の雑所得の金額
> ※公的年金等に係る雑所得の金額 ＝ その年中の公的年金等の収入金額 － 公的年金等控除額
> ※その他の雑所得の金額 ＝ その年中の総収入金額 － 必要経費

　公的年金等とは，次の年金をいいます（所法35③）。
① 国民年金法や厚生年金保険法，共済組合法等の規定に基づく年金
② 恩給及び過去の勤務に基づき支給される年金
③ 確定給付企業年金法の規定に基づいて支給を受ける年金等

第2節　雑所得の総収入金額

　雑所得は，公的年金等を除き，実際にどのようなものが該当するのか明らかでない場合が少なくないため，課税実務上，雑所得と解釈する具体例として，次のようなものなどが示されています（所基通35-1）。

① 法人の役員等の勤務先預け金の利子で利子所得とされないもの

② いわゆる学校債，組合債等の利子

③ 還付加算金

④ 就職に伴う転居のための旅行の費用として支払を受ける金銭等のうち，その旅行に通常必要であると認められる範囲を超えるもの

⑤ 役員又は使用人が自己の職務に関連して使用者の取引先等からの贈与等により取得する金品

また，次のような所得は，事業から生じたと認められるものを除き，雑所得に該当すると解されています（所基通35－2）。

① 動産（船舶及び航空機を除く）の貸付けによる所得

② 金銭の貸付けによる所得

③ 不動産の継続的売買による所得

④ 保有期間が5年以内の山林の伐採又は譲渡による所得

この他にも雑所得に区分するか他の所得に区分するかの判断が難しいものがあります。たとえば仮想通貨（暗号資産）に係る損益はどの所得区分に分類すべきでしょうか。国税庁の「暗号資産に関する税務上の取扱いについて」によれば，仮想通貨（暗号資産）を使用することにより生じる損益（邦貨又は外貨との相対的な関係により認識される損益）は，事業所得等の各種所得の基因となる行為に付随して生じる場合を除き，原則として雑所得に区分すると解されています。

第3節　雑所得の総収入金額から差し引かれるもの

公的年金等以外の雑所得の計算上，総収入金額から差し引くことができるのは「必要経費」です。この必要経費は原則として発生主義により計算します。ただし，支払い義務が確定していないものは必要経費とはなりません（所法37①）。

このように，必要経費は原則として発生主義により計算しますが，令和4年以降，例外として，基準期間（2年前）の雑所得を生ずべき業務に係る収入金額が300万円以下である場合は，現金主義によって計算することができることとされました。また，令和4年以降の雑所得に関する書類について次の2点の改正がおこなわれました（令和2年度税制改正の大綱）。

・基準期間（2年前）の雑所得を生ずべき業務に係る収入金額が300万円を超える個人は，現金預金取引等関係書類を5年間保存しなければならない。

・基準期間（2年前）の雑所得を生ずべき業務に係る収入金額が1,000万円を超える個人が確定申告書を提出する場合には，総収入金額及び必要経費の内容を記載した書類を確定申告書に添付しなければならない。

公的年金等に係る雑所得の計算では，収入金額から次の図表12－1のとおり公的年金等控除額が差し引かれます。

図表12－1　公的年金等控除額の速算表

受給者の年齢65歳以上（所法35④，措法41の15の2）		受給者の年齢65歳未満（所法35④）	
公的年金等の収入金額の合計額A	公的年金等控除額	公的年金等の収入金額の合計額B	公的年金等控除額
330万円以下	1,200,000円	130万円以下	700,000円
330万円超～410万円以下	(A)×25％＋375,000円	130万円超～410万円以下	(B)×25％＋375,000円
410万円超～770万円以下	(A)×15％＋785,000円	410万円超～770万円以下	(B)×15％＋785,000円
770万円超	(A)×5％＋1,555,000円	770万円超	(B)×5％＋1,555,000円

　なお，平成30年度税制改正により，平成32年分の所得税から，公的年金等控除の額が一律10万円引き下げられ，公的年金等収入が1,000万円を超える場合は控除額の上限が設けられることになりました（195.5万円）。

　また，公的年金以外の合計所得が1,000万円を超える場合にはさらに控除額及び上限額が10万円引き下げられることとされています（2,000万円を超える場合はそれぞれ20万円引き下げられます）。

　公的年金等以外の雑所得の計算では，不動産所得，事業所得，山林所得と同様，必要経費を差し引くこととされています。生命保険契約（相続に係るものを除く）により受け取る個人年金も雑所得として課税されますが，控除することができる必要経費は，受け取った年金の額に「年金総額に占める保険料負担総額の割合（小数点3位以下切上）」を乗じて求めます。このとき年金支給開始前に分配を受けた剰余金がある場合は，保険料負担総額から差し引きます（所令82－3）。

　雑所得を生ずべき業務の用に供され，又は雑所得の基因となる資産の損失の金額は，雑所得の金額の範囲内で必要経費に算入されます（所法51④）。ただし，保険金等により補填される金額や，譲渡により生じた損失，雑損控除の対象となる損失は除きます。

問題12－1

　物品販売業を営む居住者丙の令和4年分の次の資料に基づき，同年分の雑所得の金額を計算しなさい。

（1）原稿料収入　179,580円

　　　この原稿料は，丙が趣味としている家庭菜園につき出版した単行本に係るものであり，源泉徴収税額20,420円（復興特別所得税を含む。）控除後の手取額である。なお，原稿料収入は事業として認められるものではない。

（2）丙の営む物品販売業と関係ない知人Dに対する貸付金の利子　50,000円

（3）令和3年分の所得税の還付金　100,900円

　　　このうち900円は還付加算金である。

（4）上記（1）の単行本の出版に係る経費　56,000円

解答欄

1．総収入金額

（1）（　　　　　　　　）

　　　[　　　　　　　　　　　　　　　　　　　　　]　＝　[　　　　　　　　]　円

（2）貸付金の利子　　[　　　　　　　　]　円

（3）（　　　　　　　）　　　　　　　　　　円

（4）合　計　（1）＋（2）＋（3）＝　　　　　　　　　　円

2．必要経費　　　　　　　　　　　　円

3．所得の金額　1．－2．＝　　　　　　　　　　円

［1級・4問類題］

問題12－2

　居住者甲に関する令和4年分における次の資料に基づき，同年分の雑所得の金額を計算しなさい。

（1）甲は，自ら取得した特許権を使用させたこと（事業と称するに至らない程度の規模である）により448,950円を受け取っている。この金額は源泉所得税51,050円（復興特別所得税を含む。）控除後の手取額である。

　　　なお，この収入に係る経費は185,000円である。

（2）甲は，競馬の馬券の払戻金300,000円の支払いを受けている。

　　　なお，この馬券の購入費は10,000円である。

（3）甲は，令和元年8月に900,000円で取得した山林を令和4年6月に2,100,000円で譲渡している。

　　　この山林の管理・育成費用は500,000円，伐採・譲渡費用は65,000円であった。

　　　なお，甲の山林経営は事業と称するに至らない程度の規模である。

（4）甲は，生命保険契約に基づく年金500,000円（源泉徴収された所得税はなかった）を受け取っている。

　　　この年金の支給総額は7,100,000円であり，甲が負担した保険料の総額は6,120,000円である。

　　　なお，生命保険契約期間中の剰余金等の分配はなかった。

（5）甲は，人格のない社団等から収益の分配金53,000円の支払いを受けている。

（6）甲は，友人に200,000円を貸し付けていたが，令和4年初頭においてその貸付金元本及び令和3年分の利息10,000円（令和3年分の雑所得の金額の計算上総収入金額に算入されている。）が回収不能となっている。

解答欄

1．総収入金額

　　　　　　　　　　　　　　　　　　　　　　　　　＝　　　　　　　　　　円

2．必要経費

（1）（2）以外の必要経費

　　　　　　　　円＋（　　　　　　　　円＋　　　　　　　　円＋　　　　　　　　円

　＝　　　　　　　　円）＋｛　　　　　　　　円×（　　　　　　　　円／　　　　　　　　円＝　　※　　　）

　＝　　　　　　　　円｝＝　　　　　　　　円

※小数点3位以下切り　　　　　　

（2）資産損失

　　　　　　　　円＜（　　　　　　　　円－　　　　　　　　円＝　　　　　　　　円）

　　∴　　　　　　　　円

（3）合計（1）（2）＝　　　　　　　　円

3．雑所得の金額1．－2．＝　　　　　　　　円

［1級・2問類題］

問題12－3

　居住者乙の次の資料に基づき，雑所得の金額を求めなさい。

（1）生命保険契約（適格退職年金契約に該当するものでない。）に基づく年金収入が600,000円ある。

（2）源泉徴収された所得税はなく，この年金の支給総額は8,120,000円，乙が支払った保険料の総額は5,450,000円である。

（3）年金支給開始前に分配を受けた剰余金の総額は310,000円である。

解答欄

1．総収入金額　　　[　　　　　　　　]円

2．必要経費

　[　　　　　　　]円 × ($\dfrac{[\quad]円 - [\quad]円}{[\quad]円}$ = [　　　] → [　　　])

　= [　　　　　　　]円

3．雑所得の金額　　1．－2．＝[　　　　　　　]円

［1級・4　問類題］

第4節　雑所得をめぐる課税事件

　相続に係る生命保険契約の保険金を年金で受け取る場合，雑所得として課税されるか否かが争われた事件で，最高裁判所は，年金の現在価値として相続税の評価額に含まれる部分については，相続税の課税対象となる経済価値と同一のものとして，所得税法9条1項15号（現在は16号）の非課税所得に該当すると判示しました（最判平成22年7月6日，民集64巻5号1277頁）。

　また，馬券購入行為から生じた所得が一時所得に当たるか雑所得に当たるかが争われた事件で大阪高等裁判所は，原則として一時所得に該当するとしつつ，回数，金額がきわめて多数，多額で，その態様が機械的，網羅的なもので，多額の利益を恒常的にあげるなどしている場合には，これにより生じた所得は雑所得に該当し，外れ馬券を含めた全馬券の購入費用等が必要経費に当たると判示しています（大阪地判平成25年5月23日，大阪高判平成26年5月9日，最判平成27年3月10日，最判平成29年12月15日）。

　これらの雑所得をめぐる判例は，所得税法における所得とは何か，所得税法はなぜ所得を10種類に区分しているのか，といった観点から考えてみるといずれも興味深いものですので，ぜひ検討してみてください。

第13章　課税標準の計算（損益通算）

　各種所得金額を合算する過程で，一定の所得類型（不動産・事業・山林・譲渡　図にて黒字表記しています）について生じた損失の額は他の所得と相殺することができます（所法69）。これが損益通算です。配当所得，給与所得，一時所得，雑所得の金額の計算上生じた損失については損益通算の対象から除かれています。利子所得，退職所得には損失は生じません。生活に通常必要でない資産に係る損失も対象から除かれます（所法69②）。また不動産所得の金額の計算上生じた損失の金額のうち，土地等を取得するために要した負債の利子の額に相当する金額も除かれます（措法41の4）。これはいわゆる不動産バブル抑制のためです。

　より具体的には総所得金額を，経常的に発生する所得（利子，配当，不動産，事業，給与，雑所得（「経常所得」とします））と，臨時的に発生する所得（譲渡，一時所得（「譲渡・一時所得」とします））の二つのグループに区分して，図のとおり第1次通算，第2次通算，第3次通算の順序で通算します。第1次通算で引き切れない経常所得の損失額は，短期譲渡所得，長期譲渡所得，一時所得の金額から順次差し引きます。

第1節　資産損失の必要経費算入

　貸付金元本の回収不能額は，雑所得の金額を限度として雑所得の金額の計算上必要経費に算入されます（所法51④）。なお，貸付金の利息の回収不能については，次に掲げる金額のうち最も少ない金額を，その収入が生じた年分の雑所得の金額の計算上なかったものとみなされます（所法64①）。

イ　回収不能額

ロ　課税標準額の合計額

ハ　雑所得の金額

問題13－1

次の資料により，居住者甲の平成30年分の総所得金額を解答欄にしたがって計算しなさい。

【資料】甲の平成30年分の各種所得の金額（△印は損失）は次のとおりである。

1．配当所得の金額　　　　　　　　　　△27,000円
2．不動産所得の金額　　　　　　　　4,672,000円
3．事業所得の金額　　　　　　　　△1,158,000円
4．給与所得の金額　　　　　　　　　724,000円
5．総合課税の短期譲渡所得の金額　　△888,000円
6．一時所得の金額　　　　　　　　　　50,000円
7．雑所得の金額　　　　　　　　　　　75,000円

解答欄

計算式の　　　　　　　内に数字を記入しなさい。

1．経常所得の金額の計算

　　　　　　　　　円　＋　　　　　　　　　円　＋　　　　　　　　　円　－　　　　　　　　　円
　＝　　　　　　　　　円

2．譲渡所得・一時所得の金額の計算

　　　　　　　　　円　－　　　　　　　　　円　＝　　　　　　　　　円

3．総所得金額の計算

　　　　　　　　　円　－　　　　　　　　　円　＝　　　　　　　　　円

［2級・2問類題］

問題13－2

居住者甲の次の資料に基づき，損益通算の対象となる不動産所得の損失の金額を計算しなさい。

【資料】

1．甲は平成24年4月に一戸建住宅及びその敷地を29,000,000円で購入し，同月から貸家の用に供している。
　この一戸建住宅及びその敷地の購入資金はすべて銀行からの借入金によっており，建物部分の取得価額は11,500,000円，土地部分の取得価額は17,500,000円である。

2．上記一戸建住宅及びその敷地の貸付けに関する資料は，次のとおりである。

（1）総収入金額　　　　3,410,000円

（2）必 要 経 費　　　　4,725,000円

　このうち1,102,000円は，一戸建住宅及びその敷地の購入に係る銀行借入金の利子である。

解答欄

1．不動産所得の損失の金額

　　　　　　　　　円　－　　　　　　　　　円　＝　△　　　　　　　　　円

2．土地に係る借入金の利子

3．損益通算の対象となる不動産所得の損失の金額

　　　　　　　　　円　－　　　　　　　　　円　＝　　　　　　　　　円

［1級・3問類題］

問題13－3

　居住者甲に関する平成31年（令和元年）における次の資料に基づき，同年分の雑所得の金額を計算しなさい。（10点）

【資料】

　1．甲は，友人に500,000円を貸し付けていたが，平成31年初頭においてその貸付金元本及び平成30年分の利息18,000円（平成30年分の雑所得の金額の計算上総収入金額に算入されている。）が回収不能となっている。

　2．甲は，自ら取得した特許権を使用させたこと（事業と称するに至らない程度の規模である。）により452,542円を受け取っている。

　　この金額は，源泉徴収税額51,458円（復興特別所得税を含む。）控除後の手取額である。

　　なお，この収入に係る経費は173,000円である。

　3．甲は，生命保険契約に基づく年金360,000円（源泉徴収された税額はなかった。）を受け取っている。

　　この年金の支給総額は5,400,000円であり，甲が負担した保険料の総額は4,233,000円である。

　　なお，生命保険契約期間中の剰余金等の分配はなかった。

　4．甲は，通勤途中に遺失物を拾得し，報労金200,000円を取得している。

　5．甲は，平成27年3月に1,150,000円で取得した山林を令和元年8月に2,400,000円で譲渡している。

　　この山林の管理・育成費用は723,000円，伐採・譲渡費用は70,000円であった。

　　なお，甲の山林経営は事業と称するに至らない程度の規模である。

解答欄

1．総収入金額

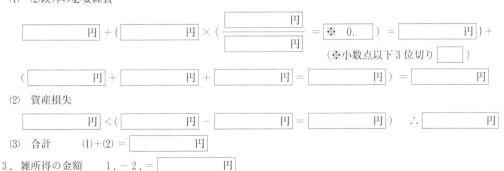

2．必要経費

　(1)　(2)以外の必要経費

3．雑所得の金額　　　1．－2．＝ 　　　　　　　　 円

［第103回　1級2問］

＜資料1－7＞

令和 ⓪□ 年分の 所得税及び 復興特別所得税 の　申告書（損失申告用）　FA0054

第四表（一）（令和二年分以降用）

住　所 又は 事業所 事務所 居所など		フリガナ 氏　名	

整理番号 □□□□□□□　一連番号

1　損失額又は所得金額

A	経　常　所　得　（申告書B第一表の①から⑥までの計＋⑩の合計額）							⑥	円

所得の種類		区分等	所得の生ずる場所等	Ⓐ収入金額	Ⓑ必要経費等	Ⓒ差引金額（Ⓐ－Ⓑ）	Ⓓ特別控除額	Ⓔ損失額又は所得金額	
B 譲 渡	短期　分離譲渡			円	円	㋕ 円		⑥	
	短期　総合譲渡					㋭	円	⑥	
	長期　分離譲渡			円	円	㋬		⑥	
	長期　総合譲渡					㋣	円	⑥	
	一　時							⑥	
C	山　林			円				⑦	
D	退　職				円	円		⑦	
E	一般株式等の譲渡							⑦	
	上場株式等の譲渡							⑦	
	上場株式等の配当等				円	円		⑦	
F	先物取引							⑦	

⑦ 分離課税の譲渡所得の特別控除額の合計額	円	⑦ 上場株式等の譲渡所得等の源泉徴収税額の合計額	円	特例適用条文	

2　損益の通算

所得の種類			Ⓐ通算前	Ⓑ第1次通算後	Ⓒ第2次通算後	Ⓓ第3次通算後	Ⓔ損失額又は所得金額
A	経常所得	⑥	円	第 1 次 通 算	円　第 2 次 通 算	円　第 3 次 通 算	円
B 譲 渡	短期　総合譲渡	⑥					円
	長期　分離譲渡（特定損失額）	⑥	△				
	長期　総合譲渡	⑥					
	一　時	⑥					
C	山　林	→⑦					㋐
D	退　職	→⑦					
	損失額又は所得金額の合計額						⑦

	資産		整理欄	

第14章　損益通算後の課税標準の計算

第1節　総所得金額

　損益通算後の利子所得，配当所得，不動産所得，事業所得，給与所得，総合短期の譲渡所得，総合長期の譲渡所得，一時所得，雑所得を後述の税額計算において一括して税率を乗ずるため，ここで合算し「総所得金額」を算出します（総合課税）。ただし総合長期の譲渡所得と一時所得については，担税力が低いと考えられることから合算にあたり2分の1を乗じる半額課税が行われています。なお，利子所得・配当所得等，一律源泉分離課税や申告不要の選択により課税関係が完結するものは総合課税から外れ「総所得金額」には含まれません。しかし利子所得のうちアジア開発銀行の利子等，ごく一部のものについては一律源泉分離課税がされませんので（措法3），ここで合算が必要です。

損益通算後の課税標準の計算

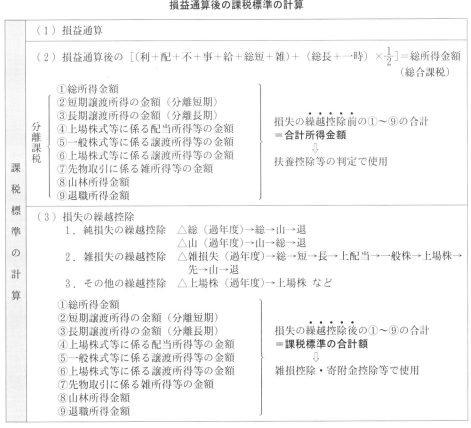

第2節　合計所得金額

「合計所得金額」とは，損益通算後，損失の繰越控除前の各所得金額の合計額をいいます。総所得金額において一律源泉分離課税や申告不要の選択により課税関係が完結するものはその計算から外れることはすでに述べましたが，合計所得金額においても総所得金額以外の各種分離課税項目について同様です。すなわち，上場株式等の配当（申告不要），上場株式の譲渡で特定口座かつ源泉徴収有りのため申告不要を選択したもの（申告不要）等があげられます。この場合，申告不要により，申告書に計上しなければ合計所得金額を構成しませんが，あえて計上すれば合計所得金額を構成します。

この合計所得金額は，後述の配偶者控除，配偶者特別控除，扶養控除，住宅借入金等特別税額控除，災害免除法による税額軽減などでその適用が受けられるか否かの判定に使用する非常に重要な概念です。後述の「課税標準の合計額」とは明確に区別が必要ですが，次の損失の繰越控除がない場合は両者は一致します。

第3節　損失の繰越控除

所得税は原則として暦年課税の原則を採用していますが，他方で数年にわたる所得を平準化する要請のため例外的に諸規定が設けられており，この代表的な規定が損失の繰越控除です。

1．純損失の繰越控除

純損失の金額とは，損益通算をしてもなお控除しきれない部分の金額をいいます（所法70）。純損失の繰越控除とは，過年度（その年の前年以前3年以内の各年）に発生したこの純損失の金額を一定の順序で控除するものです。しかし純損失の繰越控除は損益通算の過年度繰越であることから，その控除順序には損益通算同様の制限があります。具体的には，昨年度より繰り越された総所得金額の純損失がある場合，まず同一の課税標準から控除し，その順序は本年度の総所得金額 → 山林所得金額 → 退職所得金額となります。また昨年度より繰り越された山林の純損失の金額がある場合も同様に，最初は同一の課税標準からの控除となり，本年度の山林所得金額 → 総所得金額 → 退職所得金額の順で控除します。

2．雑損失の繰越控除

雑損失の金額とは，雑損控除の対象となった損失額のうち雑損控除をしてもなお控除しきれない部分の金額をいい（雑損控除参照），雑損失の繰越控除とは，過年度（その年の前年以前3年内の各年）に発生したこの雑損失の金額を，総所得金額から始まる課税標準の順で控除するものです（所法71）。

3．その他の繰越控除

その他の繰越控除としては，居住用財産につき例外的に認められた損益通算と呼応した「特定居住用財産の繰越控除」（措法41の5），またベンチャービジネスへの投資を促進するために設けられた「特定中小会社が発行した株式の譲渡損失繰越控除」（措法37の13，いわゆるエンジェル税制），上場株式等の譲渡損を他の株式の譲渡益と内部通算してもなお控除しきれない場合に翌年以後3年にわたって行う「上場株式等の譲渡損失繰越控除」などがあります（措法37の12の2）。

上場株式については，特定口座選択で源泉徴収適用を選択していれば，譲渡益に対して所得税15％（復興税込15.315％）と住民税5％の合計20.315％が源泉徴収され，特に申告をする必要が無いことはよく知られていると思います（第10章 譲渡所得参照）。しかし，過去に繰越譲渡損が生じている場合には，本年はあえて申告をして繰越控除を使い，本年の源泉税を還付してもらうというケースが考えられます。例えば，甲の配偶者乙に昨年60万円の繰越譲渡損が生じており，本年（令和3年）に50万円の譲渡益が生じているケースを考えてみましょう（その他の所得が無かったものとします）。この場合，乙は本年20.315％に相当する101,575円源泉徴収がなされ，確定申告をする必要がありません。しかし，あえて50万円を申告して繰越控除の譲渡益相殺により源泉税を還付してもらうこともできます（図表14−1右）。注意すべきはここで，「本年配偶者乙の所得がゼロ円となり，甲は乙を配偶者とする配偶者控除を受けられる」と考えるのは誤りです。すなわち配偶者控除の判定に用いる「合計所得金額」は繰越控除前の数字ですから，確かに乙は還付を受けられますが，本年の乙の申告は合計所得金額を減らすどころか，むしろ50万円増やしてしまうことになります。その結果，今度は甲のほうで配偶者控除が受けられなくなってしまうということがあります。なお，繰越控除を使用しない図表14−1左の場合であっても，△60万円を令和4年に繰り越すためには，令和3年において譲渡損を繰り越す確定申告そのものはしなければなりません。

図表14−1　上場株式譲渡損の繰越控除と配偶者控除の関係

	乙は繰越控除を使用しない	乙は繰越控除を使用する
	令和2年　　　令和3年 繰越譲渡損　　　譲渡益50万円（譲渡益の申告不要を選択） △60万円　　→×繰越控除を使用しない	令和2年　　　令和3年 繰越譲渡損　　　譲渡益50万円（あえて譲渡益の申告をする） △60万円　　→　△50万円（繰越控除を使用） 　　　　　　　　　　0 円
源 泉 税	乙は源泉を還付されない（申告不要により課税関係が完結している）	乙は源泉を還付される
配 偶 者 控　　除	乙は申告不要を選択したので合計所得金額はゼロ 　乙の合計所得金額0円≦48万円 　∴甲は配偶者控除が受けられる	乙は譲渡益50万円が合計所得金額にカウントされる 　乙の合計所得金額50万円＞48万円 　∴甲は配偶者控除が受けられない
令和4年	令和2年分の△60万円は（令和3年の確定申告で繰り越すことで）令和4年に繰り越される（3年繰越可）	令和2年分の△60万円のうち，令和3年の控除不足△10万円は令和4年に繰り越される （3年繰越可）

第4節　課税標準の合計額

「課税標準の合計額」とは，損失の繰越控除後の各所得金額の合計額をいいます。この課税標準の合計額は，後述の雑損控除，医療費控除，寄附金控除で使用します。

問題14－1

居住者甲の令和3年度の課税標準を以下の資料により計算しなさい。

【資料】

1．甲の令和3年度の所得の状況
    （1）不動産所得の金額　　　700,000円
    （2）事業所得の金額　　　△300,000円
    （3）譲渡所得の金額
             分離短期　　　900,000円
             総合長期　　　600,000円
2．甲の令和2年度の所得の状況
    （1）不動産所得の金額　　　△900,000円
    （2）事業所得の金額　　　600,000円
3．甲は3年前より青色申告書を期限内に提出しており，純損失の繰越控除の適用要件はすべて満たしている。

解答欄

摘　　　要	金　　額	計　算　過　程
課税標準の計算		
総所得金額	［　　　　　］円	（1）損益通算 　　［　　　　］円 ＋ ［　　　　］円 ＝ ［　　　　］円
短期譲渡所得の　金額	［　　　　　］円	（2）［　　　　］円 ＋ ［　　　　］円 × $\frac{1}{2}$ ＝ ［　　　　］円 　　　　　　　　　　　　　　（繰越控除前総所得金額） （3）純損失の繰越控除 　① 損失額　［　　　　］円 ＋ ［　　　　］円 ＝ ［　　　　］円 　　　　　　　　　　（総所得金額の純損失） 　② 控除　［　　　　］円 － ［　　　　］円 ＝ ［　　　　］円 　　　　　　　　　　（繰越控除後総所得金額）
合計	［　　　　　］円	

第15章　所得控除

納税者の担税力の相違を課税計算において適正化させるために，課税標準となる総所得金額等から控除する次の14種類の項目を所得控除といいます（所法72～86）。

①雑損控除　②医療費控除　③社会保険料控除　④小規模企業共済等掛金控除　⑤生命保険料控除　⑥地震保険料控除　⑦寄附金控除　⑧障害者控除　⑨寡婦（寡夫）控除　⑩勤労学生控除　⑪配偶者控除　⑫配偶者特別控除　⑬扶養控除　⑭基礎控除

第1節　雑損控除

雑損控除は，災害等による納税者の担税力低下を配慮するための制度であり，昭和25年にシャウプ勧告に基づき導入され，導入当初は災害・盗難に限定されていました。後の税制改正で横領による損失も雑損控除の適用範囲に加えられましたが，詐欺は現在も適用範囲にありません。横領と詐欺の差は紙一重と思われがちですが，これらの間には委託関係の有無に違いがみられます。控除額は次の式で求められます（所法72）。

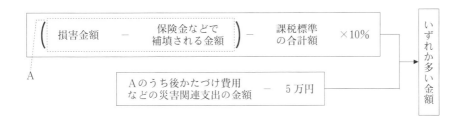

1．雑損控除の範囲

雑損控除の対象となる資産は，日常生活に必要な住宅や衣類，現金などの資産です。このため，通常生活に必要のない資産や1セット30万円を超える骨董品などは被災資産となりません（所法72）。また雑損控除の発生原因としての災害の中には，震災・火災・雪害・落雷などの自然現象，鉱害などの人為的災害，害虫などの生物（例えばシロアリ）による災害も含まれます（所令9）。なお，生活に通常必要でない資産の災害等による損失発生は譲渡所得の金額より控除し，雑損控除は適用されません。

問題15－1

次の資料に基づき，本年の火災により焼失した居住用家屋及び家財に係る雑損控除額を計算しなさい。

【資料】

1．住宅の損失額

（1）損失発生直前の住宅の時価　　26,000,000円

（2）保険会社から受け取った保険金　24,000,000円

2．家財の損失額

（1）損失発生直前の家財の時価　　3,700,000円

（2）保険会社から受け取った保険金　3,200,000円

3．上記住宅及び家財の取壊し及び除却のための費用として856,000円を支出している。

4．本年分の課税標準の合計額は28,584,000円である。

解答欄

1．損失額

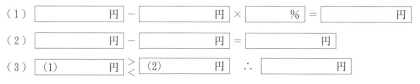

2．雑損控除額

（1）[　　　　　円]－[　　　　円]×[　　　%]=[　　　　円]

（2）[　　　　　円]－[　　　　円]=[　　　　円]

（3）[（1）　　円]　><　[（2）　　円]　∴　[　　　　円]

　　　　　（該当するものを○で囲むこと）

［89回　1級・2問］

2．雑損控除をめぐる課税事件

　純金投資契約における詐欺事件として悪名高い豊田商事事件では，投資家（多くは高齢者だったといわれています）に純金の値上がり益を期待させて投資を促しました。しかし，豊田商事は投資家から集めた資金で契約高に見合う純金を購入することはなく，結果的に投資家に損害を与えて詐欺事件となりました。

　この事件の税法上の争点は，投資家の損失が横領であるのか詐欺であるのかという点です。この事件では，投資家が豊田商事に純金投資契約の委託を行っていることから横領は認められず，民法上は詐欺に該当すると考えます。しかし，この判断が納税者に好ましくない結果をもたらしました。横領の場合には雑損控除の適用が可能になりますが，詐欺である場合は雑損控除が適用されないのです。

　横領と詐欺の違いは所有権の移転にあります。横領や窃盗では民法上の所有権は移転しないので，損失に雑損控除を適用することで所得計算上の救済をします。しかし，詐欺事件では被害者も一応の同意済みで所有権が移転しているわけですから，たとえ後に損失が発生してもその損失を税法上配慮することはないのです。つまり豊田商事事件は不正取引であるのは間違いありませんが，一応は被害者が同意して取引が成立しており，所有権が移転していることから，税法上は雑損控除を適用するには至らないと考えるのです[1]（最判平成2年10月18日）。

第2節　医療費控除

　居住者が，自己または自己と生計を一にする配偶者やそのほかの親族にかかる医療費を支払った場合，その年中に支払った医療費の合計額の一定額を，所得金額から控除する制度が医療費控除です。医療費控除の算定方法は次のとおりです（所法73①）。

医療費控除額 ＝ $\left(\begin{array}{c}\text{支払った医療費} \\ \text{の合計額}\end{array} - \begin{array}{c}\text{保険金等で補填} \\ \text{される金額}\end{array}\right) - \left(\begin{array}{c}\text{課税標準の合計額の5\%と} \\ \text{10万円のいずれか少ない金額}\end{array}\right)$

1．医療費控除の範囲

　医療費控除に該当する医療費には次のものが含まれます（所法73②，所令207，所基通73－3）。

① 医師，歯科医師に支払った診療または治療費

② 治療または療養に必要な医薬品の購入費

③ 病院，診療所または助産所へ収容するための費用

④ 治療のためにあんま，マッサージ師，はり師などに支払った施術費

⑤ 助産婦による分娩の介助費

反対に医療費控除に該当しない医療費は次のものがあげられます（所基通73－4，73－5）。

① 容姿を美化し，又は容ぼうを変えるなどの目的で支払ったいわゆる美容整形手術の費用

② いわゆる人間ドックそのほかの健康診断のための費用

　　ただし，健康診断により重大な疾病が発見され，かつ，その診断に基づいて引き続きその疾病の治療をした場合には，その健康診断のための費用は医療費に該当します。

③ 薬機法第2条第1項《医薬品の定義》に該当する医薬品であっても，疾病の予防又は健康増進のために供されるものの購入の対価

2．医療費支払いと医療費控除の関係

　医療費控除の対象となる医療費の金額は，その年中において実際に支払った医療費に限られます（所法73①，所基通73－2）。つまり領収日付の属する年分の医療費がその年の医療費控除の対象となるため，例えば12月分の医療費を翌年1月に支払う場合，12月未払い月分の医療費は翌年分の医療費控除となり，本年分の医療費控除の対象とはなりません。このことから医療費控除の対象は未払分を発生主義的に認識せず，現金主義的に認識するということになります。

　また事故や疾病によって保険金が支払われる場合，支払った医療費から保険金などの補填部分が控除されて医療費控除の額が算定されます（所法73①）。ここで注意しなければならないのは，保険金の給付が下の例のように入院後，年をまたぐ場合です。この場合は，合理的な方法により保険金を本年分と翌年分とに按分し，医療費控除額の計算をする必要があります。なお，保険料の支払額が確定申告期限になっても明らかにならず，支払った医療費からどれくらい控除可能か

算定できない場合もあります。その場合は見積もりによる控除計算も可能ですが，見積額と確定額が異なる場合は修正申告や更正の請求を行う必要があります（所基通73－10）。

図表15－1　医療費支払いと医療費控除の関係

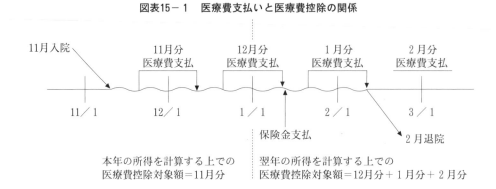

ところで居住者と生計を一にする親族の判定で，居住者に子供がいて結婚した場合，どの時点をもって医療費控除の対象除外になるのか考えてみましょう。例えば，居住者の長男が入院手術することで医療費が発生した場合に，この長男が退院後結婚したとすればどうでしょうか。この場合の自己と生計を一にする親族の判定ですが，医療費を支出する事由が生じた時点，又は医療費を実際に支払った時点のいずれかにおいて生計を一にしていれば，当該居住者の医療費控除の対象となります（所基通73－1）。

問題15－2
次の資料に基づき，居住者乙の本年分の医療費控除額を計算しなさい。
【資料】
1．乙の本年分の課税標準の合計額　　　　　　　　　　　5,336,300円
2．本年中に乙が支出した医療費等は，次のとおりである。
（1）乙に係るもの
　　①　人間ドックの費用　　　　　　　　　　　　　　52,500円
　　　　なお，重大な疾病は発見されなかった。
　　②　歯科治療費　　　　　　　　　　　　　　　　　44,600円
　　　　このほか，本年分の治療費の未払分が8,300円ある。
　　③　健康増進のための栄養剤の購入費　　　　　　　28,000円
（2）乙と生計を一にする親族に係るもの
　　①　乙の母の心臓疾患に係る入院・手術費　　　　　834,700円
　　　　このうち97,000円は，本年1月10日に支払った前年12月に係るものである。
　　②　次男の怪我に係る治療費　　　　　　　　　　　36,000円
　　③　妻の美容整形に係る費用　　　　　　　　　　　231,000円
　　④　長男の眼科治療費　　　　　　　　　　　　　　11,800円
（3）乙と別生計の長女の疾病に係る治療費　　　　　　120,000円

解答欄

1．医療費の額

		=		円

2．足切額

（ _____ 円 × _____ ％ = _____ 円 ） ≧ _____ 円

（該当するものを○で囲むこと）

∴ _____ 円

3．医療費控除額　_____ 円 － _____ 円 = _____ 円

［88回　1級・3問］

第3節　社会保険料控除

　国が運営する国民年金は，現在保険料を納めている者が現在の年金受給者を支えており，加入が義務付けられています。国民年金は物価変動にかかわらず，将来にわたって貨幣の実質価値を保証するといわれています。この国民年金等の納付は，個人所得税の計算において社会保険料と呼ばれ，全額控除の対象となります。居住者が，自己または自己と生計を一にする配偶者，そのほかの親族が負担すべき社会保険料を支払った場合，その支払った金額を所得金額から控除します（所法74①）。社会保険料の内訳は次のとおりです（所法74②）。

① 　健康保険の保険料

② 　国民健康保険の保険料または国民健康保険税

③ 　国民年金，厚生年金保険，及び船員保険の保険料，国民年金基金及び厚生年金の掛金，雇用保険の保険料

④ 　そのほか共済組合の掛金など

第4節　小規模企業共済等掛金控除

　小規模企業共済は，個人事業主のための退職金制度であり，小規模企業共済等掛金控除とは，納税者が小規模企業共済法に規定する共済契約の掛金等を支払った場合に，その掛金の全額が所得から控除される制度です（所法75①）。小規模企業共済は任意加入ですが，小規模企業共済法第2条第1項第1号並びに第2号，同第4条第2項，同第8条によればその加入資格としては，常時使用する従業員が20人以下の個人事業主と会社の役員等が挙げられ，また商業とサービス業では，5人以下の個人事業主と会社の役員等が該当します。掛金は月額1,000円から70,000円までで任意となり，加入後に掛金の減額・増額，前払いも可能です。

第5節　生命保険料控除

　一般的に生命保険とは，人の死亡や一定年齢までの生存を保険事故とした保険契約を指し，その後に保険事故が生じたとき，保険会社があらかじめ契約した保険金を支払うしくみです。損害保険と異なるのは，保険事故の発生による損害額の程度とは無関係に，契約した一定の保険金が支払われる点です。

　また，わが国においては少子高齢化時代へ突入しましたが，社会保険料の支払いによる年金支払いだけでは老後の生活に不安を覚える人が増えています。そこでそうした公的年金の不足を補う目的で，個人で私的年金に加入する人も少なくありません。このような保険を一般的に個人年金保険と呼んでいますが，これも生命保険料控除の対象となります。平成23年12月31日以前に締結した保険契約等に係る一般の生命保険料も個人年金保険料も，控除金額の算定は次のとおりとなります（所法76①二）。

旧契約に係る保険料	1年間の正味払込保険料	控除額計算式
	25,000円以下	全額控除
	25,001円から50,000円まで	（払込保険料×1／2）＋12,500円
	50,001円から100,000円まで	（払込保険料×1／4）＋25,000円
	100,001円以上	一律50,000円

　生命保険料控除は所得控除であり，税額が減る税額控除ではありません。ですから，生命保険を勧誘する外交員が，生命保険料控除の適用を強調して加入を勧めても，それによって減る税額は想像以上に少ないことに気がつくでしょう。なお，平成24年1月1日以降に締結した新生命保険料，介護医療保険料，新個人年金保険料の控除額は次のとおりとなります（所法76①一）。

新契約に係る保険料	1年間の正味払込保険料	控除額計算式
	20,000円以下	全額控除
	20,001円から40,000円まで	（払込保険料×1／2）＋10,000円
	40,001円から80,000円まで	（払込保険料×1／4）＋20,000円
	80,001円以上	一律40,000円

1．生命保険料控除の範囲

　居住者が各年において次の生命保険料を支払った場合，その支払った金額の一部を所得金額から控除します（所法76⑥〜⑧）。

①　受取人のすべてを本人または配偶者またはそのほかの親族とする生命保険契約などに係る保険料や掛金（いわゆる生命保険料）

②　介護医療保険契約に係る保険料又は掛金

③　個人年金保険契約などに係る保険料や掛金（いわゆる個人年金保険料）

2．変額個人年金保険と定額個人年金保険

　個人年金は，変額個人年金保険と定額個人年金保険の2つに大別することができます。変額個人年金保険は，将来の受取年金額や解約時の返済額が変動し，最終的に受取る年金額は未定です。この変動は契約時に定めた運用期間における実績に由来するので，投資信託に似ています。他方，定額個人年金保険は，契約時に定められる予定利率によって，将来に受取る基本年金額が確定しますが，予定利率を上回るような運用実績となる場合，契約者に対して配当金が支払われます。なお個人年金において保険形式をとるものは，その掛金が生命保険料控除の対象となり，貯蓄形式をとるものについては一定額まで利子所得が非課税とされ，いずれも税制面で優遇されます。

第6節　地震保険料控除

　平成19年分以降の所得計算において，地震保険料控除が適用されました。この控除は，生活用動産や居住用家屋を保険目的とする保険で，かつ地震等による損害に基因して保険金等が支払われる損害保険契約等の保険料又は掛金について，5万円を上限として所得金額から控除するものです（所法77①）。

第7節　寄附金控除

　寄附金控除は制度が導入された当時は税額控除でしたが，昭和42年に所得控除に切り替えられました。そもそも税額控除は低額所得者優遇であり，所得控除は高額所得者優遇となる制度として設計される傾向にあります。このことから所得控除へ切り替えられたのは，より一層の高額所得者による寄附を促す目的があったと考えられます。また現在，政党などへの寄附について寄附金控除がありますが，こちらは税額控除も可能となっています。この政党への寄附について税額控除も採用されたのは，一般納税者からも広く寄附を募る目的があると考えられます。さて，居住者がその年中において特定寄附金を支出した場合，次の算式によって算定された寄附金控除額を所得金額から控除します（所法78①）。

$$
\left.\begin{array}{l} \text{①　支出した寄附金} \\ \text{②　課税標準の合計額　} \times \dfrac{40}{100} \end{array}\right\} \text{いずれか少ない額} \ - \ 2{,}000\text{円} = \text{寄附金控除額}
$$

1．特定寄附金の範囲

寄附金控除の対象となる特定寄附金には次のものが含まれます。

①　国又は地方公共団体に対する寄附金（所法78②一）

②　公益社団法人や公益財団法人などに対する寄附金で，広く一般に募集され，教育や科学の振興，文化の向上，社会福祉への貢献その他公益の増進に寄与するための支出で，緊急を要するものに充てられることが確実なものとして財務大臣が指定したもの（所法78②二）

③　独立行政法人又は地方独立行政法人に対する寄附金（所令217一，一の二）

④　自動車安全運転センター，日本司法支援センター，日本私立学校振興・共済事業団，及び日本赤十字社に対する寄附金（所令217二）

⑤　私立学校及び専修学校，若しくは各種学校で一定の要件を満たすもの。また社会福祉法人や更生保護法人（所令217四〜六）

⑥　政党及び政治団体に対する政治活動に関する寄附金で，一定のもの（寄附金控除の適用か，一定額の税額控除の適用か，いずれか選択）（措法41の18）

2．特定寄附金の例外

　特定寄附金のうち，入学を条件として寄附を行うような「学校の入学に関してする寄附金」は寄附金控除が適用されません（所法78②，所基通78－3(2)）。そもそも寄附行為は見返りを求めない行為ですから，居住者の子女が進学する見返りに寄附を行った場合，もはや純然たる寄附とはいえません。さらに居住者の子女が複数の私立高校受験に合格し，合格した高校にそれぞれに寄附をしたものの，最終的には一校を除いて入学を辞退した場合，入学辞退した高校への寄附金も「学校の入学に関してする寄附金」に該当し，寄附金控除が認められません（所基通78－3(1)）。

問題15－3

　次の資科に基づき，居住者甲の本年分の寄附金控除額を計算しなさい。

【資料】

1．甲の本年分の課税標準の内訳は次のとおりである。

（1）総所得金額　3,672,000円

（2）短期譲渡所得の金額　1,900,000円

2．甲が本年中に支出した寄附金の内訳は次のとおりである。

　　なお，下記寄附により特別の利益が甲に及ぶと認められるものはない。

（1）更生保護法人に対する寄附金　120,000円

（2）神社の祭礼に係る寄附金　130,000円

（3）日本赤十字社に対する寄附金　250,000円

（4）国に対する寄附金　400,000円

（5）甲の長男が大学に入学する際に支出した寄附金　330,000円

　　この寄附は入学の条件になっているものである。

解答欄

1．課税標準の合計額

　　　　　　＝　　　　円

2．特定寄附金の合計額

　　　　　　＝　　　　円

3．寄附金控除額

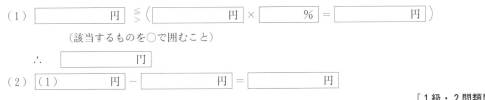

（該当するものを○で囲むこと）

∴ ［　　　　　　　円］

（2）（1）［　　　円］－［　　　　　円］＝［　　　　　円］

［1級・2問類題］

第8節　障害者控除

　障害者とは，精神上の障害により事理を弁識する能力を欠く常況にある者，失明者その他の精神又は身体に障害がある者などをいいます（所法2①二十八）。納税者やその控除対象配偶者又は扶養親族が障害者である場合，その納税者の総所得金額等から障害者控除として27万円が控除されます（所法79①）。また特別障害者とは，障害者のうち精神又は身体に重度の障害がある者をいい（所法2①二十九），この場合は40万円が控除されます（所法79①）。なお特別障害者が納税者又はその配偶者もしくは生計を一にする親族のいずれかと同居していれば障害者控除が75万円となります（所法79③）。

第9節　寡婦（夫）控除

　離婚後再婚せずに扶養親族を有する一定の場合には，寡婦（寡夫）控除を受けられます。また例外として扶養親族を有せずに寡婦控除を受けられるのは，夫と死別した場合または生死が明らかでない場合ですが，この制度は寡夫控除にはありません。

1．寡婦控除の範囲と控除額

　次のいずれかにあてはまる者を寡婦といい（所法2①三十，所令11），寡婦控除が適用されます。

① 　夫と死別し，もしくは夫と離婚した後再婚していない者又は夫が生死不明の者で，扶養親族そのほかその者と生計を一にする子で，その子のその年分の課税標準の合計額が38万円（基礎控除額）以下の子を有する者は，27万円の寡婦控除が適用されます（所法2①三十イ，80①）。

② 　夫と死別した後再婚していない者又は夫が生死不明の者で，合計所得金額が500万円以下の者は，27万円の寡婦控除が適用されます（所法2①三十ロ，80①）。

③ 　夫と死別し，もしくは夫と離婚した後再婚していない者又は夫が生死不明の者で，扶養親族となる子があり，かつ合計所得金額が500万円以下の人は，35万円の寡婦控除が適用されます（措法41の17）。

2．寡夫控除の範囲と控除額

　妻と死別し，若しくは妻と離婚した後再婚をしていない者又は妻が生死不明の者のうち，その

者と生計を一にする子でその子の年分の課税標準の合計額が38万円（基礎控除額）以下の者を有し，かつ本人の合計所得金額が500万円以下である場合，その者を寡夫といい（所法2①三十一，所令11の2），27万円の寡夫控除が適用されます（所法81①）。

3．寡婦控除をめぐる課税事件

　最近の若い世代の人々の中には，婚姻届を提出せずに婚姻状態とまったく変わらない生活を送る人たちもいるようです。これを一般的に「事実婚」といいますが，配偶者控除を受けられず，税制上不利な扱いをされます。ここでは寡婦控除をめぐる租税訴訟でも税制上不利な扱いを受ける事実婚について考えてみましょう。請求人は，生活保護法や母子法では，事実婚と法律婚とを同様に取り扱う特別の定めがあることを主張し，事実婚をして離婚した場合，寡婦控除が適用されるべきだとして争った事例があります（国税不服審判所平成19年2月26日裁決）。

　しかし，結論からすると，事実婚の後の離婚によって寡婦となったとしても寡婦控除は認められません。事実婚は戸籍上の婚姻（事実婚に対し，「法律婚」といいます）をしていないことから，寡婦控除が認められる前提となる「夫」が存在しません。この場合，「夫」とは婚姻関係にある男子を意味しており，民法上の配偶者をいうのです。実際に，生活保護法では事実婚≒法律婚としている実態もあるということでしたが，所得税法には事実婚と法律婚とを同様に取り扱う特別の定めがないため，寡婦控除の適用は認められないとされたのでした。

第10節　勤労学生控除

1．控除の要件

　納税者が勤労学生である場合，その納税者のその年分の所得金額から27万円が控除される制度です（所法82）。勤労学生とは，学校教育法などに定める学生・生徒・児童などで，事業所得・給与所得・退職所得・雑所得（給与所得等）を有し，合計所得金額が65万円以下である者かつ給与所得等以外の所得が10万円以下の者をいいます（所法2①三十二，所令11の3）。

2．アルバイト代に課せられる所得税

　勤労学生控除といえば，大学生の皆さんの中で，アルバイトをモリモリやって，それで親の扶養から外された人もいるでしょう。一定の要件を満たした学生で所得控除を引く前の合計所得金額が38万円を越える場合，親の扶養控除の対象から外れるという規定があります（所法2①三十四）。

　例えば，アルバイトしている大学生A君（20歳）の場合，給与所得者となるので最低でも65万円の給与所得控除があります。仮にA君に他の所得がなく，アルバイトのみで103万円働いたとすると，給与所得控除後のA君の所得は38万円となり，A君には課税されません。同時に親と生計を一にしていれば，ギリギリのところで親の所得に対して扶養控除が適用されます。A君はお父さんにとっては特定扶養親族（第13節　扶養控除で説明します）ですから，彼を扶養に入れておくことによってお父さんの所得から63万円控除できます。一般的に親の所得の方が多いでしょうから，お父さんの控除額が大きいと一家にとって最終的な納税額を減らす効果も大きくなります。

　しかしＡ君が103万円より1,000円でも多く稼いだ場合，親の扶養親族から外れてしまいます。そしてＡ君は自ら所得計算もしなければなりません。そこでＡ君と同じ条件にあるＢ君が130万円アルバイトで稼いだ場合はどうでしょうか。当然，Ｂ君のお父さんの扶養に入れませんので，お父さんは63万円の扶養控除を失ってしまいます。Ｂ君の所得はＡ君同様，給与所得控除で65万円差し引かれますので，残りの65万円がＢ君の合計所得金額になります。勤労学生控除の対象となるのが合計所得金額65万円以下で，かつ，給与所得等以外の所得が10万円以下の者をいいますから，この場合，Ｂ君は勤労学生控除の対象となります。この65万円の合計所得金額に対して基礎控除の38万円と勤労学生控除の27万円が所得控除として差し引かれます。その結果，所得はゼロとなり，Ｂ君が納める所得税はありません。

　最後に，Ａ君やＢ君と同様の条件にあるＣ君が180万円稼いだ場合の納税額はどうなるのか考えてみましょう。給与所得の計算で給与所得控除72万円（＝180万円×40％），所得控除で基礎控除38万円が控除されますが，合計所得金額が108万円（＞65万円）となってしまい，勤労学生控除の対象とならないのです。Ｃ君の場合，上の計算の結果，70万円（＝108万円－38万円）に対して課税されます。合計所得金額195万円以下は課税所得金額（この場合は70万円）に対して５％課税されますので，35,000円を納税すればよいことになります。

第11節　配偶者控除

１．配偶者控除の範囲

　居住者の配偶者でその居住者と生計を一にするもののうち，その年分の合計所得金額が38万円以下[2]である者を同一生計配偶者といい（所法２①三十三），そしてその同一生計配偶者のうち，合計所得金額が1,000万円以下である居住者の配偶者を控除対象配偶者といいます（所法２①三十三の二）。控除対象配偶者を有する場合，その居住者の合計所得金額から次の金額が控除されますが，合計所得金額が1,000万円超の場合，配偶者控除はありません（所法83①）。

居住者のその年分の合計所得金額	控除額	
	控除対象配偶者を有する場合	老人控除対象配偶者を有する場合
900万円以下	38万円	48万円
900万円超　950万円以下	26万円	32万円
950万円超　1,000万円以下	13万円	16万円

　なお，老人控除対象配偶者とは，控除対象配偶者のうち，年齢七十歳以上の者を言います（所法２①三十三の三）。また控除対象配偶者に他者の扶養親族となった者（所法85④），青色事業専従者で給与の支払を受けるもの（所法57①）及び白色申告者の事業専従者（所法57③）は含まれません（所法２①三十三）。

　このほか，所得税法上に規定する配偶者は民法規定を援用しているため，内縁関係にある者は配偶者には該当しません。また控除対象配偶者に該当するかは，その年の12月31日現在で判定し，死亡者については死亡の日現在で判定します（所法85③）。

2．配偶者のパート賃金との関係

　例えば，サラリーマンの夫の合計所得金額が1,000万円以下で，妻にはパート収入80万円があるとします。この場合，妻は控除対象配偶者となり，配偶者控除を受けることができるのでしょうか。パート収入のある妻は給与所得者であり，このため給与所得控除（65万円）が適用されます。したがって妻の給与所得は15万円となり，控除対象配偶者に該当します。この場合，夫の所得の計算上，配偶者控除38万円が適用されることになりますし，もちろん妻のパート収入にも課税されません。

3．配偶者控除廃止の議論

　配偶者控除制度は，一部の識者から制度の見直しをすべきだとして問題視されています。配偶者控除や配偶者特別控除は，結婚した女性が働かずに家に籠もることを奨励する制度で男女平等に反するのではないか，　というのが見直し論の主な見解です。そのような指摘を次の2つの点から検討してみましょう。

　まず夫が働き，妻が専業主婦である片稼ぎの夫婦の場合で，配偶者控除を廃止した場合を考えてみましょう。この場合，配偶者には所得が無いため，妻の健康で文化的な最低限の生活（憲法第25条）について税法上の保障は基礎控除によって実現できないので，その代わりに所得のある夫に夫自身の基礎控除のほかに，妻の基礎控除を配偶者控除という名称で確保したのがいまの制度です。

　次に配偶者控除廃止論は単に税制だけの問題ではなく，民法へも波及する議論です。例えば，片稼ぎの夫婦で夫の所得は誰のものか，つまり夫の稼いだ給料に妻の取り分は存在するか，という問題を考えてみたとき，夫の所得は夫婦の共有の所得ではなく，夫の所得となります。つまり夫の所得に妻の取り分は存在しないことになりますが，これは夫婦間における財産の帰属を定めた民法762条[3] の規定に基づくのです。

　したがって，単純に配偶者控除を廃止すれば専業主婦の経済的地位が危ぶまれます。健康で文化的な最低限の生活を保障する憲法第25条の趣旨を税法上で制度化したのが基礎控除であり，配偶者控除ですから，ただ配偶者控除を廃止するというだけでは憲法の精神に逆らうことになります。ちなみに片稼ぎサラリーマンの所得に妻の持ち分は無いということで妻の立場を心配する人もいるかと思いますが，民法では財産分与請求権や相続権，扶養請求権などを認めているので，これらの権利行使によって夫婦間に不平等が生じないようにしています[4]。

第12節　配偶者特別控除

　配偶者特別控除の対象者とは，事業専従者などではない生計を一にする配偶者で，控除対象配偶者に該当しない者で合計所得金額が123万円以下の者をいい，居住者の合計所得金額が1,000万円以下であることなどが要件となります（所法83の2）。平成30年分以後の控除額は以下の通りとなります[5]。

　一般的に，パートタイマーは給料が103万円（配偶者控除の38万円と給与所得控除の65万円）を超

図表15－2　配偶者特別控除

配偶者の合計所得金額	居住者の合計所得金額		
	900万円以下	900万円超950万円以下	950万円超1,000万円以下
38万円超85万円以下	38万円	26万円	13万円
85万円超90万円以下	36万円	24万円	12万円
90万円超95万円以下	31万円	21万円	11万円
95万円超100万円以下	26万円	18万円	9万円
100万円超105万円以下	21万円	14万円	7万円
105万円超110万円以下	16万円	11万円	6万円
110万円超115万円以下	11万円	8万円	4万円
115万円超120万円以下	6万円	4万円	2万円
120万円超123万円以下	3万円	2万円	1万円

えないようにパート労働の時間を調整しているといわれています。このことから給料が103万円を超えると控除が突然ゼロになってしまうと思われていますが，実際には（図表15－2）の様に，103万円を超える給料であっても配偶者特別控除によって控除が徐々に減らされてゆく措置が施されています。

第13節　扶養控除

1．扶養親族と控除額

　扶養親族とは居住者の親族で居住者と生計を一にする者のうち合計所得金額が38万円以下[6]の者をいい，青色事業専従者で給与の支払を受けるものや事業専従者は除かれます（所法2①三十四）。扶養控除は，同一生計親族の個人的事情（同居しているか否かや年齢）によって控除額が異なります。控除額は1人38万円が基準になりますが，19歳以上23歳未満と70歳以上で扶養控除額が増額されます。一般的に就学のための費用が高負担となる19歳以上23歳未満の扶養親族は特定扶養親族となり（所法2①三十四の三），63万円の控除となります（所法84①）。また70歳以上の扶養親族を老人扶養親族といい（所法2①三十四の四），扶養控除額は48万円（同居老親等は58万円）となります（所法84①，措法41の16）。ちなみに同居老親等とは老人扶養親族のうち，居住者又はその配偶者のいずれかとの同居を常況としており，かつそのいずれかの直系尊属であるものをいいます。

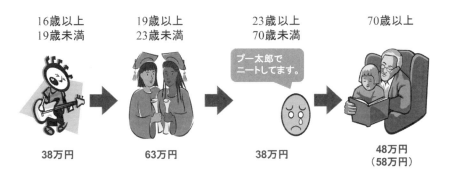

　ところで，「生計を一にする」と「同居」は別概念であり，生計を一にしていても同居しない事例もあります。つまり「生計を一にする」からといって，同一の家屋に住まう必要はありません。このことから例えば，単身赴任のお父さんが毎月家族のもとに送金し，週末に起居を共にしている場合は，「生計を一にしている」といえます。また「生計を一にする」からといって，必ずしも扶養関係が成立しているわけでもありません。

2．配偶者控除か扶養控除か

　配偶者に配偶者控除を適用した場合には，扶養控除の対象となりません（所法2①三十四）が，同一人物に配偶者控除と扶養控除が両立しない例を，漫画の「サザエさん」で考えてみましょう。サザエさんは旦那さんのマスオさんと結婚し，磯野家に同居しています。そしてサザエさんは波平さんの娘でもあります。サザエさんは専業主婦で，マスオさんも波平さんもサラリーマンです。このような場合，サザエさんはマスオさんの配偶者控除を受けることもできますし，波平さんの扶養控除を受けることもできます。それではどちらが良いのでしょうか。サザエさん一家で支払う所得税総額が最小化するように考えると，恐らく波平さんの扶養控除を受けるのが良いといえます。このようにいえるためには，波平さんの給科がマスオさんよりも高くなければなりません。

第14節　基礎控除

　わが国憲法第25条では，健康で文化的な最低限の生活を保障しています。そしてその最低限の生活を維持するための所得に対して課税しない制度が基礎控除であり，48万円が控除されます（所法86）。基礎控除は憲法の性格上，すべての納税者に保証される制度であったのですが，高額所得者に対する基礎控除について見直しがありました[7]。尤も最低限の生活をするために，年間たったの48万円の基礎控除で十分なのかについての疑問は残ります。

問題15－4
　甲の本年分の所得控除額を解答欄に従って計算しなさい。
【資料1】
　本年10月6日に甲所有の居住用家屋が火災により損害を被っているが，これに関する資科は次のとおりで

被災資産	取得価額	被災直前の原価	被災直前の価額	被災直後の価額	受取保険金
居住用家屋	20,750,000円	15,500,000円	15,000,000円	4,000,000円	5,000,000円
生活用動産	5,000,000円	2,100,000円	1,500,000円	0円	1,000,000円

ある。なお，この火災の後かたづけ費用として262,000円を支出している。
【資料2】
　甲は，本年中に家計費から次の支出をしている。
（1）甲及び甲と生計を一にする親族に係る医療費　　　　　　347,000円
（2）国民健康保険料，国民年金保険料及び介護保険料　　　　912,000円
（3）旧契約に係る一般生命保険料　　　　　　　　　　　　　91,200円
（4）新契約に係る介護医療保険料　　　　　　　　　　　　　33,000円

（5）新契約に係る個人年金保険料　　　　　　　　　　　　　　84,000円
（6）甲が居住する家屋を保険目的とする地震保険料　　　　　　36,000円

【資料3】

本年末日現在甲と生計を一にし，かつ，同居する親族は次のとおりである。

（続柄）（年齢）

妻　　43歳　　青色事業専従者

長男　21歳　　大学生，アルバイト給与収入850,000円あり。

長女　17歳　　高校生，無収入

次女　14歳　　中学生，無収入，特別障害者に該当する。

解答欄

雑　損　控　除	円	1．損失の額

　　　　　　　　　　　　　　　　　　　　　　　　＝　　　　　　　円

2．控除額

（1）　　　　　円 － (　　　　　円 × 　　　％

　　　　　＝　　　　　円) ＝ 　　　　　円

（2）　　　　　円 － 　　　　　円 ＝ 　　　　　円

（3）判定

　　　　　（1）　＞　　（2）　∴　　　　　円
　　　　　　　　＜

（該当するものを○で囲むこと）

医療費控除	円	円 －

　　　{　　　　　円 × 　　　％ ＝ 　　　　円 ①
　　　　　　　　　　　　　　　　　　　　　　　円 ②

①，②のうちいずれか（少ない・多い）方の金額

（該当するものを○で囲むこと）

＝　　　　　円

社会保険料控除	円	
生命保険料控除	円	1．旧契約一般分

　　　　　　　　　　　　　　　　　　　　　　＝　　　　　円

2．新契約介護医療分

　　　　　　　　　　　　　　　　　　　　　　＝　　　　　円

3．新契約個人年金分

　　　　　円 ＞ 　　　　　円　∴　　　　　円

4．合　計　1．＋　2．＋　3．＝　　　　　円

地震保険料控除	円						
障 害 者 控 除	円						
扶 養 控 除	円	円	＋	円	＝	円
基 礎 控 除	円						
合 　 　 計	円						

［90回　1級・4問］

■ 注 ■

（1）この租税訴訟については，三木義一『新　税理士・春香の事件簿』清文社において興味深い解説がなされています。

（2）平成30年度税制改正によって当該合計所得金額の要件38万円が48万円に引き上げられました。この改正は令和2年分以後に適用されます。

（3）民法第762条1項夫婦の一方が婚姻前から有する財産及び婚姻中自己の名で得た財産は，その特有財産（夫婦の一方が単独で有する財産をいう。）とします。同2項夫婦のいずれに属するか明らかでない財産は，その共有に属するものと推定します。

（4）詳しくは，三木義一『日本の税金』岩波新書，21～26頁を参照のこと。

（5）平成30年度税制改正によって配偶者特別控除対象者の要件である配偶者の合計所得金額について変更があります。（図表15－2）に示す38万円超123万円以下が，48万円超133万円以下になります。この改正は令和2年分以後に適用されます。

（6）平成30年度税制改正によって扶養親族の要件である扶養親族の合計所得金額について現行の38万円から48万円に変更されます。この改正は令和2年分以後に適用されます。

（7）平成30年度税制改正によって基礎控除額が旧来の38万円から48万円に変更されました。但し，以下の通り，合計所得金額が2,400万円を超える個人について控除額が減少し，合計所得金額2,500万円超の居住者には基礎控除が無くなります。なお，この改正は令和2年分以後に適用されます。

個人の合計所得金額	基礎控除額
2,400万円以下	48万円
2,400万円超　2,450万円以下	32万円
2,450万円超　2,500万円以下	16万円
2,500万円超	0円

第16章　課税所得金額と納付税額の計算

第1節　課税所得金額の計算

　ここでは「課税標準の計算」において求めた各課税標準から，前章で求めた所得控除を雑損控除をはじめとして順次差し引きます（所法87）。ただし短期譲渡所得・長期譲渡所得について，それが国等による収用や居住用家屋を譲渡したこと等一定の要件により，政策上特別に認められた控除等がある場合，これをまず控除します。そして最後に端数処理（千円未満切捨）を行うことにより，次の納付税額計算の基礎とします。なお，これらの差し引き計算により各課税所得金額がマイナスになることはありません。

課税所得金額の計算の流れ

課税所得金額は 各課税標準 をベースとする	⇒	△ 所得控除に優先 する控除	△所得控除⇒	課税所得金額
課税総所得金額				×××円（千円未満切捨）
課税短期譲渡所得金額		△ 収用5,000万特別控 除・居住用3,000万 特別控除など		×××円（千円未満切捨）
課税長期譲渡所得金額				×××円（千円未満切捨）
上場株式等に係る配当所得等の金額				×××円（千円未満切捨）
一般株式等に係る課税譲渡所得等の金額				×××円（千円未満切捨）
上場株式等に係る課税譲渡所得等の金額				×××円（千円未満切捨）
先物取引に係る課税雑所得等の金額				×××円（千円未満切捨）
課税山林所得金額				×××円（千円未満切捨）
課税退職所得金額				×××円（千円未満切捨）

（所得控除を順次控除する）

第2節　納付税額の計算

　所得税算出の最終段階です。ここではまず算出税額を求め，これより各種税額控除，予定納税額を差し引き，納付すべき税額（還付される税額）を算出します。

　算出税額は，次の①〜⑦にそれぞれ定められた税率を乗じ，これを合計して求めます。

① **課税総所得金額に対する税額**（所法89）
　　課税総所得金額× 超過累進税率

② **課税短期譲渡所得金額に対する税額**（措法32）

　　課税短期譲渡所得金額×30%

③ **課税長期譲渡所得金額に対する税額**（措法31）

　　課税長期譲渡所得金額×15%

④ **上場株式等に係る課税配当所得等の金額に対する税額**（措法8の4）

　　上場株式等に係る課税配当所得等の金額×15%

⑤ **一般株式等に係る課税譲渡所得等の金額に対する税額**（措法37の10）

　　一般株式等に係る課税譲渡所得等の金額×15%

⑥ **上場株式等に係る課税譲渡所得等の金額に対する税額**（措法37の11）

　　上場株式に係る課税譲渡所得金額×15%

⑦ **先物取引に係る課税雑所得等の金額に対する税額**（措法41の14）

　　先物取引に係る課税雑所得等の金額×15%（住民税は5%）

⑧ **課税山林所得金額に対する税額**（所法89）

$$課税山林所得金額 \times \frac{1}{5}^* \times 超過累進税率 \times 5$$

　　　＊この段階で端数が出ても端数処理はしません。

　　　課税山林所得金額に5分の1を乗じた後に超過累進税率を用いて仮の税額を求め，さらにこれを5倍して本当の税額を求める，いわゆる「五分五乗方式」により計算します。

⑨ **課税退職所得金額に対する税額**（所法89）

　　課税退職所得金額×超過累進税率

　なお，上記②③④⑤⑥⑦の課税所得金額については分離課税ということもあり常に一定の税率を乗じますが，⑧課税山林所得金額，⑨課税退職所得金額については，分離課税でも①課税総所得金額と同じ「超過累進税率」を乗じます。

　ここで「超過累進税率」とは，課税所得金額が一定額を超えた場合に，その超過する分にのみ高い税率を乗じる累進税率です。超えた分のみならず，その課税所得金額のすべてに高い所得区分の税率がかけられる累進税率は「単純累進税率」と呼ばれます。

図表16－1　納付税額の計算

計算順序	算出税額	各課税所得金額にそれぞれ定められた各税率を乗じて，その合計として仮の税額を算出します。	
	△配当控除	税額控除①	本法の税額控除
	△住宅借入金等特別税額控除		租税特別措置法の税額控除（代表例を2つ紹介しましたが他にも多数あります）
	△政党等寄附金の特別税額控除		
	△災害免除法による税額控除		災免法の税額減免
	基準所得税額	算出税額－税額控除①	
	復興特別所得税額	基準所得税額×2.1%	
	△外国税額控除	税額控除②	本法の税額控除
	△源泉徴収税額	給与所得者等がその支払い先より天引きされた所得税（源泉徴収所得税）を差し引き精算します。	
	申告納税額（百円未満切り捨て）	基準所得税額＋復興特別所得税額－外国税額控除－源泉徴収税額	
	△予定納税額	前年の所得が多い者等には所得税を前払いすることが要求されますが，ここで前払いした所得税を差し引き清算します。	
	納付すべき税額（還付される税額）	プラスの場合，その金額の納付となり，マイナスの場合その金額の還付となります。	

平成27年度以降の超過累進税率による税額速算表

課税所得金額		超過累進税率を乗じた場合の税額
1,950,000円以下		課税所得金額×5%
1,950,000円超	3,300,000円以下	課税所得金額×10%－　97,500円
3,300,000円超	6,950,000円以下	課税所得金額×20%－　427,500円
6,9500,00円超	9,000,000円以下	課税所得金額×23%－　636,000円
9,000,000円超	18,000,000円以下	課税所得金額×33%－1,536,000円
18,000,000円超	40,000,000円以下	課税所得金額×40%－2,796,000円
40,000,000円超		課税所得金額×45%－4,796,000円

第3節　税額控除

1．配当控除

　企業より受け取る配当は配当所得として課税されますが，その支払い側の企業では一度法人税が課税された後の留保利益を源泉としています。したがって，これを配当所得として課税すると二重課税となるため，ここで一定額を税額控除として控除することが認められています（所法92①）。

①　対象とならないもの

　配当所得のうち基金利息等一定のもの及び確定申告不要制度や申告分離課税等総合課税以外を選択したものは控除できません。

②　控除額

　対象となる配当所得が「課税総所得金額等」（課税総所得金額・課税短期譲渡所得金額・課税長期譲渡所得金額・株式等に係わる課税譲渡所得等の金額・先物取引に係わる課税雑所得等の金額の合計額。すなわち，課税退職所得金額と課税山林所得金額を除いた各課税所得金額の合計額となります）の上層部（図表16−2）を占めると仮定した場合に1,000万円以下に相当する部分は10％，1,000万円を超える部分では5％と控除率が異なります。

図表16−2　配当控除

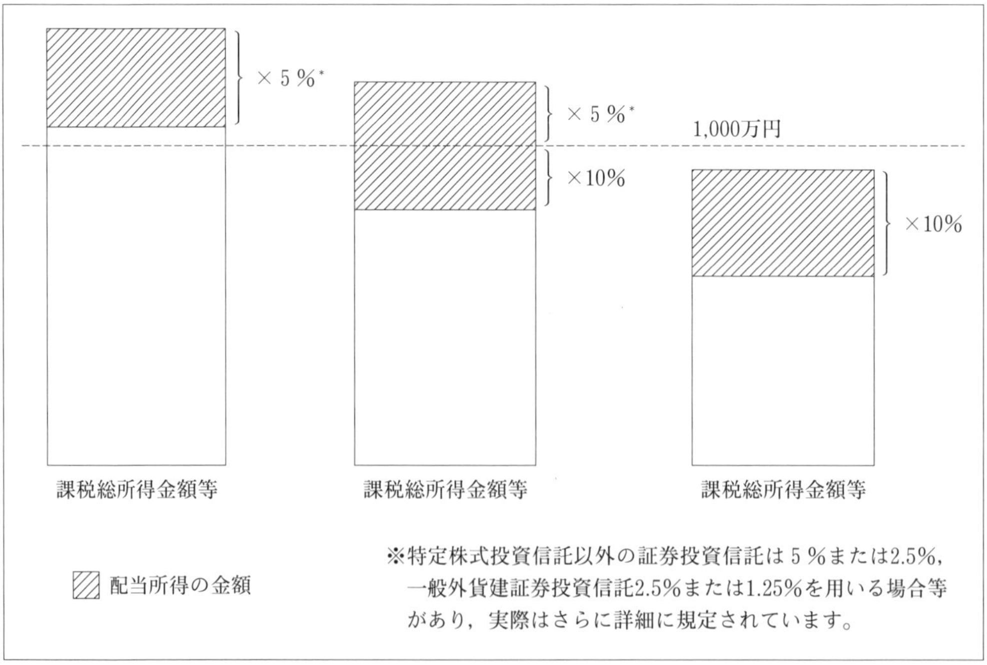

課税総所得金額等　　課税総所得金額等　　課税総所得金額等

配当所得の金額

※特定株式投資信託以外の証券投資信託は5％または2.5%，
一般外貨建証券投資信託2.5%または1.25%を用いる場合等
があり，実際はさらに詳細に規定されています。

問題16－1

次の資料に基づき，それぞれ配当控除の金額を求めよ。

（1）課税総所得金額9,000,000円，課税短期譲渡所得金額500,000円，課税長期譲渡所得金額600,000円，課税山林所得金額300,000円であった。配当所得の収入金額は200,000円，配当所得の金額は189,500円である。

（2）課税総所得金額9,195,000円，課税短期譲渡所得金額1,350,000円，課税長期譲渡所得金額13,120,000円，課税山林所得金額9,660,000円であった。配当所得の収入金額は235,000円，配当所得の負債の利子は57,000円である。

解答欄

（1）

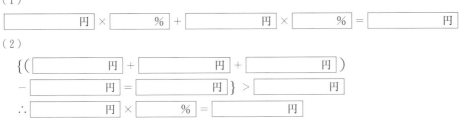

$$\boxed{\qquad 円} \times \boxed{\qquad \%} + \boxed{\qquad 円} \times \boxed{\qquad \%} = \boxed{\qquad 円}$$

（2）

$$\{(\boxed{\qquad 円} + \boxed{\qquad 円} + \boxed{\qquad 円})$$
$$- \boxed{\qquad 円} = \boxed{\qquad 円}\} > \boxed{\qquad 円}$$
$$\therefore \boxed{\qquad 円} \times \boxed{\qquad \%} = \boxed{\qquad 円}$$

［98回　1級・4問］

2．住宅借入金等特別税額控除（住宅ローン控除）

居住者が借り入れなどにより住宅を新築又は増改築等をした場合，期間内に居住の用に供する等のほか，床面積が50㎡以上の一定の要件に該当すれば，ここで年末借入金残高に一定率を乗じた金額を税額控除することができます（措法41）。なお，この他にもバリアフリー改修（措法41の3の2①），省エネ改修（措法41の3の2⑤），三世代同居対応改修（措法41の3の2⑧）等がありますが詳細は省略します。

①　対象借入金等

金融機関・住宅金融公庫・勤務先よりの借り入れ，建設業者への債務等のうち，返済期間が10年以上であるものが対象となります。

②　所得要件

合計所得金額が3,000万円を超える年は，この控除を受けることができません。

③　控除額（措法41①⑩）

　ア）一般の場合

　　年末借入金残高（4,000万円限度）×1％（百円未満切捨）

　イ）認定住宅（200年住宅又は省エネ住宅等）

　　年末借入金残高（5,000万円限度）×1％（百円未満切捨）

3．政党等寄附金の特別税額控除

個人が，政党等に寄附をした場合，選択により寄附金控除に替えて一定の税額控除をすることができます（措法41の18）。なお平成23年度改正により，認定NPO法人及び公益社団法人に対する寄附金についても税額控除の対象となっています（措法41の18の2及び3）。

①　控除対象寄附金　　　［政党等に対する寄附金-足切額（2,000円）］× 30%

②　限度額　　　　　　　算出税額 × 25%

③　①②のいずれか少ない方（百万円未満切捨）を控除します。

＊1寄附金控除における特定寄附金と合わせて，課税標準の合計額の40%が限度とされます。

＊2寄附金控除における足切額と合わせて 2,000円が限度とされます。

4．災害免除法による税額減免

災害により住宅又は家財に甚大な被害を受けた人については，選択により雑損控除に替えて一定の税額減免を受けること ができます（災害減免法2条）。なお，控除順序は外国税額控除の前となります。

①　条件

合計所得金額が1,000万円以下の者であり，かつ損失額が，損失直前時価の2分の1以上であること等です。

②　減免額

この規定を適用する前の所得税額に，その者の合計所得金額に応じた一定の減免率を乗じて，減免額を求めます。

合計所得金額	減免率
5,000,000円以下	100%
5,000,000円超　　7,500,000円以下	50%
7,500,000円超　　10,000,000円以下	25%

5．外国税額控除

外国税額控除とは，外国で生じた所得に対し，その国の法令で所得税に相当する税金が課税されている場合，その課せられた税額（①）のうち一定の金額（②）を所得税額から差し引くというものです。すなわち，国際間における所得税の二重課税を回避するために設けられた制度です。なお，外国税額控除は他の税額控除と異なり，これにより申告納税額が△（つまり還付）となる場合があります（所法95条）。

①　外国所得税額

②　控除限度額

$$\text{この規定適用前のその年分の所得税の額} \times \frac{\text{その年分の国外所得金額}}{\text{その年分の合計所得金額}} \text{（100%を限度）}$$

③　①②のいずれか少ない額を控除します。

第4節　復興特別所得税額

平成23年3月11日に発生した東日本大震災は我が国に甚大な被害をもたらしましたが，復興に必要な財源確保のため，平成23年法律第117号が交付され，「復興特別所得税」が創設されました。所得税の納付義務のある個人は，平成25年から令和18年までの間，基準所得税額（算出税額より外国税額控除以外の税額控除を控除した金額）に2.1％を乗じた金額（復興特別所得税）を併せて納付する必要があります。

第5節　源泉徴収税額

期中に源泉徴収された所得税は国税確保の要請から前納された所得税であることから，ここで控除することによって清算します。なお，源泉徴収された金額のうち控除できるのはあくまで所得税だけであり，住民税はここでは対象とならないので注意が必要です。また，源泉徴収された所得税はここで清算するのが原則ですが，いくつかの例外があります。

まず，単に源泉徴収されただけでなく，一律源泉分離課税，すなわち課税関係が完結しているものは控除の対象となりません。例えば，預金の利子（利子所得，措法3①），定期積金の給付補填金（雑所得，所法209の2）等があります。また，上場株式等の配当所得，給与所得を有する者が年末調整を受けた場合における給与所得，「退職所得の受給に関する申告書」を提出し，適正な源泉徴収を受けた場合の退職所得については，確定申告が不要とされていますが，あえて申告を行えば清算することは可能です。

第6節　予定納税額

税務署長は，納税者の前年分の所得税額を基に一定の方法により「予定納税基準額」を計算しますが，この金額が15万円以上となった者には，その予定納税基準額の3分の1に相当する金額を，原則として本年の7月（第1期）と11月（第2期）に納付すべきものとして納税者に通知します（所法104①②，106）なお，農業所得者のうち一定の者（特別農業所得者）に対しては秋に所得が集中するため，原則として11月にその予定納税基準額の2分の1を納付すべき通知がなされます（所法107①②）。

予定納税制度は，歳入の確保の要請から前年の所得が比較的高額な一部の者に，本年分も同程度の所得が生じることを前提に，本年分の所得税の前納付を求める制度です。したがって，これにより納付した金額がある場合には，本年分の所得税より控除することによって清算します。なお，この前提に反して本年分の所得が前年分に比べれば少なくなる見込みの納税者は，「予定納税額の減額承認申請」という制度によってその保護が図られています（所法111）。

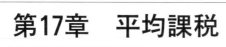

第17章 平均課税

第1節 概 要

　所得税は担税力に応じた課税を行うため，一時所得や山林所得のような非経常的な所得については2分の1を乗じたり，五分五乗方式により課税するなど，税負担の軽減が図られています。しかし，一般に経常的とされる不動産・事業・雑所得であっても，納税者によってはそれが変動の著しい所得や，臨時的な所得である場合があります。これを総合所得としてそのまま超過累進税率を適用すると，不当に高い税率が適用される場合があり，毎年平均した所得パターンにより合計で同程度の所得が発生した人に比して税負担が高くなります。そこで，このような複数年単位で税負担を考慮した場合の不均衡という弊害を調整するために，シャウプ勧告を契機として導入されたのが以下の平均課税制度です（所法90）。

第2節 変動所得と臨時所得

1．変動所得

　変動所得（所法2①二三）とは，その性質上，年々の変動が著しいと考えられ特別に定められた次のものをいいます（所令7の2）。事業所得又は雑所得に区分される所得がこれらに該当する可能性があります。

① 漁獲又はのりの採取から生ずる所得

② はまち，まだい，ひらめ，かき，うなぎ，ほたて貝又は真珠（真珠貝を含む）の養殖から生ずる所得

③ 原稿又は作曲の報酬に係わる所得

④ 著作権の使用料に係わる所得

2．臨時所得

　臨時所得（所法2①二四）とは，臨時に発生する所得のうち，次のものその他これらに類する所得をいいます（所令8）。不動産所得，事業所得又は雑所得に区分される所得がこれらに該当する可能性があります。

① 　3年以上の期間，一定の者に専属して役務の提供を約することにより又は一定の者以外に役務を提供しないことを約することにより一時に受ける契約金で，その契約報酬年額の2倍に相当する金額以上であるものに係る所得

　　（例）プロ野球選手の契約金等

② 　3年以上の期間，他人に不動産等，船舶，航空機，採石権，鉱業権，漁業権，工業所有権等を使用させることを約する（地上権等を設定することを含む。）ことにより一時に受ける権利金，頭金その他の対価で，その金額がこれらの資産の使用料年額の2倍に相当する金額以上であるものに係る所得（譲渡所得に該当するものを除く。）

　　（例）係争により供託されていた家賃収入につき，係争解決により一時に計上することとなった場合の家賃収入等

③ 　業務の全部又は一部を休止，転換，廃止することになった者又は業務の用に供する資産の全部又は一部につき鉱害その他の災害により被害を受けた者が，これらの事由によりその業務に係わる3年以上の期間の所得の補償として受ける補償金に係る所得

　　（例）3年以上の期間分として受け取る休業補償金等

第3節　計算過程

　ある年分の変動所得の金額及び臨時所得の金額の合計額（これを平均課税対象金額といい，図表17－1平均課税の計算の流れ②に対応します。）が，その年分の総所得金額の100分の20以上である場合は（図表17－1①），課税総所得金額に対する所得税の額を，特別な方法により計算することができます。それは，課税総所得金額から平均課税対象金額の5分の4を控除した金額（これを調整所得金額といいます。図表17－1③）をその年の課税総所得金額とみなして通常の超過累進税率を乗じて計算した税額（図表17－1④）と，逆に課税総所得金額から調整所得金額を控除した金額（これを特別所得金額といいます。図表17－1⑥）に平均税率（図表17－1⑤）を乗じて計算した税額（図表17－1⑦）の合計を，その年分の課税総所得金額に対する所得税の額（図表17－1⑧）とするものです。

　この制度は，変動所得及び臨時所得を5年にわたって平準化するという考えのもとに，その5分の1をそれ以外の総合所得と合算して通常の超過累進税率により課税し，残り5分の4については平均税率を適用して累進税率の適用を緩和しようとするものです[1]。

図表17－1　平均課税の計算の流れ

① 平均課税の適用有無の判定

ア）その年分の変動所得 $\gtreqless$ （前々年分の変動所得 ＋ 前年分の変動所得）$\times \frac{1}{2}$

$\uparrow$

＞の場合…A＝その年分の変動所得

≦の場合…A＝0

イ）A＋臨時所得≧総所得金額 $\times \frac{20}{100}$ ∴平均課税の適用あり

　変動所得の金額は，前々年分及び前年分の変動所得の平均を超えた場合にこの平均課税の適用判定において認識され，次の平均課税対象金額ではその平均を超えた部分のみが認識されます。これは，変動所得は前述の業務属性で一律に変動所得として区分されますが，現実には連年で見た場合，変動性に乏しいものである場合が理由として考えられます。

② 平均課税対象金額

　［変動所得 －（前々年分の変動所得＋前年分の変動所得）$\times \frac{1}{2}$］＋ 臨時所得

③ 調整所得金額（千円未満切り捨て）

　課税総所得金額 － ② $\times \frac{4}{5}$

④ ③に対する税額：③ × 超過累進税率

⑤ 平均税率（小数点3位以下切り捨て）：④ ÷ ③

⑥ 特別所得金額：課税総所得金額 － ③

⑦ ⑥に対する税額：⑥ × ⑤

⑧ 課税総所得金額に対する所得税の額：④ ＋ ⑦

問題17－1

　次の資料に基づき，平均課税の適用の有無を判定し，その適用があると認められる場合には，平均課税を適用した場合の所得税額を求めなさい。なお，119頁に掲げた税額速算表を別途用いること。

【資料】

1．本年分の総所得金額　　　　　　　　　　　　　37,201,000円

2．上記1に含まれる変動所得の金額　　　　　　　3,278,000円

　なお，前年分の変動所得の金額は2,203,000円，前々年分の変動所得の金額は718,000円である。

3．上記1に含まれる臨時所得の金額　　　　　　　21,373,000円

4．所得控除の合計額　　　　　　　　　　　　　　3,316,850円

解答欄

1．適用の判定

（注）

（ ☐ 円 ＋ ☐ 円 ）≦ ☐ 円 × ☐ ％

（該当するものを○で囲むこと）

∴適用 ☐

（注） ☐ 円 ≧（ ☐ 円 ＋ ☐ 円 ）

（該当するものを○で囲むこと）

× ☐／☐ ∴ ☐ 円

2．課税総所得金額

☐ 円 － ☐ 円 ＝ ☐ 円

（ ☐ 円 未満切り捨て）

3．平均課税対象金額

（注）

☐ 円 ＋ ☐ 円 ＝ ☐ 円

（注） ☐ 円 －（ ☐ 円 ＋ ☐ 円 ）

× ☐／☐ ＝ ☐ 円

4．調整所得金額

☐ 円 － ☐ 円 × ☐／☐ ＝ ☐ 円

（ ☐ 円 未満切り捨て）

5．調整所得金額に対する税額

☐ 円 × ☐ ％ － ☐ 円 ＝ ☐ 円

6．平均税率

☐ 円 ÷ ☐ 円 ＝ 0. ☐ （小数点 ☐ 位以下切り捨て）

7．特別所得金額

☐ 円 － ☐ 円 ＝ ☐ 円

8．特別所得金額に対する税額

☐ 円 × 0. ☐ ＝ ☐ 円

9．所得税額

5. ☐ 円 ＋ 8. ☐ 円 ＝ ☐ 円

[102回　1級・2問]

■注■

（1）金子宏『租税法　第24版』弘文堂，2021年，327頁。

第18章　所得税法における用語の問題

問題18－1

　次に掲げる収入は，所得税法に規定する10種類の各種所得と非課税所得である。解答欄にそれぞれが該当する所得の種類を記入しなさい。なお，非課税所得に該当するものは非課税と記入しなさい。

（1）消費生活協同組合への出資に対して受けた剰余金の分配

（2）建物（棚卸資産に該当しない。）を売却したことによる収入

（3）遺族に支給される遺族年金

（4）物品販売業者が物品を販売したことにより得た収入

（5）勤務先から受けた賞与

（6）24年間保有した山林を伐採譲渡したことによる収入

（7）障害者等に該当しない者が受けた公社債投資信託の収益の分配

（8）心身に加えられた損害について支払いを受ける見舞金

（9）国民年金法の規定に基づく老齢基礎年金

（10）生命保険契約に基づいて受け取った一時金（保険料負担者と受取人は同一人）

（11）退職に際して勤務先から受け取る退職手当金

（12）航空機の貸付けによる収入

（13）店舗貸付け時に受け取った権利金

（14）給与所得者が勤務先から受ける出張旅費（通常必要と認められるもの）

（15）定年退職により退職手当金とともに受ける功労金

（16）国会議員が受ける歳費

（17）趣味で所有していた骨とう品を290万円で売却したことによる収入

（18）弁護士が受ける弁護士報酬

（19）損害保険契約が満期になったことにより取得した満期返戻金（保険料負担者と受取人は同一人）

（20）障害者等である者が受ける定期預金の利子（元本300万円）

（21）信用金庫から受ける出資に係る剰余金の分配

解答欄

（1）		（2）		（3）	
（4）		（5）		（6）	
（7）		（8）		（9）	
（10）		（11）		（12）	
（13）		（14）		（15）	
（16）		（17）		（18）	
（19）		（20）		（21）	

［88回，90回　3級1問］

問題18－2

次の各文は所得税について述べたものである。各文の（　）内のうち適切な用語を選び，解答欄に記号で記入しなさい。

（1）所得税は国税であり，（①　ア．間接税　イ．直接税）である。

（2）特定扶養親族とは，控除対象扶養親族のうち，年齢19歳以上23歳（②　ウ．未満　エ．以下）の者をいう。

（3）所得税は，その年の翌年の2月（③　オ．1日　カ．16日）から3月（④　キ．15日　ク．31日）までの期間に，納税地の所轄税務署長に確定申告書を提出し，納税しなければならない。

（4）源泉徴収とは，利子所得・配当所得・（⑤　ケ．給与　コ．山林）所得など一定の所得の支払者が，その所得を支払う際に所定の所得税を徴収し，国に納付する制度である。

（5）一時所得の金額は，その（⑥　サ．2分の1　シ．3分の1）に相当する金額を総所得金額に算入する。

（6）居住者は，予定納税基準額が（⑦　ス．150,000円　セ．200,000円）以上である場合には，第1期及び第2期において，それぞれその予定納税基準額の3分の1に相当する金額の所得税を国に納付しなければならない。

（7）老人控除対象配偶者とは，控除対象配偶者のうち，年齢（⑧　ソ．70歳　タ．65歳）以上の者をいう。

解答欄

①		②		③		④		⑤		⑥		⑦		⑧	

［90回　3級2問］

問題18−3

　次の文章の空欄に下記語群のうちから適切なもの を選び， その記号を解答欄に記入しなさい。

1．棚卸資産とは，事業所得を生ずべき a に係る b ，製品，半製品，仕掛品，原材料その他の資産（有価証券及び山林を除く。）で棚卸しをすべきものとして特定のものをいう。

2．信託会社が引き受けた金銭信託で，共同しない c の委託者の信託財産を合同して運用するものを d という。

3．居住者とは， e に住所を有し，又は現在まで引き続いて f 以上居所を有する個人をいう。

4．新たに不動産所得，事業所得， g 所得又は雑所得を生ずべき業務を開始した居住者は，その業務を開始した日の属する年分の確定申告期限までに，減価償却資産につき選定した償却の方法を書面により h の所轄税務署長に届け出なければならない。

5．人格のない社団等とは， i でない社団又は財団で j 又は管理人の定めがあるものをいう。

6．特定扶養親族とは，控除対象扶養親族のうち，年齢 k 以上 l 未満の者をいう。

7．給与所得等とは，自己の m に基づいて得た事業所得，給与所得， n 所得又は雑所得をいう。

8．山林所得とは，山林の伐採又は o による所得をいう。ただし，山林をその取得の日以後 p 以内に伐採し又は o することによる所得は，山林所得に含まれないものとする。

日本	外国	国内	国外	物品	備品	商品	法人	会社	組合	無数　多数
少数	証券投資信託	公社債投資信託		貸付信託		合同運用信託		代表者	取締役	理事長
執行役	1年	2年	3年	5年	8年	10年	労務	事業	業務	所在地
居住地	住所地	納税地	利子	配当	不動産	事業	給与	退職	山林	譲渡
一時	雑	売却	贈与	商売	事業	業務	労務	勤労	労働	17歳　18歳
19歳	20歳	21歳	22歳	23歳	24歳					

解答欄

a	b	c	d	e

f	g	h	i	j

k	l	m	n	o

p

問題18－4

次の文章の空欄に適切な用語又は数字を記入して文章を完成させなさい。

1．所得税の納税地は，原則として，その納税義務者の　イ　である。

2．新たに　ロ　を生ずべき事業を開始した居住者は，その事業を開始した日の属する年分の確定申告期限までに，　ハ　につき，選定した評価の方法を書面により納税地の所轄税務署長に届け出なければならない。

3．納税申告書を提出した者は，その申告書に記載した税額に　ニ　がある場合，純損失の金額が過大である場合又は還付税額が過大である場合には，その申告について更正があるまではその申告に係る課税標準等又は税額等を　ホ　する申告書を税務署長に提出することができる。

4．減価償却資産とは，不動産所得若しくは　ヘ　の基因となり，又は不動産所得，事業所得，山林所得若しくは　ヘ　を生ずべき業務の用に供される建物，構築物，機械及び装置，　ト　，車両及び運搬具，工具，器具及び備品，鉱業権その他の資産で償却をすべきものとして一定のものをいう。

5．非永住者とは，居住者のうち，日本の　チ　を有しておらず，かつ，過去10年以内において国内に住所又は居所を有していた期間の合計が　リ　以下である個人をいう。

6．居住者が勤労学生である場合には，その者のその年分の課税標準額から　ヌ　を控除する。

7．居住者が，各年において，特定寄附金を支出した場合において，その年中に支出した特定寄附金の額の合計額（その合計額がその者のその年分の課税標準額の合計金額の　ル　％相当額を超える場合には，その　ル　％相当額）が　ヲ　を超えるときは，その超える金額を，その者のその年分の課税標準額から控除することを，寄附金控除という。

8．不動産所得，事業所得又は　ワ　を生ずべき業務を行なう居住者は，納税地の所轄税務署長の承認を受けた場合には，確定申告書及びその申告書に係る　カ　申告書を青色の申告書により提出することができる。

9．居住者とは，　ヨ　に住所を有し，又は現在まで引き続いて　タ　居所を有する個人をいう。

10．居住者の配偶者でその居住者と　レ　にするもの（青色事業専従者に該当する者で給与の支給を受けるもの及び事業専従者に該当するものを除く。）のうち，　ソ　が38万円以下であるものを，控除対象配偶者という。

11．変動所得とは，漁獲から生ずる所得，著作権の　ツ　に係る所得その他の所得で年年の変動の　ネ　ものものうち特定のものをいう。

12．事業専従者とは，居住者（青色申告者を除く。）と生計を一にする　ナ　その他の親族（年齢15歳未満である者を除く。）で専らその居住者の営む事業に　ラ　するものをいう。

13．特定扶養親族とは，控除対象扶養親族のうち，年齢　ム　以上　ウ　未満の者をいう。

14．居住者が支出する家事上の経費は，その者の不動産所得の金額，　キ　の金額，山林所得の金額又は雑所得の金額の計算上，　ノ　に算入しない。

15．居住者は，棚卸資産につき選定した評価の方法を変更しようとするときは，その新たな評価の方法を採用しようとする年の　オ　までに所定の事項を記載した申請書を　ク　の所轄税務署長に提出しなければならない。

16．利子等，配当等，給与等，その他一定の所得の　ヤ　をする者は，その　ヤ　に係る金額につき所定の　マ　を源泉徴収し，これを国に納める義務がある。

解答欄

イ	ロ	ハ	ニ	ホ
ヘ	ト	チ	リ	ヌ
ル	ヲ	ワ	カ	ヨ
タ	レ	ソ	ツ	ネ
ナ	ラ	ム	ウ	ヰ
ノ	オ	ク	ヤ	マ

[90回，88回，89回　1級1問]

●第1編の参考文献●

新井益太郎監修『現代税法の基礎知識（6訂版）』ぎょうせい，2005年。

池本征男『所得税法　理論と計算』税務経理協会，2005年。

石村耕治『現代税法入門塾』清文社，2004年。

市川　満『平成17年度版　個人の税務相談500選』納税協会連合会，2005年。

金子　宏『租税法　第19版』弘文堂，2014年。

岸　英人編『平成18年度版　図解所得税』大蔵財務協会，2006年。

菅原恒夫編『平成18年度版　図解譲渡所得』大蔵財務協会，2006年。

塚田良幸編著『平成18年度版　個人の税務相談事例500選』清文社，2006年。

中里　実ほか『租税法概説』有斐閣，2011年。

藤本清一『平成18年度版　所得税入門の入門』税務研究会出版局，2006年。

三木義一『新　税理士春香の事件簿』清文社，2005年。

三木義一『日本の税金』岩波新書，2003年。

山本守之監修『税務是認判断事例集　納税者の主張が認められた114の裁決・裁判例』新日本法規，2005年。

『最新版　図解による法律用語辞典』自由国民社，2003年。

『税務通信No.2917』税務研究会，2006年。

税制経営研究所『歯科医院の経営と税務・会計』清文社，2007年。

国税庁『記載要領所得税青色申告決算書付表＜医師及び歯科医師用＞』。

第19章　所得税法能力検定試験の傾向と対策

第1節　第108回以前の所得税法1級の傾向と対策

　第87回まで「税務会計能力検定試験・所得税法」との呼称で実施されてきたこの試験は，第88回より新たに「所得税法能力検定試験」とその名を変えました。しかし検定の難易度に大きな変更はなく，問題構成も従来通り，第1問で空所補充問題が10問（各2点・合計20点），第2問と第3問で個別問題（各10点・合計20点），第4問で確定申告において納付すべき所得税額を計算させる総合問題（60点）の4問によって構成されます。

（1）第1問の分析

　第1問では所得税法分野における重要語句を解答させる空所補充問題であり，過去に出題された問題が繰り返し出題されます。対策は本書の第1編第18章で行うほか，本書の「索引」項目を利用して確認をしてください。

（2）第2問・第3問の分析

　第2問と第3問は個別問題が出題され，その出題のパターンは2つに分かれます。まず，もともと第4問の総合問題の一部を構成する項目ですが，その内容を詳しく複雑にして個別問題化する場合です。そのような問題はさらに2つに分類されます。1つ目は所得控除から出題される形式で，もう1つは退職や譲渡の課税や，中古資産と資本的支出（事業所得）などの計算です。

　第2問・第3問合わせて過去24回分48問の出題中13問（27%）が所得控除から作問されており，その出題頻度は決して低くなく，これまで雑損（4回）・医療費（4回）・寄附金（5回）の各控除が出題されています。また所得計算では，不動産（損益通算に関し5回）・事業（中古資産などで4回）・退職（6回）・譲渡（交換の特例で5回）・雑（5回）の各所得が出題されており，25問（52%）と高い水準です。

　出題傾向としては，例えば88回第2問をみると，雑所得の判定において6項目をあげたうえで判定させています。また，88回第3問では支出した医療費を8項目あげたうえで計算させています。これら雑所得や医療費控除の計算は第4問の総合問題でも出題され得る項目ですが，個別問題として出題されるときは総合問題で出題される時よりも問題が複雑になります。この他，退職所得の計算は分離課税であるため，これまでの慣例では総合課税の問題を解かせる第4問に含めておらず，個別問題にしやすいという特徴があります。

　出題頻度の高い事業所得からの問題では，中古資産の購入と資本的支出など，償却資産に関する複雑な問題に集中する傾向があります。ちなみに中古資産や資本的支出については，それらの

図表19－1　所得税法1級第2問・第3問の出題傾向

	第84回	第85回	第86回	第87回	第88回	第89回	第90回	第91回	第92回
第2問	医療費控除	各損失の取扱	平均課税	寄附金控除	雑所得	雑損控除	平均課税	交換（譲渡所得の特例）	中古資産と資本的支出
	第93回	第94回	第95回	第96回	第97回	第98回	第99回	第100回	第101回
	損益通算（不動産所得の損失）	平均課税	退職所得	各損失の取扱	雑所得	寄附金控除	平均課税	雑損控除	交換（譲渡所得の特例）
	第102回	第103回	第104回	第105回	第106回	第107回	第108回		
	平均課税	雑所得	退職所得	損益通算（不動産所得の損失）	実施せず	退職所得	雑所得		

	第84回	第85回	第86回	第87回	第88回	第89回	第90回	第91回	第92回
第3問	損益通算（不動産所得の損失）	交換（譲渡所得の特例）	退職所得	中古資産と資本的支出	医療費控除	損益通算（不動産所得の損失）	各損失の取扱	退職所得	雑所得
	第93回	第94回	第95回	第96回	第97回	第98回	第99回	第100回	第101回
	寄附金控除	医療費控除	雑損控除	中古資産と資本的支出	交換（譲渡所得の特例）	退職所得	損益通算（不動産所得の損失）	中古資産と資本的支出	医療費控除
	第102回	第103回	第104回	第105回	第106回	第107回	第108回		
	各損失の取扱	寄附金控除	雑損控除	交換（譲渡所得の特例）	実施せず	各損失の取扱	寄附金控除		

　規定が法人税法・所得税法で共通していますので，『ベーシック税務会計＜企業課税編＞』で法人税法の学習をされた方には馴染みのある問題でしょう。また交換の譲渡所得の特例は，法人税法にも圧縮記帳に同様の規定があるので参考にしてみましょう。

　個別問題の出題におけるそのほかの特徴としては，第4問の総合問題に含めて出題すると出題のバランスが悪くなるような学習範囲から作問される傾向があります。その例としてあげられるのは平均課税で48問中5問（10％）と出題頻度は低いのですが，まったく学習しておかないと10点まるまる失いかねません。このため本書第1編第17章で対策しておきましょう。ただし，平均課税のみならず，すべての個別問題は2回続けて出題されることは今まで無いため，その点を踏まえれば学習のコツがつかめると思います。

　第2問・第3問の個別問題の出題傾向について全体を俯瞰していえることは，例えば91回第3問で出題された「退職所得の計算」が95回第2問で4回ぶりに出題された後，98回で3回ぶりに，104回で6回ぶりに，107回で3回ぶりに出題されています。同じく85回第3問において出題された「交換における譲渡所得の特例」が91回第2問で6回ぶりに，97回で6回ぶりに，101回で4回ぶりに，105回で4回ぶりに出題されました。「寄附金控除」は103回の第3問で出題された後，

108回で5回ぶりに出題されました。90回第2問の「平均課税」が94回で4回ぶりに，99回で5回ぶりに，102回で3回ぶりに出題されています。89回第3問の「損益通算の対象となる不動産所得の損失」が93回第2問で4回ぶりに，99回で6回ぶりに，そして105回でも6回ぶりに出題されています。100回第2問の「雑損控除」が104回の第3問で4回ぶりに繰り返し出題されています。最後に医療費控除は84回に出題された後，88回で4回ぶりに，94回で6回ぶりに，101回で7回ぶりに，出題されました。このようにみてくると，第2問・第3問の出題は4〜6回おきに類似問題が出題されるといえ，攻略は過去問を繰り返し勉強することに尽きると思います。

(3) 第4問の分析

　第4問は所得分類を行った上で所得控除を計算し，確定申告において納付すべき税額を算定させる総合問題です。実際の所得分類は10種類あるのですが，利子所得はこの検定では源泉徴収で課税関係が終了するので，出題されません。また退職所得は分離課税なので，個別問題で出題されるため，第4問には出題されていません。この結果，所得分類は，利子・退職を除く8分類で行われます。高得点するためには事業所得の総収入と必要経費の計算の精度を上げることです。慣例では事業所得に関連する箇所だけで10箇所（20点）程度配点されます。これは総合問題第4問の配点が60点ですから，3分の1を事業所得が占める計算になります。家事消費や低額譲渡，貸倒引当金（貸引）は毎回必ず出題されます。貸倒引当金は『ベーシック税務会計＜企業課税編＞』の法人税法で類似問題がありますので，そちらでも対策しておくと，所得税法1級の検定試験がやさしく感じられると思います。

　第4問で出題される総合問題では，所得控除の配点も低くはないので，対策が必要です。生命保険料・地震保険料・障害者・配偶者・扶養の各控除は概ね毎回出題です。ただし，計算せずに暗記していれば解答可能な障害者控除や配偶者控除には配点されない場合もあります。また税額控除の配当控除と源泉徴収税額の計算も毎回出題されるので，こちらも失点しないようにしましょう。特に源泉所得税額は問題文中から該当する金額を探し出し，転記するだけで個別に解答可能ですので，必ず得点しましょう。

　最後に不動産・山林・譲渡・一時・雑の各所得について，簡単に傾向を分析しておきましょう。不動産所得では敷金礼金・地代や家賃の未収入部分の扱いが繰り返し問われます。また出題が青色申告者の納税額計算が前提となりますから，特別控除65万円は不動産所得で控除されるという形式がほとんどです。山林所得は税額計算でも個別に得点が可能です。このため，概算経費を算定させて所得金額を計算するだけではなく，納付税額の五分五乗の計算まで完成させましょう。譲渡所得では，過去に相続税と絡めて問題を複雑にする出題例がありました。半額課税や内部通算は確実に覚えておく必要がありますが，50万円の控除といえば譲渡のみならず，山林・一時でも問われますので確認しておいてください。そして第4問の出題傾向の詳細について，図表19－2でまとめておいたので，確認しておきましょう。なお，同図表中の「青」表示は，配偶者を含む同居親族が，青色事業専従者であることを示しています。また「超」表示は居住者の合計所得金額が1,000万円超の場合に配偶者控除が無い場合を示しています。このことは，後掲図表19－4でも同様です。

図表19－2　所得税法1級第4問の出題傾向

実施回	各所得の計算							所得控除				
	不動産	事　業	給与	山林	譲渡	一時	雑	雑損	医療費	寄附金	配偶者	配特
84	家賃収入	委託販売・低額譲渡・贈与・家事消費・繰延資産・貸倒損失・貸引（一括）		概算経費	分短・総短・分長・総長	福引当選・満期懸賞当選乗用車	年金（公的・生保）・非賞当選金利子	○	○	○	○	
85	家賃収入	低額譲渡・家事消費・資産損失・貸引（個別と一括）		概算経費	分短・総短・分長・総長	満期生保・土地売買契約解除の違約金	満期生保・収益分配金・原稿料収入・還付加算金・山林譲渡		○	○	青	
86	駐車場収入	試用販売・低額譲渡・家事消費・受贈益・繰延資産・資本的支出・貸引（個別・一括）		概算経費	分短・総短・分長・総長	満期損保	特許権使用料		○	○	青	
87	家賃収入	委託販売・低額譲渡・家事消費・繰延資産・貸引（個別と一括）		概算経費	分短・総短・分長・総長	懸賞当選乗用車	非営業貸金利子・収益分配金・還付加算金	○	○	○		
88	駐車場収入	試用販売・低額譲渡・家事消費・資産損失・貸引（個別と一括）		概算経費	分短・総短・分長・総長	土地売買契約解除の違約金	原稿料収入・非営業貸金利子・還付加算金		○	○	青	
89	家賃収入	低額譲渡・委託販売・贈与・家事消費・貸倒損失・繰延資産・貸倒損失・貸引（個別と一括）		概算経費	分短・総短・分長・総長	福引当選・満期生保・懸賞当選乗用車	公的年金・特許権使用料・生保年金		○	○	青	
90	家賃収入	低額譲渡・家事消費・陳腐化商品・貸倒損失・繰延資産・資本的支出・貸引（個別と一括）		概算経費	分短・総短・分長・総長	満期損保	非営業貸金利子・収益分配金	○	○	○	青	
91	駐車場収入・広告用看板	試用販売・低額譲渡・家事消費・受贈益・繰延資産・貸引（個別と一括）		概算経費	分短・総短・分長・総長	満期生保	還付加算金・原稿料収入		○	○		
92	家賃収入	委託販売・低額譲渡・家事消費・貸倒損失・貸引（個別と一括）		概算経費	分短・総短・分長・総長	満期損保・福引当選・懸賞当選乗用車	非営業貸金利子・収益分配金・山林譲渡		○	○	青	
93	家賃収入・広告用看板	低額譲渡・家事消費・資産損失・貸引（個別と一括）		概算経費	分短・総短・分長・総長	土地売買契約解除の違約金	特許権使用料・還付加算金・原稿料収入・収益分配金		○	○		
94	駐車場収入	試用販売・低額譲渡・家事消費・受贈益・繰延資産・貸引（個別と一括）		概算経費	分短・総短・分長・総長	満期損保・福引当選		○	○	○	青	
95	家賃収入	委託販売・低額譲渡・家事消費・貸倒損失・貸引（一括）		概算経費	分短・総短・分長・総長	満期生保・懸賞当選乗用車	非営業貸金利子・特許権使用料		○	○		
96	家賃収入	低額譲渡・家事消費・繰延資産・貸倒損失・貸引（一括）		概算経費	分短・総短・分長・総長	満期損保	収益分配金・非営業貸金利子	○	○	○	青	
97	駐車場収入	試用販売・低額譲渡・家事消費・資産損失・貸引（個別と一括）		概算経費	分短・総短・分長・総長	福引当選・土地販売契約解除の違約金	還付加算金・原稿料収入・山林譲渡		○	○	青	
98	家賃収入	委託販売・低額譲渡・家事消費・繰延資産・貸引（一括）		概算経費	分短・総短・分長・総長	懸賞当選乗用車	収益分配金・還付加算金・非営業貸金利子		○	○		
99	家賃収入	低額譲渡・家事消費・繰延資産・貸倒損失・貸引（一括）		概算経費	分短・総短・分長・総長	満期損保	非営業貸金利子・収益分配金	○	○	○	青	
100	権利金・敷金・家賃収入・減価償却	試用販売・低額譲渡・家事消費・貸引（一括のみ）		概算経費	分短・総短・分長・総長	満期生命保険	特許権使用料・還付加算金・非営業貸金利子		○	○	○	
101	月極駐車場・広告宣伝用看板	試用販売・低額譲渡・家事消費・受贈益・貸引（個別と一括）		概算経費	分短・総短・総長	契約解除の手付金	原稿料収入	○	○	○		
102	権利金・返還しない敷金・家賃未収入	低額譲渡・家事消費・貸倒損失・繰延資産・貸引（個別と一括）		概算経費	分短・総短・分長・総長	満期損保	非営業貸金利子・収益分配金	○	○	○	青	
103	権利金・返還しない敷金・家賃未収入	委託販売・低額譲渡・商品贈与・繰延資産・貸倒損失・貸引（一括）		概算経費	分短・総短・分長・総長	満期生保・懸賞当選乗用車と現金	非営業貸金利子・収益分配金・山林譲渡		○	○	青	
104	権利金・敷金・家賃未収入・減価償却	委託販売・低額譲渡・家事消費・繰延資産・貸倒損失・貸引（個別と一括）		概算経費	分短・総短・分長・総長	満期生保・懸賞当選乗用車と現金	非営業貸金利子・特許収入		○	○		超
105	月極駐車場	試用販売・低額譲渡・家事消費・資産損失・貸引（個別と一括）		概算経費	分短・総短・分長・総長	福引当選金・契約解除の手付金	原稿料収入・還付加算金・山林譲渡		○	○	青	
106	実施せず											
107	権利金・返還しない敷金・家賃未収入	低額譲渡・家事消費・貸倒損失・貸引（一括のみ）			分短・分長・総長	懸賞当選乗用車と現金	非営業貸金利子・特許収入			○	青	
108	権利金・返還しない敷金・家賃未収入	低額譲渡・家事消費・貸倒損失・貸引（個別と一括）			分短・分長・総長	懸賞当選乗用車と現金	非営業貸金利子・特許収入	○		○	青	

第2節　第109回　所得税法1級　過去問題

第1問　次の1．から8．について，各文章の空欄に適切な用語又は文章を記入して文章を完成させなさい。また，9．及び10．について，指示に従い選択肢の中から一つ解答しなさい。

　なお，1．から8．につき，所得税法に関連する法令に規定される用語又は文章は，法令の条文に従った記述として解答すること。(20点)

1．納税義務者は，その所得税の納税地に異動があった場合には，政令で定めるところにより，その 　イ　 の納税地の所轄税務署長にその旨を届け出なければならない。

2．同一生計配偶者とは，居住者の配偶者でその居住者と生計を一にするもの（青色事業専従者等を除く。）のうち，合計所得金額が 　ロ　 である者をいう。

3．その年分以後の各年分の所得税につき青色申告の承認を受けようとする居住者は，その年3月15日まで（その年1月16日以後新たに業務を開始した場合には，その業務を開始した日から 　ハ　 ）に，一定の事項を記載した「青色申告承認申請書」を納税地の所轄税務署長に提出しなければならない。

4．確定申告書を提出した居住者が納付すべき所得税の額（延払条件付譲渡に係る延納申請書を提出する場合には，当該所得税の額からその申請書に記載した同項の延納を求めようとする所得税の額を控除した額）の2分の1に相当する金額以上の所得税をその納付の期限までに国に納付したときは，その者は，その残額についてその納付した年の 　ニ　 までの期間，その納付を延期することができる。

5．国外転出をする居住者が，その国外転出の時において有価証券等を有する場合には，その者の事業所得の金額，譲渡所得の金額又は雑所得の金額の計算については，その国外転出の時に，一定の時価相当額により，当該有価証券等の譲渡があったものとみなす。

　　ただし，国外転出をする時に有している有価証券等の当該国外転出をする時における一定の時価が 　ホ　 である居住者又は当該国外転出をする日前10年以内に国内に住所若しくは居所を有していた期間の合計が5年以下である居住者については，適用しない。

6．出国とは，居住者については， 　ヘ　 をしないで国内に住所及び居所を有しないこととなることをいう。

7．居住者とは，国内に住所を有し，又は 　ト　 居所を有する個人をいう。

8．青色申告書を提出する居住者は，その年において生じた純損失の金額がある場合には，当該 　チ　 に，納税地の所轄税務署長に対し，一定の方法により前年分の所得税の還付を請求することができる。

9．「予定納税制度」について正しいものを選択し，リ欄に記入しなさい。

① 予定納税は原則として前年の納税実績に基づいて納税者が自主的に行う所得税の前払い制度である。

② 予定納税は，前年の納税額が20万円以上の人について，税務署から通知された税額を前払いする制度であるが，前年と事情が変わり納税額が減少する見込みの人は申請により，予定納税額を減額してもらうことができる。

③ 予定納税者は，原則として7月（第1期）と11月（第2期）の年2回に分けて納税するが，特別農業所得者は，納税資金を考慮して，11月（第2期）のみ納付する。

④ 10月31日の現状による申告納税見積額が予定納税基準額に比べて減少する人は，第1期及び第2期の予定納税額をともに減額してもらうことができる。

10．「臨時所得」について正しいものを一つ選択し，ヌ欄に記入しなさい。

① 臨時所得は，退職所得や一時所得など臨時的に発生する所得全般であり，事業所得や不動産所得のような経常的に発生する所得はこれにあたらない。

② 臨時所得は，不動産所得，事業所得又は雑所得のいずれかに該当するもののうち，その所得の金額の計算期間が3年以上であることなどの一定の要件を満たすものが該当する。

③ 臨時所得が多額にあるような場合，これを他の所得と総合して超過累進税率を適用すると税負担が多額になるため，一定の要件のもと，分離課税することが認められている。

④ 臨時所得について，純損失の金額が生じた場合には，青色申告者であるかどうかに関係なく，純損失の繰越控除の対象となることとされている。

第2問　次に掲げる所得は何所得に該当するか答えなさい。（15点）

1．給与所得者がいわゆる民泊を行うことにより受ける所得
　なお，事業と称するには至らない程度の規模のものである。

2．不動産賃貸業を営む者が，賃貸アパートに太陽光発電設備を設置し，共用部分の電力を賄い，その余剰電力を売却したことによる所得

3．既に締結していた不動産の売買契約が解除されたことにより，売主であった者が受ける違約金に係る所得
　なお，業務に関して受けるものに該当しない。

4．労働基準法第20条（解雇の予告）の規定により使用者が予告をしないで解雇することにより支払われる解雇予告手当

5．学校法人が発行する債券の利子に係る所得

第3問　次の資料に基づき，各設問に答えなさい。（15点）

〔設問1〕居住者甲の令和4年（以下「本年」という。）分の退職所得の金額を計算しなさい。

〔設問2〕A株式会社，及びB株式会社が源泉徴収すべき所得税及び復興特別所得税の額を計算しなさい。

　　　　なお，税率については第5問の〔参考資料〕を使用すること。

〔資　料〕

　　1．甲は，平成30年7月に就職し，引き続き勤務していたA株式会社を本年10月に退職し，退職手当金
　　　として7,000,000円を受領している。

　　　　なお，甲は同社に「退職所得の受給に関する申告書」を適法に提出している。

　　2．甲は，平成6年4月に就職し，引き続き勤務していたB株式会社を本年12月に退職し，退職手当
　　　金として16,000,000円を受領している。

　　　　なお，甲は同社に，本年中にA株式会社から支給を受けた退職手当金の額，その勤続期間，源泉
　　　徴収税額等を適法に記載した「退職所得の受給に関する申告書」を提出している。

　　3．甲は，いずれの会社の役員にも該当しない。

第4問　次の資料に基づき，居住者乙の令和4年（以下「本年」という。）分の税額控除額を計算しなさい。（10点）

〔資　料〕

　　1．乙の本年分の課税標準の合計額は12,720,000円であり，その内訳は次のとおりである。

　　　⑴　総所得金額　　　　　　　　　　　　　　　　　6,860,000円

　　　⑵　長期譲渡所得の金額　　　　　　　　　　　　　3,400,000円

　　　⑶　上場株式等に係る譲渡所得等の金額　　　　　　2,460,000円

　　2．乙の本年分の税額控除前の所得税額は1,471,300円である。

　　3．乙が本年中に支出した寄附金の内訳は次のとおりである。

　　　　なお，下記寄附金についてはすべて税額控除を適用するものとし，下記寄附により乙に特別の利益が
　　　及ぶと認められるものはないものとする。

　　　⑴　認定NPO法人に対する寄附金　　　　　　　　400,000円

　　　　　これは，当該認定NPO法人が行う特定非営利活動に係る事業に関連する寄附金である。

　　　⑵　公益社団法人に対する寄附金　　　　　　　　　600,000円

　　　　　これは，その運営組織及び事業活動が適正であること並びに市民から支援を受けていることにつ
　　　いて一定の要件を満たす寄附金である。

　　　⑶　政党に対する寄附金　　　　　　　　　　　　　500,000円

　　　　　これは，某政党に対する寄附金で，政治資金規正法の規定による報告書により報告されたもので
　　　ある。

第5問　次の資料は，居住者丙（年齢60歳）の令和4年（以下「本年」という。）分の所得税の確定申告に関するものである。

丙の本年分の確定申告において納付すべき所得税及び復興特別所得税の額を丙にとって最も有利になるようその計算過程を明らかにして計算し，解答用紙のイからネ欄にその金額を記入しなさい。

なお，解答に当たり，消費税については考慮しないものとする。（40点）

［資 料 1］

丙が作成した不動産貸付業（事業的な規模のものである。）に係る損益計算書は，次のとおりである。

損 益 計 算 書

自令和4年1月1日　至令和4年12月31日　　　　（単位：円）

科　　目	金　額	科　　目	金　額
諸　経　費	13,264,000	賃 貸 料 収 入	16,860,000
貸 倒 損 失	280,000	礼 金 収 入	900,000
当 年 利 益	5,116,000	敷 金 収 入	900,000
	18,660,000		18,660,000

付 記 事 項

項目1．丙は，前年以前から引き続き青色申告書の提出の承認を受けており，その営むすべての業務について所定の帳簿書類を備え付け，これにすべての取引を正規の簿記の原則にしたがって記録し，確定申告書等の提出を電子情報処理組織（イータックス）を使用する方法により行っている。

項目2．賃貸料については，すべて当月末までに翌月分を受けることになっており，敷金については，明渡しの際（契約期間満了の場合には，その満了の際）にその10％に相当する金額を償却し，その残額は，明渡しの際に賃借人が負担すべき原状回復費と相殺後の金額を返還することとなっている。なお，賃貸料に関し前受収益等の経理をし，毎年期間対応基準によっている。

項目3．賃貸料収入に関する事項は，次のとおりである。

(1)　賃借人Oに係る賃貸料は月額120,000円であったが，Oに係る賃貸借契約期間が本年8月31日で満了するに際して，契約を更新し，9月分（8月末日までに支払いを受ける分）の賃貸料から月額130,000円とし，更新料として130,000円を受け取ったが，賃借人Oに係る賃貸料及び更新料は賃貸料収入に含めていない。

(2)　賃借人Pに係る賃貸料は月額100,000円であり，本年受領した賃貸料については適法に賃貸料収入に含めているが，本年12月分及び令和5年1月分の賃貸料（11月末日及び12月末日までに受ける分）は，未収であるため賃貸料収入に含めていない。

(3)　賃借人Qに係る賃貸料は月額85,000円であるが，Qは本年2月に重大な契約違反が発覚したため，丙は本年2月末日をもってQとの契約を解除している。Qは丙からの契約解除の申出を拒否しており，本年末日現在契約の存否について係争中である。

なお，Qは本年3月分以降の賃貸料について法務局に供託しているが，丙はこの供託金額については，賃貸料収入に含めていない。

項目4．礼金収入及び敷金収入は，いずれも本年中に新たに契約を締結した賃貸借契約に基づいて，賃借人から受領した金額を計上したものである。

項目5．諸経費には，次のものが含まれている。

(1)　賃貸物件に係る固定資産税　　　　　　　　　　　　　　　　　　1,280,000円

　　　これは，丙が賃貸している不動産についての令和4年度分の固定資産税の賦課決定額であるが，このうち320,000円は本年末現在納期が到来しておらず支払っていないものである。

(2)　本年5月に行ったアパートCに係る改修費　　　　　　　　　　　2,000,000円

　　　上記金額の内訳は次のとおりである。

①　外壁の塗装費用（修繕費に該当するもの）　　　　800,000円

②　内装の工事費用（資本的支出に該当するもの）　　1,200,000円

(3)　老朽化したアパートDの取壊費用　　　　　　　　　　　　　　　6,760,000円

　　　これは，老朽化による建替えのために本年4月に取壊したアパートDの取壊費用5,500,000円及び借家人に対する立退料1,260,000円の合計額である。

(4)　本年明渡しがあった賃貸物件に係る原状回復に要した費用　　　　586,000円

　　　上記金額のうち320,000円は，明渡した賃借人が負担すべきこととされたものであり，丙は各賃借人の敷金からこれを差し引いた金額を返還しているが，敷金については会計処理をしていない。

(5)　銀行借入金の利息　　　　　　　　　　　　　　　　　　　　　　238,460円

　　　これは，取壊したアパートDの敷地に新たに建設しているマンションEの建築資金に充てるために借入れた借入金に係る本年分の利息である。

　　　なお，マンションEの建設工事は，本年5月から着工されており，完成予定は令和5年3月の予定である。

項目6．諸経費には，次に掲げる資産の減価償却費が計上されていない。

　　　なお，減価償却資産の償却方法については何らの届出も行っていない。

種　類　等	取得・事業供用日	取　得　価　額	年初未償却残額	法定耐用年数
ア　パ　ー　ト　C	平成18年4月25日	20,000,000円	6,959,000円	22年
ア　パ　ー　ト　D	平成2年10月5日	23,000,000円	1円	22年

（注1）アパートCは本年5月に改修を行い，改修後同月から事業供用している。（項目5(2)参照）

（注2）アパートDは本年4月に取壊している。（項目5(3)参照）

項目7．貸倒損失は，前年中に賃貸料の滞納により賃貸借契約を解除した賃借人Rに係る前年分の未収賃貸料の回収不能額を計上したものである。

　　　なお，この賃貸料は適法に前年分の不動産所得の金額の計算上賃貸料収入に計上している。

［資 料 2］

　　丙が作成した小売業に関する損益計算書は，次のとおりである。

損 益 計 算 書

自令和4年1月1日　至令和4年12月31日　　　　　（単位：円）

科　目	金　額	科　目	金　額
年 初 商 品 棚 卸 高	3,246,000	当 年 商 品 売 上 高	47,166,000
当 年 商 品 仕 入 高	32,026,000	年 末 商 品 棚 卸 高	2,568,000
営 業 費	13,446,000	雑 収 入	7,264,570
青 色 事 業 専 従 者 給 与	4,200,000	貸 倒 引 当 金 戻 入	220,000
当 年 利 益	**4,300,570**		
	57,218,570		57,218,570

付 記 事 項

　項目1．丙は，棚卸資産の評価方法及び減価償却資産の償却方法については何らの届出も行っていない。

　項目2．当年商品売上高に関する事項は，次のとおりであり，これらについては何ら会計処理を行っていない。

　　⑴　丙は，本年12月に，通常の販売価額が100,000円（仕入価額は68,000円）の商品を，家事のために消費している。

　　⑵　丙は，本年12月に，得意先から至急の注文を受け，納品した商品があるが，まだ請求書を発行していない。この商品の通常の販売価額は総額1,200,000円（仕入価額は864,000円）であり，価格についてはまだ未確定であるが，年明けに1,100,000円で請求書を発行しようと考えている。

　項目3．雑収入には次のものが含まれている。

　　⑴　特定株式投資信託の収益の分配金　　　　　　　　　　　　207,181円

　　　　これは，事業用の余裕資金を特定株式投資信託に運用したことによる本年分の収益の分配額であり，上記金額は，源泉所得税及び復興特別所得税39,819円及び住民税配当割13,000円控除後の手取額である。

　　⑵　損害賠償金　　　　　　　　　　　　　　　　　　　　　5,000,000円

　　　　これは，本年3月に店舗にトラックが突入したことにより，加害者から受けたものであり，上記金額の内訳は次のとおりである。

　　　　①　破損した商品の損害に係るもの　　　　　　　　　　1,200,000円

　　　　②　店舗の損害に係るもの　　　　　　　　　　　　　　3,000,000円

　　　　③　店舗の修理期間中の収益を補償するもの　　　　　　　800,000円

　　⑶　国庫補助金収入　　　　　　　　　　　　　　　　　　　1,000,000円

　　　　これは，本年10月にその交付の目的に適合する機械装置を取得する際に受けたものであり，返還を要しないものである。（項目6（注2）参照）。

項目４．年末商品棚卸高は，本年末における在庫商品について最終仕入原価法を基礎とする原価法により評価したものである。

　　　　なお，本年３月のトラックの突入事故により破損し，廃棄した商品の仕入価額は840,000円であり当年商品仕入高に含まれている。丙はこれらの商品を廃棄しているが，これについては会計処理を行っていない。

項目５．営業費には，次のものが含まれている。

　　⑴　倉庫の賃借料　　　　　　　　　　　　　　　　　　　　　　　　600,000円

　　　　これは，生計を一にしている妻所有の倉庫の賃借料である。

　　　　なお，この倉庫に関する固定資産税120,000円は妻が負担している。

　　　　また，この倉庫に係る減価償却費は230,000円である。

　　⑵　店舗の修理費用　　　　　　　　　　　　　　　　　　　　　　2,400,000円

　　　　これは，本年３月のトラックの突入事故により一部損壊した店舗の修復に要した費用である。

　　　（項目６（注１）参照）。

　　　　なお，店舗は本年３月中に修復が完了し，修復後直ちに事業の用に供している。

　　⑶　売上割戻　　　　　　　　　　　　　　　　　　　　　　　　　　260,000円

　　　　これは，本年売上げた商品に係るものであるが，本年末現在未払いとなっている。

　　　　なお，算定基準は販売価額によっているが，販売先には明示されていない。

　　⑷　弁護士報酬　　　　　　　　　　　　　　　　　　　　　　　　　300,000円

　　　　これは，本年３月のトラックの突入事故に係る加害者との示談交渉の際に依頼した弁護士に支払った報酬である。

項目６．営業費には，次に掲げる資産の減価償却費が含まれていない。

　　　　なお，減価償却費の計算上生じた円未満の端数は切り上げるものとする。

種　類　等	取得・事業供用日	取　得　価　額	法定耐用年数	備　考
店　　　　　舗	平成16年７月25日	40,000,000円	39年	（注１）
機　械　装　置	令和４年10月20日	2,000,000円	10年	（注２）
車　両　運　搬　具	令和４年２月16日	3,000,000円	６年	（注３）

　　（注１）店舗は，本年３月のトラック突入事故によりその一部が損壊している。

　　　　　　なお，この店舗の損壊直前の価額は24,000,000円，損壊直前の未償却残額は23,386,000円，損壊直後の価額は18,500,000円である。（項目３⑵，項目５⑵参照）。

　　（注２）機械装置の取得にあたり，国庫補助金1,000,000円を受けている。（項目３⑶参照）

　　（注３）車両運搬具は，経過年数３年の中古資産を取得したものであり，耐用年数を見積もることは困難なものである。

項目７．青色事業専従者給与4,200,000円は，丙の営む事業に専従している妻に対して支給したもので，「青色事業専従者給与に関する届出書」に記載した金額の範囲内のものであり，同人の労務の対価として相当な金額である。

項目8.本年末における事業債権の年末残高は3,000,000円であるが,この金額には,項目2(2)に係るものは含まれていない。

また,上記金額のうち1,000,000円はT株式会社に対するものであるが,同社は本年10月に民事再生法の規定による再生計画認可の決定があり,上記売掛金は令和9年10月を第1回目とし,以後毎年10月に10回に分割して100,000円ずつ弁済されることとされている。

なお,実質的に債権とみられないものの額は,過年度における実績に基づく簡便法割合によって算定することとし,貸倒引当金繰入額の計算上生じた円未満の端数は切り捨てるものとする。

	売掛金等の債権合計額	左記のうち実質的に債権とみられないものの合計額
平成26年	2,580,000円	144,900円
平成27年	3,260,000円	220,600円
平成28年	3,540,000円	198,500円
平成29年	3,180,000円	264,700円

[資料3]

丙は,本年9月に,平成15年4月に24,000,000円で取得した土地と,丙の兄が平成24年10月に取得した土地を交換している。

なお,交換時における土地の時価は,丙の土地が36,000,000円,兄の土地が33,000,000円であり,丙は兄から交換差金3,000,000円を受領している。

また,丙は,兄から取得した土地を兄に引き渡した土地と同一の用途に供している。

[資料4]

丙は,上記のほか,本年中に次の資産を譲渡している。

資産	譲渡年月	譲渡価額	取得年月	取得価額	譲渡費用	備考
別荘	令和4年8月	3,000,000円	平成24年5月	5,000,000円	100,000円	(注1)
別荘の敷地	令和4年8月	12,000,000円	平成24年5月	7,000,000円	400,000円	(注1)
絵画	令和4年10月	3,000,000円	平成29年8月	2,200,000円	50,000円	
ゴルフ会員権	令和4年10月	1,400,000円	令和2年10月	——円	140,000円	(注2)
上場株式	令和4年12月	1,792,000円	(注3)	(注3)	20,000円	

(注1) 別荘と別荘の敷地は,丙が保養の目的で所有していたものである。

なお,別荘と同種の減価償却資産の耐用年数は22年である。

(注2) ゴルフ会員権は,預託金方式のもので,丙の父が昭和60年7月に5,000,000円で取得したものを,丙が令和2年10月に単純承認による相続で取得したものである。

なお,相続に際し,名義書換料として60,000円を支出している。

(注3) 上場株式は,金融商品取引所に上場されている株式で,金融商品取引業者への売委託により譲渡したものである。

なお，丙におけるその保有状況は次のとおりである。

取得又は譲渡年月日	取得株数	事　　由	売却株数	取得金額又は譲渡価額
平成28年5月24日	1,500株	買入れ		485,000円
平成30年10月11日	2,500株	買入れ		912,500円
令和2年7月16日		譲　渡	1,200株	496,800円
令和3年11月24日	3,000株	買入れ		1,662,000円
令和4年12月12日		譲　渡	2,800株	1,792,000円

また，丙は，上記上場株式について本年中に配当金127,496円（源泉所得税及び復興特別所得税24,504円及び住民税配当割8,000円控除後の手取額）を受領している。

[資料5]

丙は，本年中にU生命保険の満期保険金3,000,000円を受けている。

これは，丙を契約者（保険料支払者）及び被保険者とする養老保険契約が，本年3月に満期となったことにより受けたものである。

なお，この保険は当初丙の父が加入したものであるが，令和2年10月の父の死亡により丙がその生命保険契約に関する権利を相続したもので，父が生前払い込んだ保険料の総額は2,060,000円，丙が払い込んだ保険料の総額は340,000円である。

[資料6]

丙は，本年中に家計費から次のものを支出している。

1．自己又は生計を一にする親族に係る社会保険料　　　　　　　　1,358,600円

2．一般の旧生命保険料　　　　　　　　　　　　　　　　　　　　291,600円

3．一般の新生命保険料　　　　　　　　　　　　　　　　　　　　60,000円

4．介護医療保険料　　　　　　　　　　　　　　　　　　　　　　48,000円

5．V市に対する寄附金　　　　　　　　　　　　　　　　　　　　120,000円

これは，ふるさと納税に該当するものであり，丙は本年11月に30,000円相当の返戻品を受け取っている。

［資料7］

　　本年末日現在丙と生計を一にし，かつ，同居する親族は次のとおりである。

　　（続　柄）　　（年齢）

妻	54歳	丙から倉庫の賃借料及び青色事業専従者給与の支払いを受けている（［資料2］項目5(1)及び項目7参照）
長　男	22歳	大学生，所得なし
丙の母	89歳	所得なし，特別障害者

［参考資料］

1．減価償却資産の償却率（抄）

耐用年数	旧定額法償却率	定額法償却率
3年	0.333	0.334
4年	0.250	0.250
6年	0.166	0.167
10年	0.100	0.100
22年	0.046	0.046
33年	0.031	0.031
39年	0.026	0.026

2．基礎控除額

居住者の合計所得金額	基礎控除額
24,000,000円以下	480,000円
24,000,000円超　24,500,000円以下	320,000円
24,500,000円超　25,000,000円以下	160,000円
25,000,000円超	0円（適用なし）

3．税額速算表

課　税　所　得　金　額		税　率	控　除　額
1,950,000円以下		5％	———
1,950,000円超	3,300,000円以下	10％	97,500円
3,300,000円超	6,950,000円以下	20％	427,500円
6,950,000円超	9,000,000円以下	23％	636,000円
9,000,000円超	18,000,000円以下	33％	1,536,000円
18,000,000円超	40,000,000円以下	40％	2,796,000円
40,000,000円超		45％	4,796,000円

これは解答用紙ではありません。
解答は解答用紙に記入すること。

【計算過程】

第5問（40点）

　　　　　　内に数字又は算式を記入しなさい。

Ⅰ．各種所得の金額の計算

区　　　分	金　　額	計　　算　　過　　程
不 動 産 所 得	円	1．総収入金額　　　　　　　　円
		(1)　賃貸料収入
		イ
		(2)　更新料収入
		(3)　礼金収入
		(4)　敷金収入
		ロ
		2．必要経費　　　　　　円
		(1)　諸経費
		(2)　減価償却費　　　　　円
		①　アパートC
		ⅰ．本体部分
		ⅱ．資本的支出部分
		ⅲ．ⅰ．＋ⅱ．＝　ハ　　円
		②　アパートD
		(3)　資産損失
		(4)　貸倒損失
		ニ
		3．所得の金額　　1．－2．－　　　円　＝　　　円

事　業　所　得	円

1．総収入金額　｜　　　　　　　円｜

　(1)　当年商品売上高

　　　ホ

　(2)　雑収入

　(3)　貸倒引当金戻入

2．必要経費　　｜　　　　　円｜

　(1)　売上原価

　　　ヘ

　(2)　営業費

　(3)　資産損失額（店舗）

　　　ト

　(4)　修繕費

　(5)　減価償却費　｜　　　　　円｜

　　①　店舗

　　　イ．損壊等部分

　　　ロ．その他部分

　　　ハ．資本的支出部分

　　　ニ．　イ．＋ロ．＋ハ．＝ ｜　　　円｜

　　②　機械装置

　　　チ

③　車両運搬具

リ

(6)　青色事業専従者給与

(7)　貸倒引当金繰入額 [　　　　　円]

①　個別評価貸金等

ヌ

②　一括評価貸金

イ．一括評価貸金の額

ロ．実質的に債権とみられないものの額

ハ．（イ．－ロ．）×5.5％＝ [ル 　　　円]

3．所得の金額　　1．－2．－ [　　　　円] ＝ [　　　　円]

譲　渡　所　得 (総合(　)期)	ヲ 　　円	1．総合

(1)　譲渡損益

①　絵画（総合(　)期）

②　ゴルフ会員権（総合(　)期）

(2)　内部通算

（分離長期）	円	2．土地建物等

(1)　土地（分離長期）

判定

①　譲渡価額

②　取得費・譲渡費用

		③ ①−②＝ ［ワ］ 円
		(2) 別荘（分離長期）
		カ
		(3) 別荘の敷地（分離長期）
		(4) (1) ＋ (2) ＋ (3) ＝ 円
（上場株式等）	［ヨ］ 円	3．上場株式等
配 当 所 得	円	1．収入金額 円
		(1) 特定株式投資信託の収益の分配
		(2) 上場株式の配当
		2．負債の利子
		3．1．＋ 2．＝ 円
一 時 所 得	［タ］ 円	1．総収入金額
		2．支出した金額
		3．所得の金額
		1．− 2．− 円 ＝ 円

Ⅱ. 課税標準額の計算

総 所 得 金 額	円	1. 損益通算
長 期 譲 渡 所 得 の　　金　　額	円	
上場株式等に係る譲渡所得等の　　金　　額	円	2. 総所得金額
課 税 標 準 の 合　　計　　額	円	

Ⅲ. 所得控除額の計算

社会保険料控除		円	
生命保険料控除	レ	円	1. 一般
			(1)　旧一般分
			(2)　新一般分
			(3)
			2. 介護医療
			3. 1. + 2. = 　　　円
寄 附 金 控 除		円	
障 害 者 控 除	ソ	円	
配 偶 者 控 除		円	
扶 養 控 除	ツ	円	
基 礎 控 除		円	
合　　　　　計		円	

IV．課税所得金額の計算

(1) 課税総所得金額	円		(円 未満切捨)
(2) 課税長期譲渡所得金額	円		(円 未満切捨)
(3) 上場株式等に係る課税譲渡所得等の金額	円		(円 未満切捨)

V．納付税額の計算

IV．の (1) に対する税額	円	
IV．の (2) に対する税額	円	
IV．の (3) に対する税額	円	
算 出 税 額 計	円	
配 当 控 除 額	ネ　円	
差引所得税額 (基準所得税額)	円	
復興特別所得税額	円	
合 計 税 額	円	
源 泉 徴 収 税 額	円	
申 告 納 税 額	円	(円 未満切捨)

主催　公益社団法人　全国経理教育協会　　後援　文部科学省

第109回所得税法能力検定試験　解答用紙

1 級

試験会場　＿＿＿＿＿＿＿＿＿＿

受験番号　＿＿＿＿＿＿＿＿＿＿

採　点　＿＿＿＿＿＿＿＿＿＿

第1問（20点）

イ		ロ	
ハ		ニ	
ホ		ヘ	
ト			
チ			
リ		ヌ	

第2問（15点）

1	2	3	4	5

第3問（15点）

〔設問1〕退職所得の金額

退職所得の金額	1　短期退職手当等
＿＿＿＿＿＿＿＿＿円	（1）収入金額
	（2）退職所得控除額
	（3）短期退職所得の金額
	2　一般退職手当等
	（1）収入金額
	（2）退職所得控除額
	（3）一般退職所得の金額
	3　1＋2＝

〔設問2〕

A株式会社源泉徴収税額

源泉徴収税額	
＿＿＿＿＿＿＿＿＿円	

B株式会社源泉徴収税額

源泉徴収税額	
＿＿＿＿＿＿＿＿＿円	

第4問（10点）

公益社団法人等 寄附金特別控除額 _____円	
認定ＮＰＯ法人等 寄附金特別控除額 _____円	
政党等寄附金特別控除額 _____円	

第5問（40点）

イ		円	ロ		円
ハ		円	ニ		円
ホ		円	ヘ		円
ト		円	チ		円
リ		円	ヌ		円
ル		円	ヲ		円
ワ		円	カ		円
ヨ		円	タ		円
レ		円	ソ		円
ツ		円	ネ		円

第3節　所得税法2級の傾向と対策

　所得税法2級の問題は，第1問で空所補充問題が10問（各2点・合計20点），第2問で個別問題（20点），第3問で所得分類を行った上で所得控除を計算し，確定申告において納付すべき税額を算定させる総合問題（60点）の3問によって構成されています。

(1) 第1問の分析

　第1問では所得税法分野における重要語句を選択肢から解答させる問題であり，1つの解答に3〜4つの選択肢が用意されています。過去に出題された問題が繰り返し出題されますので，対策としては本書の第1編第18章の練習問題を何度も解いておきましょう。

(2) 第2問の分析

　第2問は個別問題が出題されます。その出題のパターンは，もともと第4問の総合問題の一部を構成する項目ですが，内容を詳しく複雑にして個別問題化しています。そのような中で総合問題第3問において出題されない給与・退職所得が頻繁に出題されているので，本書第1編第7・8章で対策しておきましょう。なお，第88，93，97，102，107回の出題形式である総所得金額の問題とは損益通算を経て課税標準を計算する問題であり，本書第1編第13章で確認しておきましょう。

図表19-3　所得税法2級第2問の出題傾向

第2問	第88回	第89回	第90回	第91回	第92回	第93回	第94回
	総所得金額	譲渡所得	退職所得	不動産所得	給与所得	総所得金額	退職所得
	第95回	第96回	第97回	第98回	第99回	第100回	第101回
	譲渡所得	不動産所得	総所得金額	給与所得	退職所得	譲渡所得	不動産所得
	第102回	第103回	第104回	第105回	第106回	第107回	第108回
	総所得金額	給与所得	退職所得	譲渡所得	実施せず	総所得金額	給与所得

(3) 第3問の分析

　最後の第3問は，所得分類を行った上で所得控除を計算し，確定申告において納付すべき税額を算定させる総合問題です。出題の形式は毎回一定しており，不動産所得で駐車場か広告用看板の収入による計算をさせ，事業所得では低額譲渡と家事消費，貸倒引当金（貸引）の計算をさせます。山林所得は2回に1回以上の出題率ですが，1級で概算経費の計算をさせるものの，2級では出題されません。譲渡所得も分短・総短・分長・総長のすべてを答えさせることはなく，そのうち2つ出題されれば多い方です。一時所得は生命保険の満期収入か遺失物拾得報労金が出題されています。雑所得のバリエーションも少なく，非営業貸金と個人年金，原稿料収入，還付加算金が出題されるだけです。所得控除は医療費・生保・地震保険・扶養が必ず出題されます。なお2級では，1級で出題されていた雑損控除は，今のところ出題がありません。

図表19－4　所得税法2級第3問の出題傾向

| 実施回 | 各所得の計算 | | | | | | 所得控除 | | |
	不動産	事　業	山林	譲　渡	一　時	雑	寄附金	障害者	配偶者
88	家賃収入	家事消費	○	総短・総長	生命保険の満期収入	非営業貸金利子	○	○	○
89	駐車場収入	家事消費・陳腐化商品	○	分長	生命保険の満期収入	非営業貸金利子・個人年金収入	○		○
90	広告用看板	家事消費		分長・総長	生命保険の満期収入	非営業貸金利子・個人年金収入	○	○	○
91	家賃収入	家事消費・棚ざらし品	○	分長	生命保険の満期収入	原稿料収入	○	○	青
92	家賃収入	低額譲渡・家事消費	○	分長	生命保険の満期収入	非営業貸金利子	○	○	青
93	駐車場収入	低額譲渡・家事消費		分長・総長	遺失物拾得報労金	原稿料収入	○	○	青
94	広告用看板	低額譲渡・家事消費	○	分長	生命保険の満期収入	非営業貸金利子・個人年金収入	○	○	青
95	家賃収入	低額譲渡・家事消費	○	分長	遺失物拾得報労金	原稿料収入・非営業貸金利子	○	○	青
96	家賃収入	低額譲渡・家事消費		分長・総長	生命保険の満期収入	非営業貸金利子	○	○	青
97	駐車場収入	低額譲渡・家事消費	○	分長	遺失物拾得報労金	原稿料収入	○	○	青
98	家賃収入	低額譲渡・家事消費	○	分長	生命保険の満期収入	非営業貸金利子	○	○	青
99	広告用看板	低額譲渡・家事消費		総短・分長	遺失物拾得報労金	原稿料収入・非営業貸金利子	○	○	青
100	広告用看板	低額譲渡・家事消費・貸引	○	分長	遺失物拾得報労金	原稿料収入	○	○	超
101	家賃収入	低額譲渡・家事消費・貸引		分長・総長	生命保険の満期収入	非営業貸金利子	○	○	青
102	駐車場収入	低額譲渡・家事消費・貸引		分長・総長	遺失物拾得報労金	原稿料収入	○	○	青
103	広告用看板	低額譲渡・家事消費・貸引	○	分長	生命保険の満期収入	非営業貸金利子・年金	○	○	超
104	家賃収入	低額譲渡・家事消費・貸引		分長・総長	生命保険の満期収入	非営業貸金利子	○	○	青
105	家賃収入	低額譲渡・家事消費・貸引		分長・総長	生命保険の満期収入	非営業貸金利子	○	○	青
106	実施せず								
107	駐車場収入	低額譲渡・家事消費・貸引		分長・総長	生命保険の満期収入	原稿料収入	○	○	青
108	広告用看板	低額譲渡・家事消費・貸引		分長・総長	生命保険の満期収入	非営業貸金利子・個人年金収入・還付加算金	○	○	超
109	実施せず								

第4節　第108回　所得税法2級　過去問題

第1問　次の文章の空欄に下記語群のうちから適切なものを選び，その記号を解答欄に記入しなさい。(20点)

1．青色申告書を提出することにつき税務署長の承認を受けている居住者と　a　を一にする配偶者その他の親族（年齢15歳未満である者を除く。）で，その居住者の営む　b　に専ら従事するものを青色事業専従者という。

2．経常所得の金額とは，利子所得の金額，　c　の金額，不動産所得の金額，事業所得の金額，給与所得の金額及び　d　の金額をいう。

3．　e　とは，事業所得を生ずべき事業に係る　f　，製品，半製品，仕掛品，原材料その他の資産（有価証券及び山林を除く。）で棚卸しをすべきものとして特定のものをいう。

4．学生等で，給与所得等を有するもののうち，合計所得金額が　g　以下であり，かつ，合計所得金額のうち給与所得等以外の所得に係る部分の金額が10万円以下であるものを　h　という。

5．青色申告の承認を受けようとする居住者は，その年　i　まで（その年1月16日以後新たに業務を開始した場合には，その業務を開始した日から2月以内）に青色申告の承認申請書を納税地の　j　に提出しなければならない。

語群	ア．3月15日	イ．3月31日	ウ．12月31日	エ．所轄税関長	オ．商品
	カ．備品	キ．部品	ク．勤労学生	ケ．大学生	コ．就学生
	サ．配当所得	シ．退職所得	ス．山林所得	セ．一時所得	ソ．雑所得
	タ．譲渡所得	チ．48万円	ツ．300万円	テ．75万円	ト．500万円
	ナ．家業	ニ．業務	ヌ．事業	ネ．事務	ノ．27万円
	ハ．38万円	ヒ．65万円	フ．103万円	ヘ．棚卸資産	ホ．固定資産
	マ．繰延資産	ミ．生計	ム．生活	メ．所轄国税局長	モ．所轄税務署長

第２問　次の資料に基づき，Ｓ株式会社に勤務する居住者甲の令和３年分の給与・賞与等の所得税法上の取扱いについて解答するとともに，給与所得の金額を解答欄にしたがって計算しなさい。（20点）

　　なお，資料アからコまでの取扱いについては，所得税法上非課税となるものには×印を，給与所得として課税されるものには○印を，給与所得以外の所得として課税されるものには△印を解答欄に記入しなさい。

〔資料１〕甲が本年中にＳ株式会社から支給を受けた給与・賞与等の明細は次のとおりである。

　　　　　なお，源泉徴収されるべきものは，徴収前の金額である。

記号	収入の種類	収入金額	備　　考
ア	基　本　給	4,993,200円	
イ	賞　　　与	1,052,800円	
ウ	通　勤　手　当	168,000円	これは給与規程に基づいて計算されており，１か月当たり14,000円の実費相当額の支給を受けたものである。
エ	超　過　勤　務　手　当	376,000円	これは給与規程に基づいて計算された超過勤務に対するものである。
オ	家　族　手　当	324,000円	これは給与規程に基づいて計算されており，扶養者１人当たり月9,000円の支給を受けたものである。
カ	住　宅　手　当	240,000円	これは給与規程に基づいて計算されたものである。
キ	出　張　手　当	255,000円	これは給与規程に基づいて計算されたものであり，通常必要と認められる金額である。
ク	休　日　手　当	70,000円	これは給与規程に基づいて計算されたものである。
ケ	勤　務　先　預　金　の　利　子	3,720円	これは勤務先預金として給料の一部を預入れていることにより受取った利子である。
コ	制　服　の　現　物　支　給	18,200円	この制服は甲の職務上着用することとされているものであり，適正額である。

〔資料２〕甲が本年中に支出した特定支出の額の合計額は1,250,000円である。

〔資料３〕給与所得控除額の計算式

給与所得の収入金額	計　算　式
1,800,000円以下	収入金額×40％－100,000円 （550,000円未満の場合は550,000円）
1,800,000円超　3,600,000円以下	収入金額×30％＋80,000円
3,600,000円超　6,600,000円以下	収入金額×20％＋440,000円
6,600,000円超　8,500,000円以下	収入金額×10％＋1,100,000円
8,500,000円超	1,950,000円

第3問　次の資料に基づき，物品販売業を営む居住者乙（年齢58歳）の令和3年（以下「本年」という。）分の申告納税額を乙に最も有利になるようその計算の過程を明らかにして計算し，解答欄に記入しなさい。

　　　なお，解答に当たっては，消費税等について考慮する必要はない。（60点）

〔資料1〕物品販売業に係る損益計算書

損 益 計 算 書
自令和3年1月1日　至令和3年12月31日　　　　　　（単位：円）

科　　目	金　額	科　　目	金　額
年初商品棚卸高	3,886,000	当年商品売上高	63,330,000
当年商品仕入高	40,203,000	年末商品棚卸高	4,159,000
営　業　費	9,476,500	雑　収　入	6,058,486
青色事業専従者給与	2,400,000	貸倒引当金戻入	160,900
当　年　利　益	17,742,886		
	73,708,386		73,708,386

（付記事項）

1．乙は，開業した平成20年分以後引き続き青色申告書の提出の承認を受けているが，棚卸資産の評価方法及び減価償却資産の償却方法については何らの届出も行っていない。

2．乙は，所定の帳簿書類を備え付け，すべての取引を正規の簿記の原則にしたがって記録し，確定申告書等の提出を電子情報処理組織（イータックス）を使用する方法により行っている。

3．当年商品売上高には，乙の友人に対する売上高80,000円が含まれているが，この商品の仕入価額は75,000円，通常の販売価額は120,000円である。

　　なお，乙が本年家事のために消費した商品（仕入価額112,000円，通常の販売価額155,000円）については，何らの処理もなされていない。

4．年末商品棚卸高は，先入先出法により評価したものであるが，総平均法による評価額は3,082,600円，最終仕入原価法による評価額は3,171,800円である。

5．雑収入の内訳は，次のとおりである。

　⑴　仕入空箱の売却収入　　　　　　　　　　　　　　　　　　　　　　　　　　　　　120,800円

　⑵　貸付金の利子収入

　　①　友人に対する貸付金の利子　　　　　　　　　　　　　　45,900円

　　　　この貸付金は，乙の営む事業と関係ないものである。

　　②　得意先に対する貸付金の利子　　　　　　　　　　　　　84,800円

　　　　この貸付金は，乙の営む事業の遂行上必要なものである。

　⑶　生命保険契約に基づく個人年金収入　　　　　　　　　　　　　　　　　　　　　　447,000円

　　　この個人年金収入に係る本年分の必要経費適正額は293,000円である。

⑷　生命保険契約に基づく満期保険金収入　　　　　　　　　　　　　　　　　3,198,400円

　　　この生命保険契約の保険期間は20年，保険金収入のうち45,400円は生命保険契約に基づく剰余金の分配で，保険金額と同時に受け取ったものである。

　　　なお，支払った保険料の総額は2,698,000円であり，乙が全額負担している。

⑸　広告宣伝用看板の設置による使用料収入　　　　　　　　　　　　　　　　903,200円

　　　この使用料は，乙所有の店舗用建物の壁面に広告宣伝用の看板を設置させたことによるものである。

⑹　令和2年分所得税の還付金　　　　　　　　　　　　　　　　　　　　　　93,100円

　　　この金額には還付加算金100円が含まれている。

⑺　取引先であるA社の株式（上場株式等でない。）の剰余金の配当　　　　　135,286円

　　　この金額は，源泉徴収税額34,714円（復興特別所得税を含む。）控除後の手取額である。

⑻　宝くじの当選金　　　　　　　　　　　　　　　　　　　　　　　　　　1,030,000円

　　　この宝くじの購入費は300円である。

6．貸倒引当金戻入は，令和2年度において必要経費に算入した金額であり，令和3年度において全額を戻し入れるものである。

7．営業費には，次のものが含まれている。

⑴　付記事項5．⑸の広告宣伝用看板に係る経費　　　　　　　　　　　　　183,000円

⑵　付記事項5．⑺のA社株式取得のための借入金の利子　　　　　　　　　16,200円

⑶　貸倒損失　　　　　　　　　　　　　　　　　　　　　　　　　　　　58,000円

　　　これは，得意先であるB社が倒産したため同社に対する売掛金の全額について計上したもので，所得税法上の適正額と認められる。

⑷　乙が商品配送中に犯した交通違反に係る交通反則金　　　　　　　　　　17,000円

⑸　損害賠償金　　　　　　　　　　　　　　　　　　　　　　　　　　　90,000円

　　　この損害賠償金は，従業員が商品配送中に起こした事故の被害者に対するもので，乙がすべて負担している。

　　　なお，この事故について乙に故意又は重大な過失があるとは認められない。

⑹　事業に関連しない親類・友人に対する中元・歳暮費用　　　　　　　　　130,000円

⑺　家事関連費用　　　　　　　　　　　　　　　　　　　　　　　　　　1,879,000円

　　　このうち30%は取引の記録等に基づいて，業務の遂行上直接必要であったことが明らかである。

8．減価償却費の計算は，本年3月16日に取得し同日より事業の用に供している次の店舗用建物に係るものを除き，適正額が営業費に含まれている。

　　・店舗用建物の取得価額　　22,800,000円

　　・耐用年数39年（償却率　定額法…0.026　　200%定率法…0.051）

9．青色事業専従者給与は，乙の営む事業にもっぱら従事している長男に対するものであり，この金額は乙が税務署長に提出した「青色事業専従者給与に関する届出書」に記載した金額の範囲内，かつ，労務の対価として相当な金額である。

10．一括評価による貸倒引当金の設定の対象となる年末貸金の額は3,128,000円である。

〔資料2〕乙は，本年中に次の骨とう品と土地を譲渡している。

資　産	譲渡日	取得日	譲渡価額	取得費	譲渡費用
骨とう品	本年3月10日	平成23年4月18日	1,900,000円	1,200,000円	110,000円
土　地	本年9月23日	平成27年11月25日	30,000,000円	27,300,000円	1,036,800円

〔資料3〕乙が本年中に家計費から支出した費用

 1．乙及び乙と生計を一にする親族が本年中に受けた診療に係る医療費　　　　　　　233,000円

  このほかに，本年中に受けた診療に係るもの12,000円が本年末日現在未払いとなっている。

 2．乙が負担すべき国民健康保険料，国民年金保険料及び介護保険料　　　　　　　1,044,000円

  この金額には，長女に係る令和2年分の国民年金保険料132,000円が含まれている。

 3．日本赤十字社に対する寄附金（特定寄附金に該当する。）　　　　　　　　　　80,000円

 4．新契約に係る生命保険料

  ⑴　一般の生命保険料　　　　　　　　　　　180,000円

  ⑵　介護医療保険料　　　　　　　　　　　　32,000円

  ⑶　個人年金保険料　　　　　　　　　　　　69,000円

 5．乙の住宅に係る地震保険料　　　　　　　　　　　　　　　　　　　　　　　54,000円

〔資料4〕本年末日現在乙と生計を一にし，かつ，同居している親族は次のとおりである。

 1．　妻　　（54歳）　　専業主婦

 2．　長　男　（28歳）　　青色事業専従者

 3．　長　女　（22歳）　　大学生，所得なし

 4．　乙の父　（88歳）　　所得なし，特別障害者以外の障害者，老齢基礎年金の受給があるが，公的年金
          等控除額以下の金額である。

※配偶者控除額並びに税額速算表はそれぞれテキスト111頁並びに119頁を参照しなさい。

主催　公益社団法人　全国経理教育協会　　後援　文部科学省

第108回所得税法能力検定試験　解答用紙

試験会場　　　　　　　　　　　
受験番号　　　　　　　　　　　
採　　点　　　　　　　　　　　

2 級

第1問（20点）

a	b	c	d	e	f	g	h	i	j

第2問（20点）

1.

ア	イ	ウ	エ	オ	カ	キ	ク	ケ	コ

2．給与所得の金額の計算
　(1)　収入金額

　　　　[　　　　　円] + [　　　　　円] + [　　　　　円] + [　　　　　円] + [　　　　　円]

　　　+ [　　　　　円] = [　　　　　円]

　(2)　給与所得控除額

　　　　[　　　　　円] × [　　　%] + [　　　　　円] = [　　　　　円]

　(3)　特定支出控除額

　　　∴ [　　　　　円] − [　　　　　円] = [　　　　　円]

　(4)　給与所得の金額

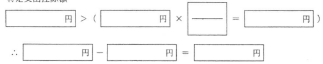

第3問　⬚内には数字を，（　　）内には文字を記入しなさい。（**60点**）

Ⅰ．各種所得の金額の計算

区　　分	金　　額	計　　　算　　　過　　　程
（　　　　）所得	⬚ 円	1．収入金額　⬚ 円 ＋ ⬚ 円 ＝ ⬚ 円 2．負債の利子　⬚ 円 3．（　　　）所得の金額　1．－ 2．＝ ⬚ 円
不 動 産 所 得	⬚ 円	1．総収入金額　⬚ 円 2．必 要 経 費　⬚ 円 3．不動産所得の金額　1．－ 2．－ ⬚ 円 ＝ ⬚ 円
事 業 所 得	⬚ 円	1．総収入金額 (1)　商品売上高 　　　　　　　　　　（注1）　　　　　　（注2） 　⬚ 円 ＋ ⬚ 円 ＋ ⬚ 円 ＝ ⬚ 円 　(注1) 低額譲渡高修正額の計算 　　⬚ 円 $\geqq$／$<$ （ ⬚ 円 × 0.⬚ ＝ ⬚ 円） 　　　　　（いずれかを○で囲む） 　　∴ ⬚ 円 － ⬚ 円 ＝ ⬚ 円 　(注2) 家事消費高の計算 　　⬚ 円 $>$／$<$ （ ⬚ 円 × 0.⬚ ＝ ⬚ 円） 　　　　　（いずれかを○で囲む） 　　∴ ⬚ 円 (2)　雑 収 入 　⬚ 円 ＋ ⬚ 円 ＝ ⬚ 円 (3)　貸倒引当金戻入　⬚ 円 (4)　総収入金額合計　(1) ＋ (2) ＋ (3) ＝ ⬚ 円 2．必 要 経 費 (1)　売上原価 　⬚ 円 ＋ ⬚ 円 － ⬚ 円 ＝ ⬚ 円 (2)　営 業 費 　⬚ 円 － ⬚ 円 － ⬚ 円 　－ ⬚ 円 － ⬚ 円 － ⬚ 円 × （ ⬚ %） 　＝ ⬚ 円

<table>
<tr><td></td><td></td><td>

(3)　減価償却費

　　　　　[　　　　　　　円] × [0.　] × [――――] = [　　　　　　　円]

(4)　青色事業専従者給与　[　　　　　　　円]

(5)　貸倒引当金繰入

　　　　　[　　　　　　　円] × [――――] = [　　　　　　　円]

(6)　必要経費合計　　(1) + (2) + (3) + (4) + (5) = [　　　　　　　円]

３．事業所得の金額　　１．－２．= [　　　　　　　円]
</td></tr>
</table>

譲　渡　所　得 分離（　　）期	[　　　円]	[　　　円] －（[　　　円] + [　　　円]） = [　　　円]
総合（　　）期	[　　　円]	[　　　円] －（[　　　円] + [　　　円]） － [　　　円] = [　　　円]
一　時　所　得	[　　　円]	[　　　円] － [　　　円] － [　　　円] = [　　　円]
雑　　所　　得	[　　　円]	１．総収入金額 [　　　円] + [　　　円] + [　　　円] = [　　　円] ２．必要経費　　[　　　円] ３．雑所得の金額　　１．－２．= [　　　円]

Ⅱ．課税標準額の計算

区　　　分	金　　額	計　　算　　過　　程
総所得金額	[　　　円]	[　　　円] + [　　　円] + [　　　円] + [　　　円] + （[　　　円] + [　　　円]） × [――――] = [　　　円]
長期譲渡所得の金額	[　　　円]	
合　　　　計	[　　　円]	

Ⅲ．所得控除額の計算

区　　分	金　　額	計　　算　　過　　程
医療費控除	円	［　　　円］ － ｛ ［　　　円］ × ［　％］ ＝ ［　　　円］ ① ／ ［　　　円］ ② ｝ ①，②のうちいずれか少ない方の金額 ＝ ［　　　円］
社会保険料控除	円	
生命保険料控除	円	1．一般生命保険料控除額 ［　　　円］ ＞ ［　　　円］ ∴ ［　　　円］ 2．介護医療保険料控除額 ［　　　円］ × $\dfrac{1}{［　　］}$ ＋ ［　　　円］ ＝ ［　　　円］ 3．個人年金保険料控除額 ［　　　円］ × $\dfrac{1}{［　　］}$ ＋ ［　　　円］ ＝ ［　　　円］ 4．合　　計　　　1．＋2．＋3．＝ ［　　　円］
地震保険料控除	円	［　　　円］ ＞ ［　　　円］ ∴ ［　　　円］
寄附金控除	円	｛ ［　　　円］ ① ／ ［　　　円］ × ［　％］ ＝ ［　　　円］ ② ｝ － ［　　　円］ ①，②のうちいずれか少ない方の金額 ＝ ［　　　円］
障害者控除	円	
配偶者控除	円	［　　　円］ ＞ 10,000,000円　　∴ 適用（　あり　・　なし　） 　　　　　　　　　　　　　　　　　（いずれかを○で囲む）
扶養控除	円	［　　　円］ ＋ ［　　　円］ ＝ ［　　　円］
基礎控除	円	［　　　円］ ≦ 24,000,000円　　∴ 適用（　あり　・　なし　） 　　　　　　　　　　　　　　　　　（いずれかを○で囲む）
合　　計	円	

Ⅳ．課税所得金額の計算

区　分	金　額	計　算　過　程
課税総所得金額	円	円 － 円 ＝ 円 （1,000円未満切捨）
課税長期譲渡所得金額	円	（1,000円未満切捨）

Ⅴ．納付税額の計算

区　分	金　額	計　算　過　程
課税総所得金額に対する税額	円	円 × ％ － 円 ＝ 円
課税長期譲渡所得金額に対する税額	円	円 × ％ ＝ 円
算出税額計	① 円	
配当控除	② 円	円 × ％ ＝ 円
差引所得税額（基準所得税額）	③ 円	① 円 － ② 円 ＝ 円
復興特別所得税額	④ 円	③ 円 × 2.1％ ＝ 円
合計税額	⑤ 円	③ 円 ＋ ④ 円 ＝ 円
源泉徴収税額	⑥ 円	
申告納税額	⑦ 円	⑤ 円 － ⑥ 円 ＝ 円 （100円未満切捨）

第 2 編

相続税法

第1章　相続税の沿革と特徴

第1節　相続税の沿革と特徴

　わが国の相続税は，相続税法（昭和25年3月31日法律第73号）に基づき課せられ，相続によって取得した財産の価額を，相続人が自ら評価し申告する「申告納税制度」を採用しています。この相続税法は，相続税と贈与税の2つの税について規定し「一税法二税目」という，他の租税法にはみられない特色を持っています。

　日清[1]・日露[2]と相次ぐ戦争の戦費調達の一環として創設されたといわれる1905（明治38）年4月の相続税法は，死亡した人の財産額を課税標準とする「遺産課税方式」でした。第二次世界大戦後の諸民主化政策の1つとしてのシャウプ勧告[3]に基づいて，1950（昭和25）年以降は，各相続人が取得した財産額を課税標準とする「遺産取得課税方式」になりました。その後，1958（昭和33）年の相続税法の改正により，遺産取得課税方式を原則としつつ，課税の公平等の視点から民法の法定相続分割の考え方を導入した併用方式によって現在に至っています。この現行制度を「法定相続分課税方式」といいます。

　併用方式とした理由は，遺産取得課税方式のみでは，遺産分割の結果次第で相続税の負担が異なることになり，仮装分割による租税回避の弊害が多発したことにあります。さらに，農地や農業用財産，中小同族会社の株式や事業用財産のように，事業の維持のため分割が難しい遺産の場合に相続税の負担が重くなるなど課税の不均等を生じ，その結果，農業や事業の零細化が進行するなど，当時のわが国の実情に合わない諸問題に対応するための方式であったといわれています。

　前者の「遺産課税方式」とは，死亡した人の遺産は，社会がその人に財産の管理と運用を託することにより築いた富であるから，死亡を機に社会に富を還元すべきという考え方により遺産に相続税を課する方式です。後者の「遺産取得課税方式」とは，機会均等の理念に立てば，遺産取得は偶然であり不当な社会的格差を生ずる。したがって，遺産取得者に対して，社会に富を再分配すべきであるという考え方により相続税を課すという方式です。両者に共通するのは，近代市民法における法原理の最大の特徴である「私有財産（財産権）の絶対性」という思考の歴史的変遷の中で確立された「富の再分配」という思想であるといえます。

　このように，相続税法の根本的思考方式が，政治的・経済的な体制の変動による産物であるということは，非常に興味深いところです。

　1988（昭和63）年の相続税法改正は，1975（昭和50）年以来13年ぶりの改正でした。その後，1992（平成4）年，1994（平成6）年に一部改正され，「相続時精算課税制度創設」に代表される2003（平成15）年の改正と累次にわたり，相続税の負担の軽減を図るため基礎控除の引き上げと

ともに，最高税率の引き下げによる税率構造の緩和が行われてきました。

　2008（平成20）年における自由民主党政権時の税制改正要綱（平成20年1月11日閣議決定）によりますと，相続税の課税方式を，現行の「法定相続分課税方式」から「遺産取得課税方式」に改めることを検討するとの発表がされましたが，景気対策優先との理由で見送られました。また，後述しますが，平成20年10月1日に中小企業向けに現在に至る事業承継税制として「中小企業における経営の承継の円滑化に関する法律」（経営承継円滑化法）が創設されました。2009（平成21）年8月の衆議院選挙により政権交代した民主党は，そのマニフェスト（政権公約）において「相続税については，『富の一部を社会に還元する』考え方に立つ『遺産課税方式』への転換を検討します」と主張していました（2009年7月23日発行『民主党政策集INDEX 2009』）。

　2010（平成22）年7月の参議院選挙における民主党の敗北により「衆参ねじれ国会」となり，同年12月の「平成23年度税制改正大綱」や多くの法案審議に影響を与えました。さらに，2011（平成23）年3月11日の東日本大震災による影響もあり，相続税等の税制改正論議は大混乱の状況となりました。

　　元来，租税法は法律であり，これを扱う税理士が法律家であるべきことは当然のことなのですが，私も含めて多くの税理士にとっては首を傾けざるをえないことも事実でした。2002（平成14）年4月に改正税理士法が施行され，税務訴訟において税理士が補佐人となる制度として「出廷陳述権」が創設されました。税理士にとっては画期的な法改正ですが，この出廷陳述権を行使するには，その大前提として法律知識を充分に修得した「法律家Legal Profession又はTax Lawyerとしての税理士」が，今まで以上に不可欠であることに注目しなければなりません。

　「Legal Professionとしての税理士」は，実務対応能力として税務会計の知識を持つとともに，法律家としての理論を，そしてできるなら学問としての租税法理論を修得すべきではないでしょうか。さらに，「Legal Professionとしての税理士」にとって求められる重要な課題は，現実の社会における税理士の対象とする諸現象を学問的・科学的に分析すること，すなわち現状分析であると思います。そして，その現状分析のための第一歩としては，税理士の業務の対象とする社会諸現象（つまり税務会計および租税法諸分野）の歴史的考察が必要不可欠のものとなります。なぜなら，現代社会の諸現象を解明するには，なによりもまず，その歴史的位置づけをしなければならないからです。

　　　　　　　　「ある学問の歴史はその学問そのものである」
　　　　"Die Geschichte einer Wissenschaft ist Wissenschaft selbst"
　というゲーテの言葉は真実を語っています。

　さらには法史学者，故仁井田陞博士※は「現代は，過去や未来から切り離されたものではなく，はじめから歴史的過程の中に組み入れられている。又，歴史は現在的視点から常に反省され，またそれによって絶えず支えられていなければならない。」と指摘されています。この両者の指摘は重要な示唆を含むものであり，租税法を学び研究する者，とりわけLegal Professionとしての税理士にとって大事なことです。それは歴史的分析と現状分析とが密接な関係にあり，歴史の考察が現状分析にとって不可欠であると同時に，現状分析がまた税理士の対象とする租税法諸現象の今後のあるべき未来を考えるのに不可欠のものであることを明確に示しているからなのです。したがって，Legal Professionとしての税理士を目指すためには，まず現代において直面する課題を，その歴史的考察より行い，次に現状分析をし，未来へのアプローチへの第一歩を始めることが重要であるといえましょう。

※1904年1月1日生れ，1966年2月22日死去。仙台出身の法制史学者。『中国の法と社会と歴史』（岩波書店，1967年）ほか。

　結局，政治的混乱のなか平成23年6月8日に，民主党・自民党・公明党による「三党合意」がなされたものの，大部分の改正項目が見送られることになりました。平成23年度の相続税等の改正は，「格差是正」と「富の再分配機能・財源調達機能の回復」の観点から基礎控除の引き下げ，最高税率の引き上げ等，半世紀ぶりの課税強化の方向性を目指す大改革ともいえるものであり，現在に至る平成25年度税制改正に多大な影響を与えました。

　近時における世界の趨勢として，国家の私有財産への介入は最小限であるべきとの考えや，事業承継の妨げとなり経済が停滞する等の理由から，相続税を見直す傾向にあることにも注目しなければなりません。スイス・スウェーデン・イタリア・オーストラリア・ニュージーランド・カナダ・ロシア・中国・マレーシア・タイ・シンガポール・インド等の各国は，すでに相続税を廃止していますし，イギリス・フランス・ドイツにおいては相続税廃止が俎上に載っています。

　東西冷戦の解消，ロシア・中国の台頭，中東・ウクライナ情勢の混乱，世界的エネルギー問題，平成23年「東日本大震災」・平成28年「熊本地震」・平成30年「7月豪雨」等の大災害，原子力発電所事故問題，平成24年度衆議院選挙における自民党の政権与党復帰，野党民主党の分裂，アメリカトランプ政権による米朝接近・貿易摩擦等からのバイデン政権へのシフト，令和2年からはじまった新型コロナウイルスの世界的流行という，かつてない国内外の政治的・経済的激動の中にあり，相続税法は，今後どのような変遷を遂げていくのでしょうか。

　現時点において私達は，　根本的な考え方が大きく変わる相続税の歴史の転換期に直面しているようです。

第2節　平成25年度税制改正の概要

　平成24年12月の衆議院選挙による自民党の政権与党復帰により「衆参ねじれ国会」が解消することになり，税制改正論議は活性化し平成25年1月29日に「平成25年度税制改正の大綱」が閣議決定されました。その後，自民党・公明党および民主党三党により協議され，2月22日に三党の税調会長間で平成25年度税制改正法案の合意がなされました。それを踏まえ，3月29日に「所得税法等の一部を改正する法律案」（平成25年3月30日公布，平成25年法律第5号）が国会にて可決・成立しました。

　税制改正の適用は，ほとんどのものは平成27年1月1日以後の相続または贈与からとされました。

1．相続税の改正

　平成25年度税制改正大綱によると，相続税改正の基本的な考え方について，次のように述べられています。

　「相続税については，地価が大幅に下落する中においても，バブル期の地価上昇に対応した基礎控除や税率構造の水準が据え置かれてきた結果，課税割合が低下する等，富の再分配機能が低下している。こうした状況を受けて，課税ベースの拡大と税率構造の見直しを行う。」（平成25年1月24日　自民党・公明党　平成25年度税制改正大綱抜粋）

以下，主な改正案を列挙します。

① 基礎控除の引き下げ（相法15）

現行の相続税の基礎控除を40％縮小し，「3,000万円＋600万円×法定相続人数」に引き下げる。

② 税率構造の引き上げ（相法16）

現行の相続税の税率構造6段階を8段階とし，最高税率を50％から55％に引き上げる。

③ 小規模宅地等についての特例の見直しと拡充（措法69の4）

④ 未成年者控除・障害者控除の引き上げ（相法19の3，19の4）

⑤ 事業承継税制の適用要件の緩和（措法70の7の2）

非上場株式等に係る相続税等の納税猶予制度（事業承継税制）の適用要件の緩和や手続きの簡素化を行う。

2．贈与税の改正

平成25年度税制改正大綱によると，贈与税改正の基本的な考え方について次のように述べています。

「また，贈与税の最高税率を相続税に合わせる一方で，高齢者の保有する資産を現役世代により早期に移転させ，その有効活用を通じて『成長と富の創出の好循環』につなげるため，子や孫等が受贈者となる場合の贈与税の税率構造を緩和する等の見直しを行うとともに，相続時精算課税制度について，贈与者の年齢要件を65歳以上から60歳以上に引き下げ，受贈者に孫を加える拡充を行う。」（平成25年度税制改正大綱抜粋）

これは，高齢者からの生前贈与による財産の有効活用の観点から贈与税の改正を行うものです。以下，主な改正点を列挙します。

① 贈与税暦年課税の税率構造の見直し（相法21の7，措法70の2の4新設）

特例贈与財産（その年の1月1日において20歳以上の者が，父母，祖父母，曽祖父母等の直系尊属から贈与を受けた財産）に係る贈与税の税率構造を，現行の6段階を8段階とし緩和する。一方，最高税率は，相続税の最高税率の引き上げに合わせて，50％から55％に引き上げられる。

一般贈与財産（特例財産以外の財産）に係る贈与税の税率構造についても，現行の6段階を8段階とし，相続税の最高税率の引き上げに合わせて50％から55％に引き上げられる。

② 相続時精算課税の見直し（相法21の9，措法70の2の5）

相続時精算課税の適用要件については，現行の贈与者「65歳以上の父母」を「60歳以上の父母または祖父母」に，受贈者は現行の「20歳以上の子である推定相続人」から「20歳以上の子である推定相続人または20歳以上の孫」に拡充する。

③ 教育資金の一括贈与に係る贈与税の非課税措置の創設（措法70の2の2新設）

受贈者（30歳未満の者に限る）の教育資金に充てるためにその直系尊属が金銭等を拠出し，金融機関に信託等をした場合には，信託受益権の価額又は拠出された金銭等の額のうち受贈者1人につき1,500万円までの金額に相当する部分の価額については，平成25年4月1日から平成27年12月31日までの間に拠出されるものに限り，贈与税を課さないこととする。

第3節　平成29年度までの税制改正の概要と変遷

　平成25年度相続税法改正は，平成27年1月1日以後の相続または贈与について適用されましたが，半世紀ぶりの課税強化といえる大改正であり，現在に至るまで多大な影響を与えています[4]。

　平成26年度から平成29年度までの税制改正は，平成25年度の大改正（平成27年から適用）に比べ小規模といえますが，「租税回避行為」ともいえる「行き過ぎた節税行為」に対応するためと，老年者から若年者への財産承継および円滑な事業承継の推進を図る等の改正が行われました。

　以下，平成26年〜29年度における税制改正の概要をみていきます。

1．平成26年度税制改正

　主な改正点として①医療継続に係る医療法人の持分の相続・贈与に納税猶予制度の創設，②相続税の申告期限から3年内の相続財産譲渡の特例の縮小，③居住用財産を譲渡した場合の買換え特例等の延長・改正の3点があります。

2．平成27年度税制改正

　主な改正点として①住宅取得等資金に係る贈与税の非課税措置の延長・拡大，②結婚・子育て資金の一括贈与に係る贈与税の非課税措置の創設，③教育資金の一括贈与に係る贈与税の非課税措置の延長・拡大，④非上場株式に係る贈与税・相続税の納税猶予制度の見直しの4点があります。

3．平成28年度税制改正

　平成28年度については，前回の相続・贈与税の大改正が平成27年から適用されたこともあって，大きな改正は行われませんでした。

　主な改正点として①農地等に係る相続税・贈与税の納税猶予制度の見直し，②直系尊属から結婚・子育て資金の一括贈与に係る非課税措置の拡張・明確化，③贈与税の配偶者控除について確定申告に添付すべき書類の変更の3点があります。

4．平成29年度税制改正

　主な改正点として①平成27年度からの大増税に対する租税回避ともいえる行き過ぎた節税行為を防止するため，一定の海外居住者に対する相続税・贈与税の納税義務の強化，②非上場株式の評価見直しとして類似業種比準方式の見直しおよび評価会社の規模区分の金額等の基準の拡大，③広大地評価の見直し，④相続税の物納財産の順位の見直しと範囲の拡大，⑤医業継続に係る相続税・贈与税の納税猶予等の特例措置の延長，⑥非上場株式等に係る相続税・贈与税の納税猶予制度の見直しの6点があります。

第4節　平成30年税制改正の概要

　本改正では,「デフレ脱却・経済再生」を重要視し,税制面から支える項目が盛り込まれました。

1．特例事業承継税制の創設

　10年間の特例措置として,既存の事業承継税制を抜本的に拡充させた「特例事業承継税制」が創設されました（第7章参照）。

2．一般社団法人等に関する相続税・贈与税の見直し

　個人から一般社団法人・一般財団法人（公益社団法人等を除く）に財産を移すことによる租税回避行為を防止するための見直しがされました。

3．小規模宅地等についての相続税の課税価格の計算の特例の見直し

　本来の法の趣旨に反する「行き過ぎた節税行為」を防ぐため,適用要件等が厳格化されました。

4．その他

　そのほかにも,①農地等に係る相続税・贈与税の納税猶予制度の見直し,②特定の美術品に係る相続税の納税猶予制度の創設（個人が美術品や骨董品等を相続する場合の税負担を軽減するために,文化財保護法の改正を前提に創設）,③土地の相続登記に対する登録免許税の免税措置の創設,④相続税の申告書の添付書類範囲の拡充等がなされています。

第5節　令和4年度までの税制改正の概要と変遷

　時代が平成から令和になりましたが,従来から引き続き,民法改正に伴う諸整備や特例制度の見直しが進められています。

1．平成31（令和元）年度税制改正

　主な改正点として①民法改正（配偶者居住権,特別寄与料の創設,遺留分侵害額請求権への改正,成人年齢の引き下げ）に伴う諸整備,②個人の事業用資産についての納税猶予制度の創設,③小規模宅地等の特例における特定事業用宅地等の要件厳格化,④教育資金,結婚・子育て資金の一括贈与を受けた場合の非課税措置に係る受贈者要件の厳格化,⑤非上場株式等に係る納税猶予制度の手続緩和の5点があります。

2．令和2年度税制改正

　主な改正点として①農地等に係る納税猶予制度の適用対象農地等の整備，②医業継続に係る納税猶予制度等の改正，③相続税の物納の特例の改正，④国等に対して相続財産を贈与した場合等の相続税の非課税措置の改正，⑤贈与税についての更正，決定等の期間制限の特則の改正の5点があります。

3．令和3年度税制改正

　主な改正点として①相続税及び贈与税の納税義務の改正，②住宅取得等資金の贈与を受けた場合の贈与税の非課税措置における床面積要件等の緩和化，③教育資金，結婚・子育て資金の一括贈与を受けた場合の非課税措置についての管理残額課税の厳格化，④事業承継税制にかかる諸改正（第7章参照）の4点があります。

4．令和4年度税制改正

　主な改正点として①直系尊属から住宅取得等資金の贈与を受けた場合の贈与税の非課税措置の2年延長等（第5章第2節1参照），②非上場株式等に係る相続税・贈与税の納税猶予の特例制度につき特例承継計画の提出期限を1年延長（令和6年3月31日まで延長されます），③農地等に係る相続税・贈与税の納税猶予制度，特定の美術品に係る相続税の納税猶予制度につき一定の措置後であっても継続適用の3点があります（「令和4年度税制改正の大綱」）。

■ 注 ■

（1）日清戦争　1894（明治27）年7月〜1895（明治28）年3月，主に朝鮮半島をめぐる日本と清国との戦争。軍人等で約35万人が動員され，戦死・戦病死計約1.4万人。戦費は2億3,340万円で，開戦前年度の国家支出額8,458万円の2.76倍に達しました。

（2）日露戦争　1904（明治37）年2月〜1905（明治38）年9月，朝鮮半島・旧満州南部と日本海を主戦場とした日本とロシア帝国との戦争。史上初の近代総力戦といわれる。約100万人が動員され，戦死・戦病死計約11.6万人。戦費は約20億円で，当時の国家予算約3億円の6倍に達しました。

（3）コロンビア大学　カール・S・シャウプ教授を団長とする日本税制使節団の報告書の通称。ＧＨＱにより1949年来日し，同年と翌1950年の2回にわたる報告書は，直接税中心主義・青色申告の制度化・相続税の見直し等とわが国の戦後税制に多大な影響を与えました。

（4）平成27年の国税庁統計データによると，相続税の対象者割合が平成26年は56,239人（4.4％）から平成27年は103,043人（8％）へと倍増しています。

第2章　相続税法と民法

第1節　相続とは

　「相続」とは，人が死亡した時に始まり，その死亡した人の財産が一定の相続人に受け継がれることをいいます。ここでいう「人」とは，自然人のことを指し，法人（いわゆる会社）は含みません。死亡した人の所有していた財産を受け継ぐことのできる人を「相続人」といい，死亡した人を「被相続人」といいます。また，死亡には，通常の死亡と失踪宣告[1]によって死亡とみなされる場合があります。

第2節　相続税法と民法の基礎知識

　相続税法は，民法[2]（特に第5編相続）を前提とした法体系となっており，その仕組みを理解するには，民法の基礎知識が必要となります。ここで，注意しなければいけないのは，民法上と相続税法上では，法定相続人等について解釈が異なる場合があるということです。例えば，相続税法上の相続人には，養子の数に制限があります。これは，相続人の数を増やして相続税の総額を減らさないため，特別に定めているものです[3]。

　相続人とそれぞれの取り分については，民法886条以下に規定されています（図表2－1，2－2）。それによると，配偶者については常に相続人となりますが，内縁の夫婦は相続人となれません。また，子は配偶者と同順位で相続人となり，子が数人いる時は平等の相続分を有します。

　従来，法律上の婚姻関係のない夫婦より生まれた子は「非嫡出子」（婚外子）と呼ばれ，相続分は子の$\frac{1}{2}$となっていましたが，平成25年9月4日最高裁判所大法廷は憲法違反とする判決を下しました。これを受けて，同年12月5日「民法の一部を改正する法律」が成立し同11日に公布・施行され，非嫡出子と嫡出子の相続分は同等となりました。

　子も孫もいない場合，配偶者と共に，被相続人の父母が相続人となります。

　被相続人の父母もいない場合，さらにその親（祖父，祖母）が相続人となります。子，孫，父母，祖父母もいない場合は，被相続人の兄弟姉妹が相続人となります。ここで，子または兄弟姉妹が，被相続人の死亡の前に，死亡している時は，それぞれ子の子（孫），兄弟姉妹の子（甥子等）が相続人となります。これを代襲相続といいます。民法は，共同相続となる場合の各相続人の相続分（法定相続分）を定めています（民法900）。また，代襲相続人が複数の場合は，被代襲人である子，または兄弟姉妹が受けるべきであった相続分を均等に分けます（民法901）。

図表 2 － 1　法定相続人の順位と範囲

第 1 順位　配偶者と子
第 2 順位　配偶者と父母（祖父母）
第 3 順位　配偶者と兄弟姉妹

相　　続　　人		法　定　相　続　分
子 が い る 場 合	配　偶　者	$\frac{1}{2}$
	子	$\frac{1}{2}$ （複数の場合，均等に分けます）
子 が い な い 場 合	配　偶　者	$\frac{2}{3}$
	父母（祖父母）	$\frac{1}{3}$ （複数の場合，均等に分けます）
子も父母もいない場合	配　偶　者	$\frac{3}{4}$
	兄　弟　姉　妹	$\frac{1}{4}$ （複数の場合，均等に分けます）

図表 2 － 2　親族図表

○親族図表（配偶者，6 親等以内の血族及び 3 親等以内の姻族）

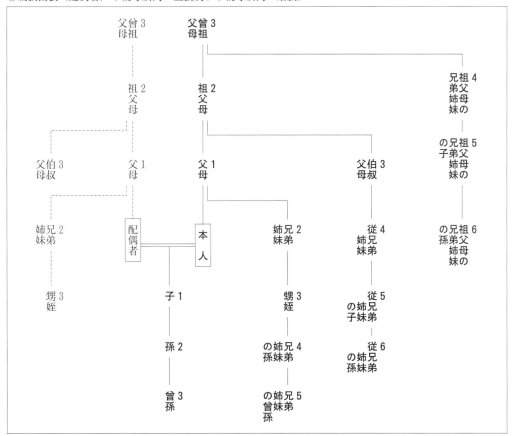

（注）肩書数字は親等を，太字は血族，細字は姻族を示す。

親族の範囲　親族とは，① 6 親等内の血族，②配偶者，③ 3 親等内の姻族をいう。

養親族関係　養子と養親及びその血族との間においては，養子縁組の日から血族間におけると同一の親族関係を生ずる。

第 3 節　平成30年民法改正の概要

　平成30年 6 月13日に，民法の成人年齢を現行の20歳から18歳に引き下げる民法改正が参議院にて可決，成立しました。1876（明治 9 ）年の「太政官布告」[4] で成人年齢は満20歳とされて以来，実に約140年ぶりの大改正です。また，同日に女性の結婚年齢を現在の16歳から18歳に引き上げ，男女結婚年齢が統一されました。

　今回の改正は，2022（令和 4 ）年 4 月 1 日から施行されますが，今後各分野に多大な影響を与えることになります。

　さらに，平成30年 7 月 6 日に民法の相続分野の規定を約40年ぶりに大幅に見直す民法改正が参議院にて可決，成立しました。

　1980（昭和55）年に，配偶者の法定相続分を $\frac{1}{3}$ から現行の $\frac{1}{2}$ に引き上げた以来の相続制度の抜本的改正といえます。

1．配偶者居住権の創設

　急速に進む高齢化社会の対策として，住宅の権利が「所有権」と「居住権」に分けられました。配偶者は，居住権を取得すれば，所有権を取得しなくとも自宅に住み続けることができます（民法1028）。ただし，居住権の売買や譲渡はできず，居住権を設定するには法務局の登記が必要です（民法1031）。

　また，配偶者が遺産分割の対象の建物に無償で住んでいる場合，遺産分割が終了するまで登記せずに最低 6 か月間無償で住むことのできる「配偶者短期居住権」も設けられました（民法1037）。

2．婚姻期間20年以上の夫婦の住宅優遇策

　結婚して20年以上の夫婦の場合，自宅を生前贈与・遺贈された場合に遺産分割の対象から除外されることになりました（民法903④）。

3．遺留分制度の見直し

　従来の民法では，遺留分の基礎控除に含める贈与の期間制限はなく，かなり昔のものでも対象とされていましたが，今回の改正で死亡前10年間の贈与分に限定されました（民法1044③）。

　さらに，遺留分の侵害を受けた場合にする請求が「金銭の支払請求」となりました（民法1046の 1 ）。

4．相続の不公平感の是正

　相続人の妻など相続人以外の親族が，無償の介護や看護などに尽力した場合，特別寄与者として相続人に金銭を請求できるようになりました（民法1050）。

5．自筆証書遺言の利便性の向上

　従来，自筆証書遺言は全て自筆する必要がありましたが，財産目録は，パソコンなどで作成することが可能になりました（民法968②）。

6．自筆証書遺言の保管制度の創設

　自筆証書遺言を法務局で保管できるようになり，この場合は従来の「検認」手続は不要になります（「法務局における遺言書の保管等に関する法律」4 の 2，11）。

7．金融機関の仮払い制度の創設

　遺産分割協議が成立する前でも，葬儀費用や生活費の支払い，相続債務の返済等の為に，故人（被相続人）の預貯金を金融機関から一定の条件下で受け取ることが可能になりました（民法909の 2 ）。

第 4 節　相続の放棄と限定承認

　相続は，必ずしも財産のみではなく被相続人の負債もあり，その負債が財産より多い場合もあります。相続人は，「自己のために相続があったことを知ってから 3 か月」以内（民法915）に相続の放棄をするか，限定承認をするかを決めなければなりません。

1．相続放棄

　相続放棄とは，相続人が相続権の放棄をすることを，家庭裁判所に申し立てることをいい，他の相続人の承認なしに単独で行うことができます。

　相続の放棄をすると，その相続に関して初めから相続人でなかったものとみなされ，放棄した人の子は代襲相続人になれません（民法938～940）。

　相続放棄をしても，他の相続人が納付すべき相続税の総額は，租税回避行為等を防止するために，原則として変わりません（相法15，16）。

2．限定承認

　限定承認とは，相続人が相続する財産を限度として債務を引き受けることを，家庭裁判所に申し立てをすることをいいます（民法922～926）。

　限定承認は，相続人全員の承認がなければ，単独で行うことはできません。

　限定承認によって相続した財産については「相続開始時に，その時の時価で，相続財産の譲渡があったとみなす」とされています（所法59①）。これを「みなし譲渡課税」といい，被相続人の死亡の日から 4 か月以内に「準確定申告」をして，所得税を納付します。

　相続財産に，譲渡所得の対象となる不動産等がある場合には，注意が必要です。

3．単純承認

　単純承認とは，相続の放棄も，限定承認もせずに 3 か月を過ぎると，財産も負債もすべて相続したものとみなされることをいいます（民法920，921）。

　この 3 か月間を「熟慮期間」といいます。なお，相続人が，相続の放棄又は限定承認をした後であっても，相続財産の全部又は一部を隠匿し，私的に消費し，又は悪意で相続財産目録に記載しない時は，背信行為とみなされ単純承認となります（法定単純承認）。

第 5 節　遺産分割の方法

　相続人が複数の場合は，各人の財産の分割，債権・債務の承継を相続人どうしの協議によって決め，これを遺産分割協議書にまとめます。協議が不成立の時は，家庭裁判所に申立てを行い分割します（審判分割）。なお，遺産分割は，相続開始の時に遡ってその効力を生じます（遺言書がある場合等は第 6 章第 2 節参照）。

■ 注 ■

（1）失踪宣告とは，生死不明の者に対して家庭裁判所が，法律上死亡したものとみなす制度です。不在者の生死が 7 年間明らかでない場合の「普通失踪」と，船舶の沈没，震災等に遭遇した者の生死が 1 年間明らかでない場合の「特別失踪」の 2 つがあります（民法30）。

（2）現行民法1896（明治29）年 4 月27日法律第89号。明治23年のフランス民法（ナポレオン法典）の影響を受けた旧民法に比べ，ドイツ民法の影響を受けているといわれています。

（3）相続税を減少させる目的の養子縁組が多発したため，これを規制するため規定されました。

　　養子のうち法定相続人の数に算入される人数（相法15②）

　　①　被相続人に実子がある場合又は被相続人に実子がなく，養子の数が 1 人である場合　…1 人

　　②　被相続人に実子がない場合　………………………………………………………………… 2 人

（4）1868年の明治維新後，当時の最高官庁として設置された「太政官」によって公布された法令の形式をいいます。後の法律に当たるもので，1886（明治19）年内閣制度の発足に伴い廃止されましたが，以後に成立した法令に反しない限り現在でも有効とされています。

第3章　相続税の基本的仕組み

第1節　相続税とは

　相続税とは，被相続人の財産を相続又は遺贈によって受け取った場合，その受け取った財産の価額を課税標準として相続人に課せられる税金をいいます。ここで相続の課税される財産としては，被相続人の一切の財産（現金・預金・有価証券・法人への出資金・不動産・ゴルフ会員権・貸付金等）が対象となり，退職金・生命保険の権利金等も「みなし相続財産」としてやはり相続財産となります。ただし，墓所・祭具等については，相続税の課されない財産（非課税財産）とされています（相法12）。

　また，相続人は，被相続人の「債務」と「葬儀費用」を，取得した相続財産から差し引くことができます。前者の「債務」には被相続人の支払手形・買掛金・未払金・借入金・未払税金及び保証・連帯債務で履行の必要なものがあります。しかし，財産分割に要した費用，例えば弁護士・税理士への報酬支払等の債務控除はできません。後者の「葬儀費用」としては社会通念上適当なものが控除されますが，いわゆる香典返し等は債務控除されません（図表3－1）。

相続税の対象となるみなし相続財産（相法3）	相続税の非課税財産（相法12，措法70）
イ．退職金 ロ．生命保険・損害保険の保険金 ハ．生命保険契約に関する権利 ニ．その他	イ．墓所・祭具 ロ．相続した財産であっても，相続税の申告期限までに，国および地方公共団体・民法上の法人で一定のもの等に寄付した財産 ハ．生命保険・損害保険の保険金のうち一定の金額 ニ．退職金のうち一定の金額 ホ．その他

図表3－1　相続財産

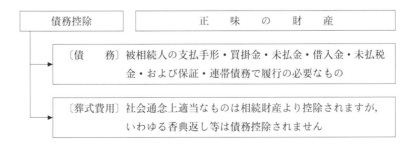

第 2 節　相続税と贈与税の関連について

　相続や遺贈で財産を取得した人が，その相続開始前 3 年以内に同一人から贈与を受けていると
きは，その受贈財産は相続財産に加算されます。しかし，その贈与時に納付した贈与税は，相続
税より控除されることになっています（相法19）。

　相続財産に加算される贈与財産の価額は，贈与を受けた時点の相続税法上の時価によります。
ただし， 3 年以内の受贈財産であっても，贈与税の配偶者控除の適用を受けた居住用不動産は，
加算しなくてもよいことになっています（贈与税の配偶者控除額分2,000万円，相法21の 6 ）。

　さらに，平成25年度税制改正において創設された「直系尊属から教育資金の一括贈与を受けた
場合の贈与税の非課税制度」を利用した場合にも，受贈者が23歳未満等であれば契約期間中に相
続が発生したとしても，みなし相続課税の適用対象にはなりません（措法70の 2 の 2 ）。

　また，「相続時精算課税制度」を適用した人の場合，特定贈与者が亡くなった時の相続税の計
算上，相続財産の価額に相続時精算課税適用財産の価額（贈与時の額）を加算して相続税額を計
算します。その際，すでに支払った贈与税相当額を相続税額から控除します。なお，控除しきれ
ない金額は還付されます（相法21の15）。

第 3 節　基礎控除と申告期限

　相続税の納税義務は，原則として相続によって財産を取得した個人に課されます。相続税の基
礎控除額は，3,000万円に法定相続人 1 人当たり600万円を乗じた額を加算した額[1]です（相法15）。
配偶者については，相続した財産が，正味財産の法定相続分以下の場合，または 1 億6,000万円
までは課税されません（配偶者の税額軽減制度，相法19の 2 ）。また，相続税の申告期限は，その相
続の開始があったことを知った日の翌日から10か月以内とされています（相法27）。

相続税の基礎控除額

3,000万円　＋　（600万円×法定相続人数）

第 4 節　相続税の 2 割加算

　相続や遺贈により財産を取得した人が，その被相続人の親，子，配偶者以外の人である場合に
は，その人の相続税額に 2 割が加算されます（相法18）。

第5節　相続税の税率と計算方法

　相続税は，相続財産を取得した各相続人に課せられるため，その税額計算は次の4段階の手順で行われます（相法16, 17）。

　　　　第1ステップ…相続税の課される財産（正味の財産）の計算
　　　　第2ステップ…基礎控除後の課税財産額の計算
　　　　第3ステップ…法定相続分に応じた相続税額の計算
　　　　第4ステップ…各相続人の相続税額の計算

第1ステップ…相続税の課される財産（正味の財産）の計算

　　最初に，正味の財産を算出します。ここでは，すべての財産にみなし財産を加算し，次に非課税財産及び債務等を控除し，最後に3年以内の贈与財産等を加算することにより，正味の財産を算出します。

　　ここで，死亡保険金は「みなし財産」として　相続財産になりますが，法定相続人1人当たり500万円が非課税となります（相法3①一，12①五）。

　　また，会社等からの死亡退職金も同様に「みなし財産」として相続財産になり，法定相続人1人当たり500万円が非課税となります（相法3①二，12①六）。

　　なお，会社から弔慰金の支給があった時は，上記とは別に一定の金額が非課税となります。すなわち，業務上の死亡の時は死亡時の給与の36か月分が，業務以外の死亡の時は死亡時の給与の6か月分が非課税となります（相基通3－20）。

相続税のかかる財産（正味の財産）の計算

> 正味の財産　＝（遺産総額　＋　相続時精算課税の適用財産）－（債務　＋　葬式費用　＋　非課税財産）
> 　　　　　　　＋　3年以内の暦年贈与財産

死亡保険金の非課税限度額

> 死亡保険金の非課税限度額　＝　500万円　×　法定相続人数

死亡退職金の非課税限度額

> 死亡退職金の非課税限度額　＝　500万円　×　法定相続人数

弔慰金の非課税限度額

> ①　業務上の死亡…死亡時の給与の36か月分　　②　業務以外の死亡…死亡時の給与の6か月分

第2ステップ…基礎控除後の課税財産額の計算

次に，算出した正味の財産より相続税の基礎控除額を控除することにより，課税財産額を求めます（相法15）。

$$課税財産額 ＝ 正味の財産 － （3,000万円 ＋ 600万円 × 法定相続人数）$$

第3ステップ…法定相続分に応じた相続税額の計算

課税財産額を，法定相続分通りに相続したものとして各人の相続税額を計算し，その総額を算出します（法定相続分課税方式，相法16）。相続税の税率は最低10％より最高55％までの8段階となっています（図表3－2）。

第4ステップ…各相続人の相続税額の計算

最後に，相続税の総額を各人の実際の相続割合で配分し，その税額から配偶者控除・未成年者控除・障害者控除等の控除や加算を行い，各人の納付税額を算出します（相法17）。

未成年者控除については，平成30年民法改正により成人年齢が20歳から18歳に引き下げられたことに留意して下さい。2022（令和4）年4月1日からの施行に伴い年齢規定の変更となります。

未成年者控除	障害者控除
満20歳（令和4年4月1日以後は18歳）までの1年につき10万円	85歳までの1年につき10万円（特別障害者については20万円）

図表3－2　相続税額の速算表

課税財産（基礎控除後）	税　率	控除額
1,000万円以下	10%	－
1,000万円超～3,000万円以下	15%	50万円
3,000万円超～5,000万円以下	20%	200万円
5,000万円超～1億円以下	30%	700万円
1億円超～2億円以下	40%	1,700万円
2億円超～3億円以下	45%	2,700万円
3億円超～6億円以下	50%	4,200万円
6億円超	55%	7,200万円

第6節　相続税の納付方法

原則として申告期限までに金銭で納付しますが，一定の条件のもとで延納及び物納の制度が認められます。

〈資料 2 − 1〉

税 額 計 算 シ ミ ュ レ ー シ ョ ン

（相続人が配偶者と子のケース）

1．課税財産額を計算します。

正味財産の合計額　　　　　　定額控除　　比例控除　法定相続人の人数　課税財産額①

□□□□□円 −（3,000万円＋600万円 ×□□□人）=□□□□円

2．法定相続分どおりに相続したものとして，相続税の総額の計算をします。

配偶者　課税財産額①　　　　税率　　控除額　　　配偶者の相続税額②

（□□□円 × $\frac{1}{2}$）×□□% −□万円 =□□□円

子　　　課税財産額①　　　　　　　　　　　税率　　控除額　　子 1 人あたりの相続税額③
(1人あたり)（□□□円 × $\frac{1}{2}$ × $\frac{1}{□}$）×□% −□万円 =□□□円

税率・控除額を左ページの速算表より算出します。

配偶者の相続税額②　　子 1 人あたりの相続税額③　子の人数　相続税の総額④

□□□円 +□□□円 ×□人 =□□□円

（100円未満切捨て）

3．相続税の総額を各人の相続財産の取得割合により配分します。

相続税の総額④　　　　　　　　　　　　（円の位まで計算，1 円未満切捨て）

配偶者　□□□円 ×□% =□□□円
子　　　□□□円 ×□% =□□□円
子　　　□□□円 ×□% =□□□円

（注）取得割合は各相続人ごとに算出し，取得割合の合計は必ず100%になるようにしてください。

取得割合（%）＝各人の財産取得価格÷正味の財産合計額×100

4．税額軽減額を計算します。

・配偶者の全額軽減額の計算

次の⑦と回のいずれか少ない金額により配偶者の税額軽減を計算します。

正味の財産の合計額

□□□円 × $\frac{1}{2}$ =□□□円と

1 億6,000万円のどちらか大きい金額……………………………□□□円⑦

配偶者の課税価格（実際の所得金額）……………………………□□□円回

⑦と回のいずれか少ない金額

相続税の総額④　　　　　　□□□円　　　配偶者の税額軽減額

□□□円 × $\frac{□□□円}{□□□円}$ =□□□円

正味の財産の合計額

・他に未成年者，障害者の場合の税額控除もあります

税理士法人　タックス総合経営研究所

1．延納ができる場合

相続税には，一定の条件のもとで延納の制度が設けられています。延納の許可を受けるために必要な要件は次のとおりです（相法38）。

① 納付税額が10万円を超え，かつ，金銭で納付する事が困難とする事由があること。

② 担保を提供すること。ただし，延納税額が100万円以下で，かつ，延納期間が3年以下の場合は，担保の提供を要しません。提供する担保は，国債及び地方債，土地，税務署長が確実と認める保証人の保証等です（国通50）。

③ 納期限又は納付すべき日までに，所定の事項を記載した延納申請書に担保提供関係書類を添付して提出すること。

④ 延納の許可を受けた場合は，分納税額を納付する際において併せて，利子税を納付しなければなりません。

2．物納ができる場合

相続税を物納しようとする場合には，申請によってその許可を受けることができます。この物納の許可を受けるためには，次にあげた要件を満たしていなければなりません（相法41）。

① 延納によっても金銭で納付する事が困難とする事由があり，かつ，その納付を困難とする金額を限度としていること。

② 物納ができる財産（物納適格財産）は，第1順位は，不動産・船舶・国債証券・地方債証券・上場株式等，第2順位は，非上場株式等，第3順位は，動産であること。

③ 納期限又は納付すべき日までに，所定の事項を記載した物納申請書に物納手続関係書類を添付して提出すること。

④ 物納が認められない財産（物納管理処分不適格財産）は，政令において具体的に規定されています。政省令によると，不動産については，担保権が設定されている不動産，権利の帰属について争いのある不動産，境界が明らかでない土地，耐用年数を経過している建物等が，株式については，譲渡制限株式，質権その他の担保権の目的となっている株式等があげられています（相令18）。

■ 注 ■

（1）現行の基礎控除額は2015（平成27）年からのものですが，シャウプ勧告以降の基礎控除額は時代の経過の中，概略でも次のように変遷しています。

　　　1958（昭和33）年　　150万円＋（　　30万円×法定相続人数）

　　　1966（〃 41）年　　400万円＋（　　80万円×法定相続人数）

　　　1973（〃 48）年　　600万円＋（　120万円×法定相続人数）

　　　1975（〃 50）年　2,000万円＋（　400万円×法定相続人数）

　　　1988（〃 63）年　4,000万円＋（　800万円×法定相続人数）

　　　1992（平成4）年　4,800万円＋（　950万円×法定相続人数）

　　　1994（〃 6）年　5,000万円＋（1,000万円×法定相続人数）

　　　2015（〃 27）年～3,000万円＋（　600万円×法定相続人数）

〈資料 2 - 2〉

相続税申告までの手続き (申告スケジュール) のご確認

依頼人：近藤　朋子　　　　様

　故：近藤　太郎　様に係る相続税の申告までの標準的な手順は、以下のようになりますのでご確認ください。なお、具体的な日程については、後日のご相談となります。

日　程	関 連 事 項	備　考
相 続 の 開 始 [令和 4年 4月 5日 (火)]	□ 被相続人の死亡 □ 葬儀	死亡届の提出 (7日以内) 葬式費用の領収書の整理・保管
	□ 四十九日の法要	[令和 4年 5月23日 (月)]
	□ 遺言書の有無の確認 □ 遺産・債務・生前贈与の概要と 　相続税の概算額の把握 □ 遺産分割協議の準備	家庭裁判所の検認・開封 未成年者の特別代理人の選定
3 か 月 以 内 [令和 4年 7月 5日 (火)]	□ 相続の放棄又は限定承認 □ 相続人の確認	準備 (家庭裁判所へ) 家庭裁判所へ申述
	□ 百か日の法要	[令和 4年 7月13日 (水)]
4 か 月 以 内 [令和 4年 8月 5日 (金)]	□ 被相続人に係る所得税の申告・ 　納付 (準確定申告) □ 被相続人に係る消費税・地方消 　費税の申告・納付	被相続人の死亡した日までの所得税を申告 被相続人の死亡した日までの消費税・地方消費税を申告
	□ 根抵当の設定された物件の登記 　(6か月以内) □ 遺産の調査、評価・鑑定 □ 遺産分割協議書の作成	[令和 4年10月 5日 (水)]
	□ 各相続人が取得する財産の把握 □ 未分割財産の把握 □ 特定の公益法人へ寄附等 □ 特例農地等の納税猶予の手続き	農業委員会への証明申請等
	□ 相続税の申告書の作成 □ 納税資金の検討	
10 か 月 以 内 [令和 5年 2月 6日 (月)]	□ 相続税の申告・納付 　(延納・物納の申請) □ 遺産の名義変更手続き	被相続人の住所地の税務署に申告

(注) 1. 被相続人の事業を承継する場合の所得税や消費税の申請書等の提出期限
　　　　…別紙「事業承継の場合の申請書等の提出期限」参照
　　 2. 相続税額の取得費加算の特例適用、未分割財産についての配偶者の税額軽減や小規模
　　　宅地等・特定計画山林・特定事業用資産の特例適用
　　　　…申告期限後 3 年 (令和 8年 2月 6日 (金)) 以内に相続財産を譲渡又は未分割財産を分割

税理士法人　タックス総合経営研究所

〈資料2－3〉

相続税の申告書

第1表（平成30年分以降用）

		各人の合計	財産を取得した人
		（被相続人）コンドウ　タロウ	コンドウ　トモコ
氏名		近藤　太郎	近藤　朋子　⑩
個人番号又は法人番号			
生年月日		昭和16年10月10日（年齢80歳）	昭和22年12月12日（年齢74歳）
住所		北海道釧路市南大通3丁目1番6号	〒085-0841 北海道釧路市南大通3丁目1番6号
（電話番号）			（0154-42-0000）
被相続人との続柄　職業			妻
取得原因		該当する取得原因を○で囲みます。	（相続）・遺贈・相続時精算課税に係る贈与

釧路 税務署長
5年　2月　5日提出
相続開始年月日　4年　4月　5日

項目		各人の合計	財産を取得した人
※整理番号			
取得財産の価額（第11表③）	①	292815900	163337651
相続時精算課税適用財産の価額（第11の2表1⑦）	②	18000000	
債務及び葬式費用の金額（第13表3⑦）	③	4070600	2745300
純資産価額（①+②-③）（赤字のときは0）	④	306745300	160592351
純資産価額に加算される暦年課税分の贈与財産価額（第14表1④）	⑤	3000000	
課税価格（④+⑤）（1,000円未満切捨て）	⑥	309744000	160592000
法定相続人の数　遺産に係る基礎控除額	Ⓐ Ⓑ	3人　48000000	左の欄には、第2表の②欄の⑥の人数及び⑥の金額を記入します。
相続税の総額	⑦	60610400	左の欄には、第2表の⑧欄の金額を記入します。
あん分割合（各人の⑥/Ⓐ）一般の場合（⑩の場合を除く）	⑧	1.00	0.52
算出税額（⑦×各人の⑧）	⑨	60610400	31517408
農地等納税猶予の適用を受ける場合（第3表⑨）	⑩		
相続税額の2割加算が行われる場合の加算金額（第4表⑦）	⑪		
暦年課税分の贈与税額控除額（第4表の2⑤）	⑫		
配偶者の税額軽減額（第5表⑥又は⑥）	⑬	31308641	31308641
未成年者控除額（第6表1②、③又は⑥）	⑭		
障害者控除額（第6表2②、③又は⑥）	⑮		
相次相続控除額（第7表③又は⑱）	⑯		
外国税額控除額（第8表1⑧）	⑰		
計	⑱	31308641	31308641
差引税額（⑨+⑪-⑱）又は（⑩+⑪-⑱）（赤字のときは0）	⑲	29301759	208767
相続時精算課税分の贈与税額控除額（第11の2表⑧）	⑳		
医療法人持分税額控除額（第8の4表2B）	㉑		
小計（⑲-⑳-㉑）（黒字のときは100円未満切捨て）	㉒	29301600	208700
農地等納税猶予税額（第8表2⑦）	㉓	00	00
株式等納税猶予税額（第8の2表2A）	㉔	00	00
特例株式等納税猶予税額（第8の2の2表2A）	㉕	00	00
山林納税猶予税額（第8の3表2⑧）	㉖	00	00
医療法人持分納税猶予税額（第8の4表2A）	㉗	00	00
申告納税額　申告期限までに納付すべき税額	㉘	29301600	208700
還付される税額	㉙	△	△

（注）㉒欄の金額が赤字となる場合は、㉒欄の左端に△を付してください。なお、この場合で、㉒欄の金額のうちに贈与税の外国税額控除額（第11の2表⑨）があるときの㉔欄の金額については、「相続税の申告のしかた」を参照してください。

申告期限延長日	年　月　日

税務署整理欄

申告区分／年分／グループ番号／補完番号／補正番号／申告年月日／関与区分／書面提出／接受印／管理補完／確認

作成税理士の事務所所在地・署名押印・電話番号
釧路市南大通3丁目1番10号
税理士法人　タックス総合経営研究所
TEL.0154-42-7596
税理士　近藤　慶龍

☑ 税理士法第30条の書面提出有
☑ 税理士法第33条の2の書面提出有

（資4-20-1-1-A4統一）第1表（平30.7）

第4章　相続財産の評価

　相続税は，相続によって取得した財産を時価評価することにより，課税価格を算定して計算されます。

　相続財産の評価について，相続税法は，その22条において評価の原則を「相続，遺贈又は贈与により取得した財産の価額は，当該財産の取得の時における時価により，当該財産の価額から控除すべき債務の金額は，その時の現況による」と定めています。この評価の原則を「時価評価主義」といいます。

　相続財産の時価とは，客観的交換価値をいうものであるとされていますが，このような抽象的概念では，個別・具体的な財産価額を実務上計算することは困難です。そのため，国税庁では課税の公平性の観点から，全国統一で一律に時価の解釈と計算を行うため「財産評価基本通達」[1]において次のように定めています。「時価とは課税時期において，それぞれの財産の現況に応じ，不特定多数の当事者間で自由な取引が行われる場合に通常成立すると認められる価額をいう」こととし，さらに「その価額は，この通達の定めによって評価した価額による」としています（評基通1）。

　しかし，この財産評価基本通達は，国税庁長官が指揮下にある各税務署員に宛てた相続税法上の時価算定の解釈指針であり，納税者がただちにそれに従わなければならないものではありません。確かにこの通達は，実務上は非常に強い判断影響力を持っていますが，納税者が「時価」として相応する価額が合理的，妥当なものであれば認められることに留意してください[2]。以下，個別財産ごとに説明します。

第1節　土地の評価

1．宅地の評価

　土地は，宅地・農地（田・畑）・山林・原野等の地目の別に評価します。

　ただし，地目の判定は登記簿上の地目ではなく，課税時期において，その土地全体の利用目的や利用状況等の現況により判定します（評基通7）。ここでは，土地の中でも最も一般的な「宅地」を中心に説明をしていきます。宅地とは，前述のように登記簿上の地目にとらわれず，課税時期において現に建物を建てることのできる土地をいいます。さらに，宅地の価額は登記簿上に登録されている土地一筆ごとに区分するのではなく，利用の単位となっている一区画の宅地ごとに評価することに注意してください（評基通7－2）。

　宅地の評価方法には以下のようなものがあります。

①　路線価方式による評価

　毎年，国税庁が作成する相続税路線価図に基づいて土地を評価する方法です（評基通13，資料2－4，2－5参照）。ただし，正確には土地の位置，地形によって，奥行価格補正・側方路線影響加算・二方路線影響加算・不整形地・無道路地，間口が狭小な宅地等，がけ地補正等の増減調整を行います（資料2－6，2－7参照）。

　路線価図に表示されている数値は，1㎡当たりの土地評価額[3]で千円単位により表示されています。例えば，令和3年7月に公表された令和3年度の路線価で釧路市北大通5丁目の土地は，1㎡当たり43,000円になっています。

路線価方式土地評価額

> 路線価方式土地評価額＝路線価額×地積

②　倍率方式による評価

　路線価が定められていない市町村の土地の場合は，国税庁が地域ごとに倍率を定め，土地の固定資産税評価額にその倍率を乗じて土地評価額を算出します（評基通21－2）。路線価図や倍率表は税務署で閲覧できます。また，固定資産税評価額は，市役所，町村役場の固定資産税課で調べることができます。

　例えば，厚岸町真栄3丁目に，固定資産税評価額500万円の宅地があるとします（図表4－1），

図表4－1　令和3年度相続税評価倍率表（厚岸町真栄他）

市区町村名　：　厚岸郡厚岸町　　　　　　　　　　　　　　　　釧路税務署

音順	町（丁目）又は大字名	適用地域名	借地権割合	固定資産税評価額に乗ずる倍率等						
				宅地	田	畑	山林	原野	牧場	池沼
			％	倍	倍	倍	倍	倍	倍	倍
し	真栄1～3丁目	真栄1条通沿い	30	1.1						
		上記以外の地域	30	1.1				比準		
す	住の江1～4丁目	全域	30	1.1			比準	比準		
と	床潭	全域	30	1.1			純 1.3	純 2.9	純 1.9	
は	梅香1・2丁目	全域	30	1.1				比準	比準	

出所：札幌国税局　令和3年分財産評価基準書　評価倍率表より抜粋。

　この土地の相続税評価は500万円×1.1＝550万円となります。なお，倍率方式の場合，土地の筆数ごとに固定資産税評価額が明示されますので，路線価方式のように地積（土地の面積）を乗じたり，位置，地形による増減調整をしたりということはしません。

倍率方式土地評価額

> 倍率方式土地評価額 ＝ 固定資産税評価額 × 倍率

③　小規模宅地等の特例（措法69の4）

　相続する土地で，被相続人が住んでいた土地や事業用の土地などには評価額を減額する特例があります。住宅用地のうち小規模宅地等については，相続人の生活基盤の維持のために不可欠であること，さらに事業用の土地については，事業が雇用の場であると同時に取引先等と密接に関連していること等に配慮した制度です。

　制度自体は既存のものですが，租税回避ともいえる「本来の趣旨から逸脱した節税行為」を防ぐため，平成30年度および令和元年度税制改正により適用要件等が厳格化されました。厳格化されるまでは，例えば，被相続人に配偶者又は同居法定相続人がいない場合で，相続人等が相続開始前3年以内に持ち家に居住したことがないときの救済措置である，いわゆる「家なき子」特例について，相続人等が他人や親族等に自己の持ち家を売却して，意図的に持ち家に居住していない状態にする事例もありました。

　なお、相続開始前3年以内に贈与により取得した宅地等や，相続時精算課税に係る贈与により取得した宅地等については，この特例の適用を受けることはできません。

a．小規模宅地等の特例の概要

　被相続人及び被相続人と生計を一にする親族の居住用及び事業用に供していた小規模宅地等について配偶者や後継者が取得する場合には，次のように相続税評価額が一定割合減額されます。

図表4-2　小規模宅地等の特例の適用限度面積と減額割合

宅地等の利用区分			適用限度面積	減額割合
居住用		特定居住用宅地等	330㎡	80％
事業用	特定事業用等	特定事業用宅地等	400㎡	80％
		特定同族会社事業用宅地等		
		貸付事業用宅地等	200㎡	50％

b．特定居住用宅地等の場合

　被相続人が住んでいた家屋に，配偶者や同居していた子等が引き続き居住する場合には，その居住用宅地の評価額は330㎡まで80％減額されます。

　特定居住用宅地等の適用要件については，「誰が取得するのか」「その後どう利用するのか」により次の区分に応じて適用の可否を判断します（図表4-3）。

c．事業用宅地等の場合

イ．特定事業用宅地等

　被相続人等の事業（不動産貸付業，駐車場業，自転車駐車場業等は除く）の用に供していた宅地等は，相続税評価額が400㎡まで80％減額されます。

　平成31（令和元）年度税制改正により，相続開始前3年以内に新たに事業の用に供された宅地等は除外されました。

図表4－3　特定居住用宅地等の要件

区分	特例の要件	
	取得者	取得者ごとの要件
被相続人の居住の用に供されていた宅地等	被相続人の配偶者	要件なし
	被相続人と同居していた親族（居住継続要件）	相続開始の時から申告期限まで引き続き居住していること
	被相続人と同居していた親族（保有継続要件）	相続税の申告期限まで保有していること
	被相続人と同居していない親族（保有継続要件）	被相続人に配偶者又は同居法定相続人がいない場合で，かつ，申告期限まで保有していること。ただし，次の者を除外する 1．相続開始前3年以内に自己又はその配偶者、3親等内の親族，過半数の議決権を有する会社・親族等が理事となっている持分の定めのない法人等の所有する家屋に居住したことがある者 2．相続開始時において居住の用に供している家屋を，過去に所有していたことがある者
被相続人と生計を一にしていた被相続人の親族の居住の用に供されていた宅地等	被相続人の配偶者	要件なし
	被相続人と生計を一にしていた親族（居住継続要件）	相続開始前から申告期限まで引き続き居住していること
	被相続人と生計を一にしていた親族（保有継続要件）	相続税の申告期限まで保有していること

　ただし，被相続人等が一定の規模以上の事業を行っていた場合，その事業の用に供しているものは該当しません。ここでいう「一定の規模以上の事業」とは，次の条件を満たすような事業をいいます（措令40の2⑧）。

図表4－4　特定事業用宅地等の要件

区分	特例の要件	
被相続人の事業の用に供されていた宅地等	事業承継要件	その宅地等の上で営まれていた被相続人の事業を相続税の申告期限までに引き継ぎ，かつ，その申告期限までその事業を営んでいること
	保有継続要件	その宅地等を相続税の申告期限まで有していること
被相続人と生計を一にしていた被相続人の親族の事業の用に供されていた宅地等	事業継続要件	相続開始前から相続税の申告期限まで，引き続きその宅地等の上で事業を営んでいること
	保有継続要件	その宅地等を相続税の申告期限まで有していること

$$\frac{事業の用に供されていた償却資産^{※}のうち被相続人等が有していたものの相続開始時の価額の合計額}{新たに事業の用に供された宅地等の相続開始時の価額の合計額} \geq 15\%$$

※　償却資産とは，次に掲げる資産（その資産のうちにその事業の用以外の用に供されていた部分がある場合には，その事業の用に供されていた部分に限る）をいいます。

> 1．その宅地の上に有する建物（その附属設備を含む）又は構築物
> 2．所得税法第2条第1項第19項に規定する減価償却資産でその宅地等の上で行われるその事業に係る業務の用に供されていたもの（1．に掲げるものを除く）

ロ．貸付事業用宅地等

　被相続人等の貸付事業（不動産貸付業，駐車場業，自転車駐車場業および準事業に限る）の用に供していた宅地等は，相続税評価額が200㎡まで50％減額されます。

図表4－5　貸付事業用宅地等の適用要件

区分	特例の要件	
被相続人の貸付事業の用に供されていた宅地等	事業承継要件	被相続人の貸付事業を申告期限までに引き継ぎ，かつ，その申告期限までその貸付事業を行っていること
	保有継続要件	相続税の申告期限まで有していること
被相続人と生計を一にしていた被相続人の親族の貸付事業の用に供されていた宅地等	事業継続要件	相続開始前から申告期限まで，引き続きその宅地等に係る貸付事業を行っていること
	保有継続要件	相続税の申告期限まで有していること

　平成30年度税制改正により，相続開始前3年以内に新たに貸付事業の用に供せられた宅地等は除外されました。

　ただし，相続開始前3年を超えて「事業的規模」で貸付を行っている者が，その貸付事業の用に供しているものは該当しません。ここでいう「事業的規模」とは，建物の貸付については，次のいずれか一に該当すれば原則として事業として行われているものとされます（「五棟十室基準」所基通26－9）。

事業的規模の判定（五棟十室基準）

> 1．貸間・アパート等については，貸与することができる独立した室数がおおむね10以上であること
> 2．独立家屋の貸付けについては，おおむね5棟以上であること

d．特定居住用宅地等の特例と特定事業用宅地等の特例の完全併用

　平成27年1月1日以後に発生する相続等については，特定の対象として選択する宅地等の全てが特定事業用宅地等及び特定居住用宅地等である場合には，それぞれの適用対象面積（最大730㎡）まで適用可能とします。

e．特例の適用を受けるための手続き

　上記の特例の適用を受けるためには，相続税の申告書にこの特例を受ける旨を記載し，計算に関する明細書や遺産分割協議書の写し等，一定の書類の添付が必要です。

④　私道の評価

　私道の用に供されている宅地は，自用宅地の評価額の30％で評価します。ただし，不特定多数の者の通行の用に供され，一般の公道と変わらない場合は評価しません（評基通24）。

〈資料2－4〉

平成7年度相続税路線価図
（釧路市中心部）

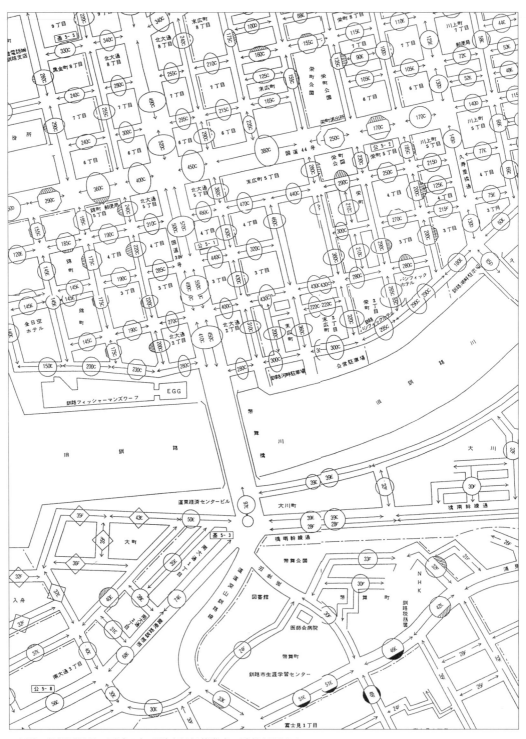

出所：札幌国税局　平成7年分財産評価基準書　路線価図より。

〈資料 2 － 5 〉

令和 3 年度相続税路線価図
（釧路市中心部）

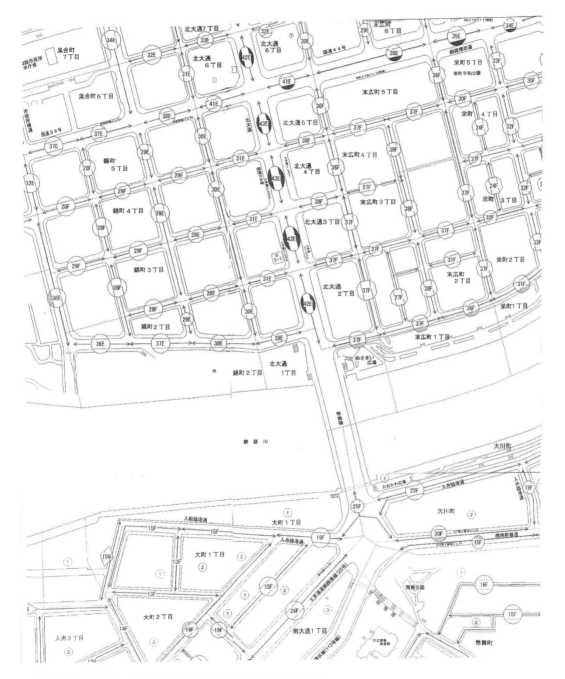

出所：札幌国税局　令和 3 年分財産評価基準書　路線価図より。

〈資料2－6〉

　　形状による土地評価計算例（普通商業・併用住宅地区）

　1．Ⓐ　一方のみが路線に面する宅地の計算例

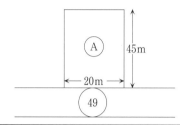

　　　　（参考）49,000円×900㎡＝44,100,000円

　　　　奥行　45mに応ずる奥行価格補正（0.91）

　　　　49,000円×0.91＝44,590円

　　　　（地積）45m×20m＝900㎡

　　　　@44,590円×900㎡＝40,131,000円

　2．Ⓑ　角地

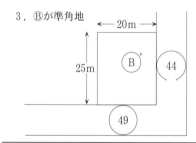

　　　　（参考）49,000円×500㎡＝24,500,000円

　　　　⎡ 正面路線価　49,000円 ⎤ 双方奥行価格補正なし
　　　　⎣ 側方路線価　44,000円 ⎦

　　　　側方路線影響加算（角地）

　　　　44,000円×0.08＝3,520円

　　　　正面路線価　加算額

　　　　@49,000円＋3,520円＝52,520円

　　　　（地積　25m×20m＝500㎡）

　　　　@52,520円×500㎡＝26,260,000円

　3．Ⓑが準角地

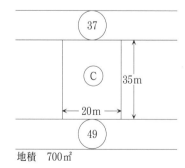

　　　　⎡ 正面路線価　49,000円
　　　　⎣ 側方路線価　44,000円×0.04＝1,760円

　　　　49,000円＋1,760円＝50,760円

　　　　@50,760円×500㎡＝25,380,000円

　4．Ⓒ　二方路線の宅地

　　　　正面路線価　奥行35mに応ずる奥行価格補正（0.97）

　　　　49,000円×0.97＝47,530円

　　　　裏面路線価

　　　　37,000円×0.97＝35,890円

　　　　裏面路線価を基とした価格×二方路線影響加算

　　　　35,890円×0.05＝1,794円（円未満切捨）

　　　　47,530円＋1,794円＝49,324円

　　　　@49,324円×700㎡＝34,526,800円

地積　700㎡

〈資料2－7〉

参考表

（1）奥行価格補正率表

奥行距離（メートル）＼地区区分	ビル街地区	高度商業地区	繁華街地区	普通商業・併用住宅地区	普通住宅地区	中小工場地区	大工場地区
4未満	0.80	0.90	0.90	0.90	0.90	0.85	0.85
4以上　6未満		0.92	0.92	0.92	0.92	0.90	0.90
6 〃　　8 〃	0.84	0.94	0.95	0.95	0.95	0.93	0.93
8 〃　　10 〃	0.88	0.96	0.97	0.97	0.97	0.95	0.95
10 〃　　12 〃	0.90	0.98	0.99	0.99	1.00	0.96	0.96
12 〃　　14 〃	0.91	0.99	1.00	1.00		0.97	0.97
14 〃　　16 〃	0.92	1.00				0.98	0.98
16 〃　　20 〃	0.93					0.99	0.99
20 〃　　24 〃	0.94					1.00	1.00
24 〃　　28 〃	0.95				0.97		
28 〃　　32 〃	0.96		0.98		0.95		
32 〃　　36 〃	0.97		0.96	0.97	0.93		
36 〃　　40 〃	0.98		0.94	0.95	0.92		
40 〃　　44 〃	0.99		0.92	0.93	0.91		
44 〃　　48 〃	1.00		0.90	0.91	0.90		
48 〃　　52 〃		0.99	0.88	0.89	0.89		
52 〃　　56 〃		0.98	0.87	0.88	0.88		
56 〃　　60 〃		0.97	0.86	0.87	0.87		
60 〃　　64 〃		0.96	0.85	0.86	0.86	0.99	
64 〃　　68 〃		0.95	0.84	0.85	0.85	0.98	
68 〃　　72 〃		0.94	0.83	0.84	0.84	0.97	
72 〃　　76 〃		0.93	0.82	0.83	0.83	0.96	
76 〃　　80 〃		0.92	0.81	0.82			
80 〃　　84 〃		0.90	0.80	0.81	0.82	0.93	
84 〃　　88 〃		0.88		0.80			
88 〃　　92 〃		0.86			0.81	0.90	
92 〃　　96 〃	0.99	0.84					
96 〃　　100 〃	0.97	0.82					
100 〃	0.95	0.80			0.80		

（2）側方路線影響加算率表

地区区分	加算率 角地の場合	準角地の場合
ビ ル 街 地 区	0.07	0.03
高 度 商 業 地 区 繁 華 街 地 区	0.10	0.05
普通商業・併用住宅地区	0.08	0.04
普 通 住 宅 地 区 中 小 工 場 地 区	0.03	0.02
大 工 場 地 区	0.02	0.01

（3）二方路線影響加算率表

地区区分	加算率
ビ ル 街 地 区	0.03
高 度 商 業 地 区 繁 華 街 地 区	0.07
普通商業・併用住宅地区	0.05
普 通 住 宅 地 区 中 小 工 場 地 区	0.02
大 工 場 地 区	0.02

（注）準角地とは，次図のように一系統の路線の屈折部の内側に位置するものをいう。

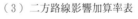

出所：札幌国税局　平成30年分財産評価基準書　路線価図　土地及び土地の上に存する権利の評価についての調整率表（平成30年分以降用）より 。

2．貸宅地および借地権等の評価

　自己の所有する宅地を他人に貸付けている場合を貸宅地といい，自己の所有する宅地に建物を建て，それを他人に貸付けている場合を貸家建付地といいます（評基通25〜27）。

　また，借地権とは，借地借家法に規定する建物の所有を目的とする地上権又は賃借権を有する者（借地人）の権利をいいます。

図表4−6　貸宅地等の評価

細　　目	評　価　方　法
貸　宅　地	自用宅地の価額−地上権または借地権の価額
貸家建付地	自用宅地の価額−（自用宅地の価額×借地権割合×借家権割合）
造成中の宅地	造成工事着手前の価額＋造成費用×80%

図表4−7　借地権等の評価

細　　目	評　価　方　法
借　地　権	自用宅地としての価額×借地権割合
貸家建付借地権	（A：自用宅地としての価額×借地権割合）−A×借家権割合
転貸借地権	（A：自用宅地としての価額×借地権割合）−A×借地権割合
転　借　権	（自用宅地としての価額×借地権割合）×借地権割合

3．農地の評価

　農地とは，田及び畑をいいますが，純農村地帯の農地から市街地にある農地まで多種多様ですので，農地法等[4]を基として次のように評価します。

①　純農地の評価

　純農地とは，農用地区以内にある農地，市街化調整区域内にある農地のうち第1種農地又は甲種農地に該当するもの等をいいます（評基通36，37）。

　農地の価額は，耕作の単位となっている1枚の農地ごとに次のように評価します。なお，1枚の農地は，登記簿に登録されている1筆の農地からなるとは限らず，2筆以上の農地からなる場合等があります。

純農地の評価

純農地の評価額 ＝ 固定資産税評価額 × 国税局長の定める倍率

②　中間農地の評価

　中間農地とは，第2種農地やそれに準ずる農地と認められるものをいいます（評基通36−2，38）。

中間農地の評価

中間農地の評価額 ＝ 固定資産税評価額 × 国税局長の定める倍率

③　市街地周辺農地の評価

　市街地周辺農地とは，第 3 種農地やそれに準ずる農地と認められるものをいいます。農地の価額は，利用の単位となっている一団の農地ごとに評価し，市街地に近接する住宅化傾向の強い農地であることを考慮し，次に述べる市街化農地であるとして評価した場合の80％で評価します（評基通36－ 3 ，39）。

市街地周辺農地の評価

| 市街地周辺農地の評価＝ | $\left\{\begin{array}{l}\text{その農地が宅地であるとした} \\ \text{場合の 1 ㎡当たりの価額}\end{array} - \begin{array}{l}\text{1 ㎡当たりの} \\ \text{宅地造成費}\right\} \times \text{地積}\end{array}$ × 0.8 |

④　市街地農地の評価

　市街地農地とは，農地法 4 条（農地の転用の制限）または 5 条に規定する許可を受けた農地や都市計画法に規定する優先的かつ計画的に市街化を図るべき「市街化区域」内にある農地等をいいます。前述の市街化周辺農地と同じく，利用の単位となっている一団の農地ごとに評価します。

　農地としてよりは，付近の住宅地価額の影響を受けていることを考慮し，宅地比準方式により評価します（評基通36－ 4 ，40）。

市街地農地の評価

| 市街地農地の評価＝ | $\left[\begin{array}{l}\text{その農地が宅地であるとした} \\ \text{場合の 1 ㎡当たりの価額}\end{array} - \begin{array}{l}\text{1 ㎡当たりの} \\ \text{宅地造成費}\end{array}\right] \times \text{地積}$ |

第 2 節　家屋・借家権・附属設備の評価

1．家屋および借家権の評価

　家屋の相続税評価額は，一棟の家屋ごとの固定資産税評価額と同じ価額で評価します。ただし，アパート・マンション等のような貸家は，借家権割合（30％）を控除して評価します。建築中の家屋の評価額については，費用現価（課税時期までに支払った建築費用を課税時期の価額に引き直した額の合計額）に70％を乗じて計算します（評基通89，91，93，94）。

図表 4 － 8 　家屋および借家権の評価

細　　　目	評　価　方　法
家　　　　屋	家屋の固定資産税評価額× 1 倍
建築中の家屋	費用現価（課税時期までに支払った建築費用を課税時期の価額に引き直した額の合計額）×70％
貸　　　　家	家屋の固定資産税評価額－（家屋の固定資産税評価額×借家権割合（※））
借　家　　権	家屋の固定資産税評価額×借家権割合（※）

※借家権割合は，国税局長の定めによるものとして現在30％に定められています。

2．建物附属設備等の評価

建物附属設備とは，家屋本体ではないが家屋と一体となって機能する電気，ガス，衛生，給排水，エレベーター，冷暖房等の設備のことです（評基通92）。

図表4－9　附属設備の評価

細　　目	評　価　方　法
家屋と一体の設備	家屋の固定資産税評価額算定上考慮されているためとくに評価しない
門・へい等	（再建築価額－減価の額）× 70%
庭園設備	再調達価額× 70%

第3節　動産等の評価

動産とは，不動産以外のすべてのものをいい，次のように評価します（評基通129〜136）。

図表4－10　動産等の評価

細　　目	評　価　方　法
一般動産	機械・器具・車輌・家庭用財産等をさす ①原則：売買実例価額，精通者意見価格等を参酌して評価する ②上記が不明の場合：再取得価額－減価の額（※）
棚卸商品等	商品販売価額－（利潤額＋予定諸経費＋消費税）
書画・骨とう品	売買実例価額，精通者意見価格等を参酌して評価する
船舶	①原則：売買実例価額，精通者意見価格等を参酌して評価する ②上記が不明の場合：再取得価額－減価の額

※「減価の額」の償却方法は定率法，経過年数は1年未満端数切り上げ，耐用年数は法定耐用年数により計算します。

第4節　株式の評価

1．上場株式の評価

上場株式とは，証券取引所（法律上は金融商品取引所）に上場されている株式をいいます。その価額は，株式が上場されている証券取引所の公表する取引価額に基づき，次のいずれかのうち最も低い金額により評価します（評基通169）。

① 相続開始の日の最終取引価額

② 相続開始の月の最終取引価額の月平均額

③ その前月の最終取引価額の月平均額

④ その前々月の最終取引価額の月平均額

ただし，上場株式を負担付贈与等をする場合は，課税時期の最終取引価額で評価します。

２．非上場株式（取引相場のない株式）の評価

　上場株式以外の非上場株式（取引相場のない株式）は，わが国における大部分の会社が該当しますが，その規模や経営の内容はさまざまであり，個人事業と変わらないような中小零細企業も多くあることは周知のことです。これらの現状からみて，非上場株式を同一の方法により評価することは適当ではありませんので，相続税法では，会社の株主の所有目的（株主の態様）と会社の規模の２つを基準としてその組み合わせにより，次の３段階により評価方式を定め，評価することにしています（評基通178～189）。

　第１ステップ「株主態様の判定」

　第２ステップ「会社規模の判定」

　第３ステップ「具体的評価方式の決定」

　なお，　会社法575条１項に規定する「持分会社」すなわち合名会社，合資会社又は合同会社についての出資の評価も，これから述べる「非上場株式の評価」に準じて計算した価額によって評価されます（評基通194）。

第１ステップ（株主態様の判定）

　非上場株式を所有する目的は，①会社のオーナー一族のような同族株主にみられる会社の株式

図表４−11　株主の態様と会社規模による評価方式

株主の態様／会社規模	同　族　株　主　等		同族株主等以外
大　会　社	原則的評価方式	類似業種比準方式（純資産価額方式の選択可）	特例的評価方式（配当還元方式）
中　会　社		類似業種比準方式と純資産価額方式との併用方式　　類似業種比準価額について純資産価額を選択可	
小　会　社		純資産価額方式（類似業種比準方式との併用方式選択可）	

の大部分を所有する「会社の支配権」を目的とするものと，②同族株主以外の従業員や役員にみられる「配当利回り」を目的としたものに大別されます。

　「同族株主」とは，株主のうち株主の１人及びその同族関係者一族の株式の所有数がその会社の議決権総数の30％以上を有するグループをいい，50％超を所有するグループの場合では，その一族だけが同族株主となり，その他の株主は，すべて同族株主以外の株主となります。

　また，同族株主のいる会社にあって議決権総数が25％以上であるグループを「中心的な同族株主」，同族株主のいない会社にあって議決権総数が15％以上のグループのうち10％以上の議決権総数を有している株主を「中心的な株主」といいます（評基通188）。

図表4－12　株主の態様

同族株主のいる会社の評価方式の判定表

株　主　の　態　様				評　価　方　式
同族株主	議決権総数が5％以上の株主			原則的評価方式
	議決権総数が5％未満の株主	中心的な同族株主がいない場合		
		中心的な同族株主がいる場合	中心的な同族株主 役員又は役員予定者	
			その他の株主	配当還元方式
同族株主以外の株主				

同族株主のいない会社の評価方式の判定表

株　主　の　態　様				評　価　方　式
議決権総数の合計が15%以上の株主グループに属する株主	議決権総数が5％以上の株主			原則的評価方式
	議決権総数が5％未満の株主	中心的な株主がいない場合		
		中心的な株主がいる場合	役員又は役員予定者	
			その他の株主	配当還元方式
議決権総数の合計が15%未満の株主グループに属する株主				

※議決権総数に占める割合の判定は，株式取得後の議決権数により行います。

第2ステップ（会社規模の判定）

　非上場株式には，上場会社に匹敵するものから個人事業と変わらない中小零細企業までさまざまであることは前述しました。そこで，相続税法では，非上場会社の①従業員数　②直前期末以前1年間の取引金額　③帳簿価額による総資産価額という会社規模の3要素に分け，「大会社」「中会社」「小会社」「特定の評価会社」の4つに区分し，それぞれの評価方式を判定することにしています（評基通178）。

図表 4 −13　会社規模の区分表

規模区分	区分の内容		総資産価額（帳簿価額によって計算した金額）及び直前期末以前 1 年間における従業員数	直前期末以前 1 年間における取引金額
大会社	従業員数が70人以上の会社又は右のいずれかに該当する会社	卸売業	20億円以上（従業員数が35人以下の会社を除く）	30億円以上
		小売・サービス業	15億円以上（従業員数が35人以下の会社を除く）	20億円以上
		卸売業, 小売・サービス業以外	15億円以上（従業員数が35人以下の会社を除く）	15億円以上
中会社	従業員数が70人未満の会社で右のいずれかに該当する会社（大会社に該当する場合を除く）	卸売業	7,000万円以上（従業員数が 5 人以下の会社を除く）	2 億円以上30億円未満
		小売・サービス業	4,000万円以上（従業員数が 5 人以下の会社を除く）	6,000万円以上20億円未満
		卸売業, 小売・サービス業以外	5,000万円以上（従業員数が 5 人以下の会社を除く）	8,000万円以上15億円未満
小会社	従業員数が70人未満の会社で右のいずれにも該当する会社	卸売業	7,000万円未満又は従業員数が 5 人以下	2 億円未満
		小売・サービス業	4,000万円未満又は従業員数が 5 人以下	6,000万円未満
		卸売業, 小売・サービス業以外	5,000万円未満又は従業員数が 5 人以下	8,000万円未満

第 3 ステップ（具体的評価方式の決定）

　ここでは，第 1 ステップ（株主態様の判定），第 2 ステップ（会社規模の判定）で検討・判定された結果を次の株式評価判定表に当てはめ具体的評価方式を決定します（評基通179）。ただし，純資産価額方式の方が安ければ，すべての会社において純資産価額方式で評価することができます。

図表 4 −14　具体的株式評価判定表

株主の区分			同　族　株　主		零細株主
評価の方式			原則的評価方式		特例的評価方式
				選択可能な評価方式	
会社区分	大会社		類似業種比準価額方式	純資産価額方式	配当還元方式（原則的評価方式選択可）
	中会社	大	併用方式 〔類似業種比準価額×0.9 ＋純資産価額×0.1〕	純資産価額方式	
		中	併用方式 〔類似業種比準価額×0.75 ＋純資産価額×0.25〕	純資産価額方式	
		小	併用方式 〔類似業種比準価額×0.6 ＋純資産価額×0.4〕	純資産価額方式	
	小会社		純資産価額方式	併用方式 〔類似業種比準価額×0.5 ＋純資産価額×0.5〕	

① **原則的評価方式**

　a．類似業種比準価額方式

　　　同族会社であっても，上場会社に匹敵するような規模と判定された大・中会社においては，その会社の業種内容と類似した上場会社の株価である国税局が公表する「類似業種比準価額計算上の業種目及び業種別株価等」をもとに，その業種の1株（50円）当たりのイ．配当金額　ロ．利益金額　ハ．純資産価額の3つの比準要素の対比割合により評価します（評基通180，181）。算式で示すと次のようになります。

$$1株当たりの類似業種比準価額 = A \times \left[\frac{\frac{ⓑ}{B} + \frac{ⓒ}{C} + \frac{ⓓ}{D}}{3} \right] \times 0.7$$

　　　A：類似業種の株価

　　　B，C，D：類似業種の配当金額，年利益金額，純資産価額（帳簿価額）

　　　ⓑ，ⓒ，ⓓ：評価会社の配当金額，利益金額，純資産価額（帳簿価額）

　　　また，「0.7」は，中会社については「0.6」，小会社については「0.5」とします。

　　　さらに，課税時期以前3か月の各月の月平均株価のうち最も低い株価による。ただし，納税義務者の選択により，類似業種の前年平均株価又は課税時期以前2年間の平均株価を採用することができる。

　　　（注）：類似業種の判断に困るときは「日本標準産業分類」を参考にします。

　　　　　：1株当たりの資本金等の額が50円以外の金額の場合は，その計算した金額に

　　　　　　1株当たりの資本金等の額の50円に対する倍数を乗じて計算した金額。

　b．純資産価額方式

　　　同族会社であっても個人事業と変わらないような小会社等においては，課税時期において会社が所有する純資産を相続税評価額に評価替えして，その「評価差額（含み益）に対する法人税額等相当額（37％）」を純資産価額から控除し，発行済株式数で按分する方式で評価します（評基通185〜186）。算式で示すと次のようになります。

$$1株当たりの純資産価額 = \frac{(A-B) - \{(A-B) - (C-D)\} \times 37\%}{発行済株式数}$$

　　　A：相続税評価額により評価替えした資産の合計額　　　C：帳簿価額による資産の合計額

　　　B：相続税評価額により評価替えした負債の合計額　　　D：帳簿価額による負債の合計額

　　　37％：法人税，事業税，地方税の税率の合計に相当する割合（法人税率等の合計割合）

　　純資産価額方式による株の評価は，非常に重要なポイントになります。なぜなら，わが国の会社において圧倒的多数を占める中小零細会社に適用される方式であり，かつ戦後まもなく創業した社歴の長い会社にみられるように，長期間所有している土地など会社の資産に「含み益」が発生し，帳簿価額に対し相続税額が相対的に高くなるからです（資料2−8参照）。

　　なお，平成26年度の税制改正において復興特別法人税が廃止され，併せて地方法人税の創設並びに事業税，地方法人特別税，道府県民税及び市町村民税の税率の改正等が行われ，平成28年度

<資料2－8＞

非上場株式（取引相場のない株式）の評価明細書

第5表 1株当たりの純資産価額（相続税評価額）の計算明細書　会社名 近藤商事㈱

（取引相場のない株式（出資）の評価明細書）

1．資産及び負債の金額（課税時期現在）

資産の部				負債の部			
科　目	相続税評価額	帳簿価額	備考	科　目	相続税評価額	帳簿価額	備考
現　　金	千円 1,000	千円 1,000		支払手形	千円 3,700	千円 3,700	
預　　金	2,000	2,000		買掛金	15,000	15,000	
受取手形	600	600		短期借入金	1,000	1,000	
売掛金	500	500		預り金	50	50	
有価証券	3,000	2,000		長期借入金	39,000	39,000	
たな卸資産	1,500	1,500		未納固定資産税等	450	450	
短期貸付金	2,500	2,500		未払退職金等	12,000	12,000	
建　　物	25,000	30,000		未納法人税	2,250	2,250	
車両・運搬具	3,500	3,500		保険差益による法人税等	8,510	8,510	
工具・器具・備品	1,900	1,900					
土　　地	20,000	4,500					
前3年以内取得土地等	10,000	10,000					
未収保険金	35,000	35,000					
合　計	① 106,500	② 95,000		合　計	③ 81,960	④ 81,960	
株式等の価額の合計額	㋑ 3,000	㋺ 2,000					
土地等の価額の合計額	㋩ 30,000						
現物出資等受入れ資産の価額の合計額	㋥	㋬					

2．評価差額に対する法人税額等相当額の計算		**3．1株当たりの純資産価額の計算**	
相続税評価額による純資産価額（①－③）	⑤ 千円 24,540	課税時期現在の純資産価額（相続税評価額）（⑤－⑧）	⑨ 千円 20,285
帳簿価額による純資産価額（（②＋（㋩－㋬）－④）、マイナスの場合は0）	⑥ 千円 13,040	課税時期現在の発行済株式数（第1表の1の①－自己株式数）	⑩ 株 2,000
評価差額に相当する金額（⑤－⑥、マイナスの場合は0）	⑦ 千円 11,500	課税時期現在の1株当たりの純資産価額（相続税評価額）（⑨÷⑩）	⑪ 円 10,142
評価差額に対する法人税額等相当額（⑦×37%）	⑧ 千円 4,255	同族株主等の議決権割合（第1表の1の⑤の割合）が50%以下の場合（⑪×80%）	⑫ 円

税制改正により純資産価額方式における「評価差額に対する法人税額等相当額」は37％に改正されました。

c．類似業種比準価額方式と純資産価額方式の併用方式（中会社）

同族会社における中会社は，大会社と小会社の中間的な規模の会社ですので，大会社，小会社それぞれの方式により評価した価額を，評価会社の事業の規模に応じ，一定の割合（それを「Lの割合」といいます）を加味して評価額を決める方式です。

> 併用方式による価額＝類似業種比準価額×L＋1株当たりの純資産価額×（1－L）

（注）純資産価額は相続税評価額によって計算した金額です。

「Lの割合」の判定方法

Lの割合（類似業種比準価額のウェイト）は，評価会社の総資産価額（帳簿価額によって計算した金額）及び従業員数又は直前期末以前1年間における取引金額に応じて，それぞれ次に定める割合のうちいずれか大きい方の割合によります（評基通179）。

イ．総資産価額（帳簿価額によって計算した金額）及び従業員数に応ずるLの割合

卸売業	小売・サービス業	卸売業, 小売・サービス業以外	Lの割合
4億円以上（従業員数が35人以下の会社を除く）	5億円以上（従業員数が35人以下の会社を除く）	5億円以上（従業員数が35人以下の会社を除く）	0.90
2億円以上（従業員数が20人以下の会社を除く）	2.5億円以上（従業員数が20人以下の会社を除く）	2.5億円以上（従業員数が20人以下の会社を除く）	0.75
7千万円以上（従業員数が5人以下の会社を除く）	4千万円以上（従業員数が5人以下の会社を除く）	5千万円以上（従業員数が5人以下の会社を除く）	0.60

（注）複数の区分に該当する場合には，上位の区分に該当するものとします。

ロ．直前期末以前1年間における取引金額に応ずるLの割合

卸売業	小売・サービス業	卸売業, 小売・サービス業以外	Lの割合
7億円以上30億円未満	5億円以上20億円未満	4億円以上15億円未満	0.90
3.5億円以上7億円未満	2.5億円以上5億円未満	2億円以上4億円未満	0.75
2億円以上3.5億円未満	6千万円以上2.5億円未満	8千万円以上2億円未満	0.60

② **特例的評価方式（配当還元方式）**

同族株主以外の株式は，前述のように「配当利回り」を期待したものですので，評価の簡便性を考え，その株式に係る年配当金額を10％の還元率で割り戻した金額で評価します（評基通188－2）。

$$
\text{配当還元方式による評価額} = \frac{\text{その株式に係る年配当金額}}{10\%} \times \frac{\text{その株式の1株当たりの資本金等の額}}{50円}
$$

（注）「年配当金額」とは，評価会社の直前期末以前2年間における剰余金の配当金額の合計額の $\frac{1}{2}$ に相当する金額を直前期末における発行済株式数で除して計算した金額です。ただし，その金額が2円50銭未満のもの及び無配のものにあっては2円50銭とします。

③　特定の評価会社の株式の評価

　これまで，非上場株式の評価方法を述べてきましたが，会社の中には，資産の保有状況が著しく株式又は不動産等に偏った会社（株式等保有特定会社・土地保有特定会社等）や，営業の状況が特異である会社（開業後 3 年未満の会社・開業前又は休業中の会社等）もあります。これらを「特定の評価会社の株式」といい，原則として「純資産価額方式」で評価をし（評基通189），清算中の会社については清算分配見込額の複利現価により評価をします。

第 5 節　公社債等の評価

　公社債や貸付信託等の評価は次のように評価します（評基通197～199）。公社債は各銘柄ごと区分に従い券面額100円当たりの価額に公社債の券面額を100で除した数を乗じ評価します。

細　　目		評　価　の　方　法
上場の場合	利付公社債	（課税時期の最終価格＋既経過利子（源泉控除後））×券面額/100円
	割引発行の公社債	（課税時期の最終価格－差益金の源泉）×券面額/100円
	転換社債型新株予約権付社債	（課税時期の最終価格＋既経過利子（源泉控除後））×券面額/100円
元利均等償還が行われる公社債		定期金に関する権利の評価を準用
貸付信託の受益証券		元金＋既経過収益（源泉控除後）－買取割引料

第 6 節　その他の財産の評価

1．預貯金の評価

　相続開始時の預貯金残高で評価します。また，定期預金および定額郵便貯金については，相続開始時に仮に解約した場合の既経過利息（源泉控除後）も相続財産に含めます（評基通203）。

2．ゴルフ会員権の評価

　一般的には，相続開始時の通常の取引価額の70％で評価します（評基通211）。

3．貸付金債権の評価

　貸付金・売掛金・未収入金・預け金・仮払金等が該当し，返済されるべき元本の金額と利息の合計で評価します（評基通204）。

4．電話加入権の評価

　電話加入権の価額は，売買実例価額，精通者意見価格等を参酌して評価します（評基通161）。

■ 注 ■

（1）「通達」とは，行政における法令解釈の統一を図るため，上級行政庁が下級行政庁に対し，命令又は示達をすることであり，本来は行政機関内部において拘束力を持つものです。

国家行政組織法第14条2項を法的根拠としていますが，わが国における三権分立制の国家の審議により成立する法律ではないことに留意してください。

（2）例えば，近時における通達によらない独自の方法として，土地の評価に不動産鑑定評価書を用いる等の動きもあり注目されます。

さらに，租税法律主義の観点からも，通達ではなく通則として法令に定めるべきであるとの意見も多く出てきています。

（3）路線価は，その年の1月1日現在の土地価格として（価格時点），毎年国税庁により発表されますが，同じく毎年発表されるものとして国土交通省の「地価公示」があります。

路線価は，この地価公示価格のおおよそ80%をメドにしているといわれています。

（4）農地法　農地および採草牧草地について規定する現行法。昭和27年7月15日法律第229号。

「相続税は，どの位の人がどの位の金額を支払っているか」については，皆さんも興味のあるところだと思います。バブル時代の1991（平成3）年を境とした地価下落に伴い，土地の路線価額が引き下げられたことにより，相続税対象数と相続財産価額とも減少の一途をたどってきました。

2020（令和2）年分の相続財産額は17兆4,168億円で，このうち土地は，6兆389億円（構成比34.7%），有価証券2兆5,811億円（構成比14.8%），現金預金5兆8,989億円（構成比33.9%）です。

バブル時代の1992（平成4）年の相続財産価額は，18兆8,201億円，財産種類別構成比でみますと，土地75.9%，有価証券7%，現金預金は7.4%であり土地の価額が高騰していた様子がうかがえます。

平成25年度税制改正により，バブル期の地価上昇に対応した基礎控除と税率構造の見直しがされ，平成27年1月1日以後の相続から適用されました（基礎控除の40%縮小・税率の引き上げ等）。これにより，相続税対象者数・対象割合と相続税納付税額は，大幅に増加しました。

日本全国データ

	平 成 4 年	平 成 24 年	令 和 2 年
死 亡 者 数	856,643人	1,256,359人	1,372,755人
相 続 税 対 象 者 数	54,449人	52,394人	120,372人
対 象 割 合	6.4%	4.2%	8.8%
相 続 税 納 付 税 額	3兆4,098億円	1兆2,514億円	2兆915億円
1件当たり納付税額	6,262万円	2,388万円	1,737万円

出所：国税庁「令和2年分相続税の申告事績の概要」（令和3年12月）より。

第5章　贈与税と相続時精算課税

第1節　贈与税

1．贈与税の概要

　相続税法は，第21条において，贈与によって財産を取得した者に対して所定の計算によって算出した額を，贈与税として課するものとしています。

　贈与とは，個人が生前に自分の財産を無償で相手方に与える意思表示をし，相手方がこれを受諾することによって成立する契約をいいます[1]。しかし，贈与を無制限に認めることは，相続税法の「相続という偶然的な遺産取得による社会的格差の是正及び富の再分配」という根本的思考と相反するものとなります。このような，生前に財産を贈与することによる相続税の形骸化を防止するものが贈与税です。したがって，贈与税は，相続税の補完税の役割を果たすものであり，贈与税法という独自の税法ではなく，相続税法の体系の中に規定されています。

　納税義務者は，財産を取得した個人ですが，例えば同窓会やPTAなどの人格のない社団や公益法人などに対し贈与があった場合には，その法人を個人とみなして贈与税を課することにしています（相法66）。贈与税は贈与による財産の取得を課税原因としていますので，個人が法人から受けた贈与については，贈与税は非課税となります。しかし，贈与を受けた個人に対し，原則として所得税の「一時所得」が課税されます。

2．贈与税が課税される財産

　贈与税が課税される財産は，土地・建物，事業用・家庭用財産，有価証券，貴金属，現金・預貯金…等々と贈与により取得した一切の財産をいい，その財産評価方法は，相続財産の評価方法と同じです。ただし，財産の性質や社会性，公益性を考慮し，扶養義務者相互間において，生活費・教育費に充てられたもの，香典等，離婚に伴う財産分与として取得した財産のうち社会通念上相当な額等は非課税財産とされています（相法21の3）。

3．贈与税の申告と計算方法

　贈与税は，その年の1月1日から12月31日までの1年間（暦年）に，贈与により取得した財産（受贈財産）の合計額から基礎控除額110万円を差引き計算し，その差額に対して所定の税率を乗じて贈与税額を算出し，贈与を受けた年の翌年2月1日から3月15日までに申告および納税となります[2]（相法21の5，21の7，28，措法70の2の4，70の2の5）。

　なお，平成25年度税制改正により，平成27年1月1日以後の贈与から「特例贈与財産・一般贈

与財産」の税率構造が以前の6段階から8段階になり，最高税率は相続税の最高税率の引き上げに合わせて50%から55%に引き上げられました。

　「特例贈与財産」とは，直系尊属（父母や祖父母など）から，贈与を受けた年の1月1日において20歳以上の者（子・孫など，令和4年4月1日以後の贈与は18歳以上）への贈与税の計算に使用します。

　次に，「一般贈与財産」とは，「特例贈与財産」に該当しない場合の贈与税の計算に使用します（図表5－1）。

$$贈与税額＝\{（受贈財産合計額－非課税財産）－110万円\}×税率$$

図表5－1　贈与税額の速算表

特例贈与財産用（特例税率）

20歳（令和4年4月1日以後の贈与は18歳）以上の者が直系尊属（両親，祖父母，曾祖父母）から贈与された財産に係る贈与税の速算表

課税財産（基礎控除後）	税率	控除額
200万円以下	10%	－
200万円超～　400万円以下	15%	10万円
400万円超～　600万円以下	20%	30万円
600万円超～1,000万円以下	30%	90万円
1,000万円超～1,500万円以下	40%	190万円
1,500万円超～3,000万円以下	45%	265万円
3,000万円超～4,500万円以下	50%	415万円
4,500万円超	55%	640万円

一般贈与財産用（一般税率）

左記以外の贈与財産に係る贈与税額の速算表

課税財産（基礎控除後）	税率	控除額
200万円以下	10%	－
200万円超～　300万円以下	15%	10万円
300万円超～　400万円以下	20%	25万円
400万円超～　600万円以下	30%	65万円
600万円超～1,000万円以下	40%	125万円
1,000万円超～1,500万円以下	45%	175万円
1,500万円超～3,000万円以下	50%	250万円
3,000万円超	55%	400万円

4．配偶者への居住用財産の贈与

　夫婦間の居住用不動産，または，居住用不動産を取得するための資金の贈与に対して，次に掲げる一定の要件を満たしている場合には，110万円の基礎控除額の他に，2,000万円の「贈与税の配偶者控除」を受けることができます（相法21の6）。

① 　婚姻期間が20年以上である配偶者からの贈与であること

② 　贈与を受けた年の翌年3月15日までに居住の用に供し，かつ，その後も引き続き居住の用に供する見込みであること

③ 　今までに，その配偶者からの贈与について，この特例の適用を受けていないこと

④ 　贈与税の申告書に配偶者控除額等を記載し，住民票等の必要書類を添付すること

　国税庁より2020（令和 2 ）年贈与税の申告状況（令和 3 年 6 月30日までの申告処理分）が発表されました。

日本全国データ

	2005（平成17）年	2012（平成24）年	2020（令和 2 ）年
贈与を受けた者	405,332人	355,924人	485,000人
納付税額	1,159億円	1,287億円	2,772億円
相続時精算課税制度の適用者	81,641人	46,207人	39,000人

出所：国税庁ホームページより。

第 2 節　各種の贈与税の特例（時限措置）

1．住宅取得等資金の贈与を受けた場合の贈与税の非課税の特例

　令和 3 年12月31日まで（令和 5 年12月31日までに延長※）の間に，贈与を受けた年の 1 月 1 日において20歳以上の者（令和 4 年 4 月 1 日以後の贈与の場合には「18歳以上の者」※）が，直系尊属（父母，祖父母等）から床面積40㎡以上240㎡以下で，かつ，その家屋の床面積の 2 分の 1 以上に相当する部分が居住用に供せられた住宅取得等資金の贈与を受けた場合，下記の非課税限度額まで贈与税を課さない（非課税）とするものです。

　ただし，贈与を受けた年の合計所得が2,000万円以下（新築等をした住宅用家屋の床面積が50㎡未満である場合は1,000万円以下）であることという受贈者の所得制限があります。本制度は，贈与税の申告期限内に贈与税の申告書及び必要書類を提出した場合に，一定の非課税限度額（図表 5 －2 ）までその適用を受けることができます。

図表 5 － 2　非課税限度額

【令和 3 年12月31日まで】

契約の締結日 住宅の種類	2016(平成28)年 1 月 1 日から 2020(令和 2)年 3 月31日まで	2020(令和 2)年 1 月 1 日から 2021(令和 3)年 3 月31日まで
省エネ住宅・耐震住宅	1,200万円	1,000万円
上記以外の住宅	700万円	500万円

【令和 4 年 1 月 1 日以後　※】

契約の締結日 住宅の種類	契約の締結日は問わない
省エネ住宅・耐震住宅	1,000万円
上記以外の住宅	500万円

（省エネ住宅は，省エネ対策等級 4 相当。耐震住宅は，耐震等級 2 以上又は免震建築物をいいます）
※　財務省『令和 4 年度税制改正大綱』参照。

2．教育資金一括贈与の非課税措置

　30歳未満の受贈者の教育資金に充てるためにその直系尊属が金銭等を拠出し，金融機関に信託等をした場合には，信託受益権の価格又は拠出された金銭等の額のうち受贈者1人につき1,500万円（学校以外の者に支払う金銭については500万円）までの金額に相当する部分の価格については，平成25年4月1日から令和5年3月31日までの間に拠出されるものに限り，贈与税を課さない（非課税）こととされています（租法70の2の2）。

　令和元年度税制により，受贈者の所得制限（信託受益権等を取得した日の属する年の前年分の合計所得金額が1,000万円以下であること）が加わりました。

　「金融機関」とは，信託会社（信託銀行を含む），銀行等，証券会社をいいます。

　「教育資金」とは，文部科学大臣が決める次の金銭をいいます。

① 学校等（学校教育法に規定する幼児園，小・中学校，高校，大学等の「学校」，「専修学校」及び「各種学校」等をいいます。）に支払われる入学金，授業料その他の金銭

② 学校等以外の者に教育に関する役務の提供の対価として支払われる金銭のうち一定のものをいい，例えば学習塾，そろばん，スポーツ（水泳，野球等），ピアノ・絵画教室等があります。

3．結婚・子育て資金一括贈与の非課税措置

　20歳（令和4年4月1日以後は18歳）以上50歳未満の受贈者の結婚・子育て資金に充てるためにその直系尊属が金銭等を拠出し，金融機関に信託等をした場合には，信託受益権の価格又は拠出された金銭等の額のうち受贈者1人につき1,000万円（結婚に際して支出する費用については300万円）までの金額に相当する部分の価格については，平成27年4月1日から令和5年3月31日までの間に拠出されるものに限り，贈与税を課さない（非課税）とされます（租法70の2の3）。

　令和元年度税制により，受贈者の所得制限（信託受益権等を取得した日の属する年の前年分の合計所得金額が1,000万円以下であること）が加わりました。

　2．教育資金と3．結婚・子育て資金について，令和元年度と令和3年度に税制改正がなされています。直系尊属である贈与者がこれらの資金管理契約が終了する前に死亡した場合，非課税拠出額から資金拠出額を控除した残額（管理残額）を，亡くなった贈与者の相続税申告におけるみなし相続財産として加算されることになりました。さらには，受贈者が2割加算の対象者であった場合，その管理残額に対応する相続税額に2割加算（第3章4節）が適用されることとなりました。

　ただし，2．教育資金については，受贈者が23歳未満等であれば，贈与者が契約期間中に死亡した場合（相続の発生）であってもみなし相続財産としての相続課税の適用対象にはなりません。

4．非上場株式についての贈与税の納税猶予の特例（事業承継税制）

　平成21年度税制改正により相続税とあわせて「贈与税の納税猶予の特例」が創設されました（措法70の7）。さらに、その後の平成30年度税制改正により、平成30年1月1日から令和9年12月31日までの10年間の特例措置として「特例事業承継税制」が創設されています。詳細は、後述の「中小企業における事業承継税制」を参照してください。

第3節　相続時精算課税

　平成15年度の税制改正において、贈与により財産を取得した者は、従来の暦年単位の課税方式「暦年課税」に代えて、「相続時精算課税」の適用を受けることができるようになりました。この相続時精算課税制度の導入については、従来の相続税と贈与税の融合ともいえる大改革であり、さらに高年齢者から次世代への資産移転を早期に行うことによる高齢者保有資産の有効活用、特に住宅投資の促進に資することにより経済社会の活性化に役立てるということを目的に創設されたものであるといえます（『平成15年度税制改革についての答申』参照）。

1．相続時精算課税の概要

　相続時精算課税は、贈与を受けた時に贈与財産に対する贈与税を支払い、贈与者が亡くなった時にその贈与財産と相続財産とを合計した価額を基に相続税額を計算し、すでに支払った贈与税額を控除するものです。ただし、一度相続時精算課税を選択すると、その後同じ贈与者からの贈与について「暦年課税」の適用を受けることはできません（相法21の9）。

　相続時精算課税を適用するにあたっては、贈与者は贈与をした年の1月1日において60歳以上の父母又は祖父母であり、かつ受贈者は贈与を受けた年の1月1日において20歳以上（令和4年4月1日以後の贈与は18歳）の直系卑属（子や孫）である推定相続人又は孫であることが要件とされています。

　①　手続

　　　贈与を受けた年の翌年3月15日までに、税務署へ本制度を選択する旨の届出をします。

　　最初の贈与の際に届け出れば、相続時まで本制度の適用が継続されます。受贈者である兄弟姉妹等が別々に、贈与者である父母・祖父母ごとに、選択可能です。また、贈与財産の種類、贈与金額、贈与回数に制限はありません。

　②　税額の計算等

　　　贈与時に、制度の対象となる親からの贈与財産について、他の贈与財産と区別して贈与税（軽減）を納税します。申告を前提に2,500万円が特別控除され（限度額まで複数回使用可）、これを超える部分については税率20％で課税されます（相法21の13）。その後、贈与時において相続時精算課税を選択した子や孫は、親からの相続時にそれまでの贈与財産と相続財産とを合算して計算した相続税額から、すでに支払った贈与税相当額が控除されます。この場合、相続税額から控除しきれない贈与税相当額は還付されます（相法21の15）。また、相続財産と合算する贈与財産の価額は、贈与時の時価となります。

2．住宅取得等資金の相続時精算課税選択の特例

　令和3年12月31日まで（令和5年12月31日までに延長※）の間に，父母又は祖父母から住宅取得等資金の贈与を受けた20歳以上（贈与を受けた年の1月1日において20歳以上の者に限られ，令和4年4月1日以後の贈与の場合には同年1月1日において「18歳以上の者」に限られます※）の子や孫が，次のいずれかの条件を満たすときは，贈与者の年齢がその贈与の年の1月1日において60歳未満であっても相続時精算課税を選択することができます（措法70の3）。

　①　贈与を受けた年の翌年の3月15日までに，住宅取得等資金の全額を居住用の家屋（家屋の床面積40㎡以上）の新築，取得又は増改築等のための対価に充てて，同日までに自己の居住の用に供したとき又は同日後遅滞なくその家屋に居住することが確実であると見込まれるとき。

　②　贈与を受けた年の翌年の2月1日から3月15日までに，住宅取得等資金の全額を自己の居住の用に供している家屋について行う一定の増改築等の対価（工事費用100万円以上）に充てて増改築等（増改築後の床面積40㎡以上）をし，同日までに自己の居住の用に供したとき又は遅滞なくその家屋の居住の用に供することが確実であると見込まれるとき。

※　財務省『令和4年度税制改正大綱』参照。

■ 注 ■

（1）贈与は，　受贈者の意思を必要とする片務・諾成・無償の契約ですので，単独行為である遺贈とは性格が異なることに注意してください。

　　また，贈与の際に受贈者に負担を課すことも認められています（負担付贈与）。

（2）現行の基礎控除額は，2001（平成13）年からのものですが，相続税と同様に次のように変遷しています。

　　1958（昭和33）年………20万円
　　1964（〃 39）年………40万円
　　1975（〃 50）年………60万円
　　2001（平成13）年 〜…110万円

　　ただし，相続税法21条の5「贈与税の基礎控除額60万円」の規定を変えず，租税特別措置法70条の2の4による「贈与税の基礎控除の特例」で現行の110万円の基礎控除が制度化されたことは興味のあることといえます。

第6章 相続対策としての3つのプランニング

第1節 3つのプランニング

相続税では，各相続人が財産をどのように分割して取得したかによって，自主的に申告し納税をすることになります。相続税申告の最大のポイントは，財産評価を適正にすることにありますが，それは単に税額の算定に必要であるというだけにとどまりません。「財産評価に基づいて，各相続人がどのように分割し相続するか」は，子々孫々の代まで連続する相続対策の根本方針を明示するものといえます。相続税は，人の一生で最終最後の税金，すなわち「人生の清算税」であるといわれているからです。人それぞれ，さまざまに人生を歩まれ，結果として相続税の対象となる財産を残されたのです。

「相続対策」といえば相続税の「節税」対策のみに目がいきがちですが，次のような3つのプランニングを三位一体で行っていくことが「相続対策」の全容といえます。

1．シェアプランニング：相続人が財産の分け方で，もめないようにするための対策
2．タックスプランニング：合法的な節税対策
3．ファイナンシャルプランニング：相続税の納付等の資金繰りを心配しないための対策

第2節 シェアプランニング（相続を争族にしないために）

各相続人が財産をどのように分割して取得するかについては民法が適用されます。これは，親族間であっても遺産相続をめぐる争いが生じてしまうことがあるからです。こうした争いを「争族」と表現することもあります。

遺産のすべてが預貯金などの分割可能な財産のみとは限りません。プラスの財産だけではなくマイナスの財産もありえます。各相続人間の話し合い（協議等）で円満に分割されることは理想的ですが，相続人間で納得のいく割合が決まらないことも多いのです。

1．遺言書の活用

相続財産の分配において「争族」によるトラブルを無くし，財産の所有者（遺言者）の意思を相続人等（受遺者）に伝え，実行させる最後の主張をすることが遺言書の作成です。遺言書で成し得ることは，大別して死後の財産の処分，後見人等の指定，婚姻外の子の認知などがあります

が，民法に規定されている方式に従って作成されなければ効力が生じません（民法960）。遺言方式は大別すると普通方式と特別方式とに分けることができますが，特別方式は普通方式により作成することのできない特殊な場合に作成されるものであり，通常多くの場合には普通方式により作成されることになります。

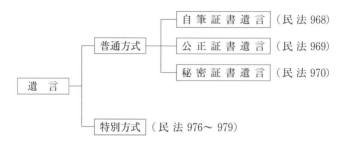

① 普通方式による遺言

　普通方式による遺言はさらに3種類に分けられます（図表6－1）。このうち，最も望ましいと考えられるのが，「公正証書遺言」です。理由としては，一番安全で確実な方法である，家庭裁判所の検認が不要である等があげられます。公正証書遺言が発見された場合には，不動産の登記，預貯金の名義変更などはただちに実行でき，大変便利です。特に異母兄弟があったり，兄弟が多く仲が良くなかったりという場合には，相続人の立会いも遺産分割協議書などの押印も必要なく，即座に名義変更のできる公正証書遺言が最適と考えられます。公証人役場に行くときに事前に準備するものとしては，遺言内容がわかるものの他，遺言者の実印と印鑑証明書（3か月以内のもの），又は，運転免許証・パスポート等の顔写真入りの公的機関発行の身分証明書，戸籍謄本，土地家屋の登記簿謄本等があります。

図表6－1　普通方式による遺言

	作成方法	証人・立会人	検認（家裁）
自筆証書遺言	・遺言全文 ・日付 　　　自書・押印 ・氏名 　　　※財産目録はパソコン等で作成可 　　　（毎葉の署名押印のみ，自書不要）	不要	必要 ※法務局への保管制度を利用すれば不要
公正証書遺言	遺言者が口述し，公証人が筆記する ⇩ ・公証人が遺言者及び証人に読み聞かせる ・遺言者及び証人が筆記の正確なことを承認して，署名押印（各自） ・公証人が方式の適正を付記して署名押印	証人2人以上の立会いが必要 ※原本は公正役場に保管	不要
秘密証書遺言	遺言者が遺言書に署名押印 遺言者が遺言書を封じ，封印 ※パソコン等で作成可・代筆可	証人2人以上の立会いが必要 遺言者が公証人及び証人（2人以上）に封書を提出し，申し述べる ⇩ 公証人が日付，申述を封書に記載し遺言者及び証人とともに署名押印	必要

② **普通方式による各遺言の長所と短所**

それぞれの長所と短所をまとめると，次のようになります。

	長所	短所
自筆証書遺言	作成が簡単である。 遺言の内容・遺言書の作成を秘密にできる。	紛失や改ざんの心配がある。 字を書ける人に限られる。
公正証書遺言	紛失や改ざんの心配が不要である。 遺言内容の争い，遺言の無効が少ない。 字を書けない人であっても作成できる。	手続きが面倒であり，費用もかかる。 遺言の内容を秘密にできない。
秘密証書遺言	改ざんの心配がない。 遺言者は署名押印さえできれば作成可能。	手続きが面倒である。

③ **自筆証書遺言に係る民法の平成30年改正**

従前，自筆証書遺言は，全て自筆する必要がありましたが，平成30年の民法改正により，「財産目録」はパソコン等で作成することが可能になりました。さらに，自筆証書遺言に係る遺言書の保管制度（法務局に保管）も創設されています。

2．相続人以外の者への財産分与

① **特別縁故者**

相続人がいない場合，被相続人の財産は国庫に帰属します（民法959）。ただし，家庭裁判所が相当と認めるときは，被相続人と生計を同じくしていた者，被相続人の療養看護に努めた者その他被相続人と特別の縁故があった者に対して，相続ではありませんが，特別縁故者への分与という形で財産分与をすることができます（民法958の3）。

② **特別の寄与（民法1050）**

従来からの寄与分の制度において，被相続人の療養看護等によりその財産の維持又は増加に特別の寄与をした者については，相続人である場合に限り，法定相続分に寄与分を加えた額をもって相続分とされてきました（民法904の2）。これに，親族間の公平の視点から，相続人でない親族による寄与を認めて，特別寄与料という新しい制度が付け加えられることになりました（民法1050）。被相続人の親族（民法725参照，相続人や相続放棄者などを除く）は，無償で療養看護等により被相続人の財産の維持または増加に特別の寄与をした場合，「特別寄与者」として，相続人に対し，寄与に応じた額の金銭（「特別寄与料」という）の支払を請求できるようになりました。

③ **税務上の取扱い（相法4①②）**

特別縁故者に対する相続財産の分与があった場合には，その特別縁故者が，その財産の時価に相当する金額を被相続人から遺贈により取得したものとみなして，相続税が課税されます。

平成31年度（令和元年度）税制改正以後，特別寄与者が支払を受けるべき特別寄与料の額が確

定した場合には，その特別寄与者が，その特別寄与料の額に相当する金額を被相続人から遺贈により取得したものとみなして，相続税が課税されることとなりました[1]。他方で，相続人が支払うべきその特別寄与料の負担額については，相続人の相続税の課税価格の計算上で債務控除されます（相法13④，21の15②）。

3．包括遺贈と特定遺贈

遺言者が，遺言によって財産の全部又は一部を無償で与えることを「遺贈」といい，財産を与えられる人を「受遺者」といいます。受遺者は近親者等の相続人のみでなく，他人の第三者などもなることができます。また，遺贈には遺言により，全遺産の $\frac{1}{3}$ とか $\frac{1}{2}$ を与えるというように，遺産を割合によって包括的に分割する「包括遺贈」と，遺産のうち妻には居住用の土地と建物，長男には他の土地と預金というように，全遺産を具体的に誰に何を遺贈するかを特定させて決める「特定遺贈」があります（民法964）。

包括遺贈における受遺者の権利・義務は相続人と同じであるため，遺産分割協議に参加することができますが，義務すなわち債務等のマイナス財産も割合に応じ遺贈されているという認識を持つ必要があります。特定遺贈は特定の財産について遺贈されているだけですから，他の財産を分割する協議には参加しません。なお，事業承継の視点で見ると，このうち特定遺贈のほうが優れていると考えられます。例えば，ある商店主の相続の場合に，事業用の土地，建物は事業を継いでいる長男のみに特定させなければ，経営上障害が生じるおそれもあるからです。

4．遺留分

遺言書を作成する際に注意しなければならない点として，「遺留分」に対する配慮があります。遺留分とは，財産の所有者（遺言者）が死亡した場合，その遺産の中で近親者の一定の者が法律上取得することが保証されている一定額の割合のことをいいます。遺言により，自分の財産の処分を任意にできるとはいえ，その財産形成に貢献してきた遺留分権利者への生活保障や配慮も必要ではないかという，相反する思想の妥協の上に成立したものです（民法1042）。

遺留分の権利者	遺留分の割合
① 子だけの場合	相続財産の $\frac{1}{2}$
② 子と配偶者の場合	
③ 配偶者だけの場合	
④ 父母と配偶者の場合	
⑤ 父母だけの場合	相続財産の $\frac{1}{3}$
⑥ 兄弟姉妹	なし

従来の民法では，遺留分は当然の権利ではなく，遺留分の権利者が相続の開始等の時から1年以内に行使することで「遺留分減殺請求権」が生じるものとされてきました。しかし，この権利を行使することには，遺贈（贈与）財産について受遺者（受贈者）と請求者との「共有」となってしまう問題があり，事業承継の支障になっているという指摘がありました[2]。

これを受け，自社株式等の承継に関する遺留分の問題に対応するため，平成20年の「経営承継円滑化法」に基づく「遺留分に関する民法の特例」が平成21年3月に施行されました。さらに，平成30年には，遺留分規定について約40年ぶりの民法（相続法）改正がなされ，従来の「遺留分

減殺請求権」から「遺留分侵害額請求権」に変更されました。遺留分権利者は受遺者（受贈者）に対し，遺留分侵害額に相当する金銭の支払請求権（遺留分侵害額請求権）が与えられることになります（民法1046①）。

また，遺留分侵害額の計算については，死亡前にされた相続人への贈与の内，遺留分の計算の対象となる基礎財産を，死亡前10年間のものに限定されるようになりました（民法1044③）。従来の民法では後継者である相続人に対して，20年・30年前の自社株の贈与でも遺留分の対象となっていましたが，あわせて改正されています。

5．遺言書がない場合と遺産分割協議書

遺言書がない場合，遺言書に記載されていない財産がある場合，または遺言書記載以外の者に相続させる等の場合には，相続人間で話し合い，全員の同意のもとに次のような遺産分割協議書を作成します（民法907）。

遺産分割協議書

遺産分割協議書

被相続人江戸太郎の遺産については、同人の相続人の全員において分割協議を行った結果、各相続人がそれぞれ次のとおり遺産を分割し、取得することに決定した。

一 相続人江戸花子が取得する財産
（一）宅地
東京都○○区○○三丁目一番○号
○○・○○平方メートル
（二）家屋番号 同町○番
同所同番地所在
木造瓦葺平屋建居宅一棟
床面積八○・○○平方メートル
（三）前記家屋内にある什器備品その他一切の動産
（四）遺言者が○○銀行△△支店貸金庫第○号内に保管中の預金
通帳記載の預金債権全額

二 相続人江戸二郎が取得する財産
（一）東京都○○区○○三丁目一番○号
宅地二○・○○平方メートル
（二）家屋番号 同町○番
同所同番地所在
鉄筋コンクリート造平屋建店舗
床面積九○・○○平方メートル
（三）遺言者が東京都○○区○○三丁目一番○号江戸商事（株）に対して有する貸金債権全額

三 相続人大山夢子が取得する財産
○○銀行△△支店の被相続人江戸太郎名義の定期預金
一口 一千万円

右のとおり相続人全員による遺産分割の協議が成立したので、これを証するため本書を作成し、左に各自署名押印する。
令和○年○月○日

○○区○○町○丁目○番○号
相続人 大山夢子 印

○○区○○町○丁目○番○号
相続人 江戸花子 印

○○区○○町○丁目○番○号
相続人 江戸二郎 印

○○区○○町○丁目○番○号
相続人 大山夢子 印

法改正による成人年齢の引き下げにより，令和4年4月1日以後は18歳以上の相続人が遺産分割協議に参加することとなります。

第3節 タックスプランニング

相続税の節税対策のヒントは，その仕組みに沿って考えなければなりません。相続税の節税方法は大別すると，次の4点に集約できます。

①　「遺産の総額を減少させる」
　　　ａ．相続財産を減少させる方法
　　　ｂ．相続財産の評価を減少させる方法
②　「債務を活用する」
③　「3年以内の贈与を減少させる」
④　「税額控除を活用する」

　これらのうち③について，暦年課税制度そのものを抜本的に見直す動向があります。令和3年度税制改正大綱によると「諸外国の制度を参考にしつつ，相続税と贈与税をより一体的に捉えて課税する観点から，現行の相続時精算課税制度と暦年課税制度のあり方を見直すなど，…本格的な検討を進める。」と述べられています（令和2年12月10日「自民党・公明党令和3年度税制改正大綱」18-19頁より抜粋）。令和4年度税制改正大綱ではこの内容について明記されていませんでしたが，生前贈与を用いたタックスプランニングが今後根本的に変化する動向には注目されます。

1．相続財産を減少させる方法

　代表的な方法の1つとしては，「生前贈与の活用」があります。贈与税を利用した節税方法の留意点は，基礎控除を活用する，長期的計画的に実行する，将来値上りが見込まれる財産を優先する，孫など法定相続人以外にも実行する，贈与の事実を明確にする，贈与後の財産管理は必ず受贈者が行う等があります。

　また，相続時精算課税制度（第5章第3節）の活用もあります。贈与を受けた財産が将来的に値上がりするような将来性のある財産であれば，相続税と贈与税の課税時期の違いからこの制度を活用したほうが有利に働くともいえます。ただし，相続時精算課税制度は，選択以後の撤回ができず，選択した相続人が以後に被相続人から受けた贈与財産について暦年課税制度を選択する余地がなくなります。基礎控除以下の贈与税であっても申告が必要となること等，暦年課税よりも煩雑であるため，2,500万円の控除や20％という低税率だけにとどまらないプランニングが求められます。

2．相続財産の「評価」を減少させる方法

　相続財産の評価を減少させるポイントは，財産の利用目的と構成の再検討をし，個々の採算性を考えながら，変更をすることです。以下，土地・建物，自社株式について考えてみます。
①　土　地
　土地については，更地等の遊休地の上に，アパート・マンション等を建てる例が代表的です。更地にアパート等を建てると「貸家貸付地」となり，評価方法が変わるためです。さらに，建物は固定資産税評価額で評価しますが，評価割合が70％（貸家の評価減30％）の適用になります。ただし，入居者の見込み・立地・資金計画等，目先の相続税の節税のみではなく長期的な視野で収益性を考える事が重要です。
　また，角地を所有している場合とか，2つの道路に面した四角形の宅地を所有している場合は，

土地の利用区分の変更が有効です。ただし，土地を分割するといった場合，分割後の画地の用途等に条件があり，たとえ分割しても著しく不合理であると認められるときは，分割前の画地を「一画地の宅地」として評価されることになりますので注意が必要です。

さらに，居住用や事業用に使用されている土地がある場合には，「小規模宅地等の特例」の適用を検討し，積極的に活用することも必要です。

[設例1] アパート・マンション建築による貸家建付地のケース

現　状　宅地相続評価額1億円	
変更後　1億円－（1億円×借地権割合70％×借家権割合30％）＝7,900万円	
差　額　（評価が減少する額）2,100万円	

②　非上場株式（取引相場のない株式）

非上場株式に対する相続税対策としては，a．毎年決算終了後に自社株評価を行い，長期的・計画的に贈与や譲渡も併用して実行する，b．自社の資産状況を把握し事業承継計画を立案する，c．親族・会社内部のみではなくM＆A等も検討する，d．事業承継税制の動向に留意し，「特例事業承継税制」を積極的に検討活用することも必要です。

3．債務控除を活用する

被相続人に借入金などの債務がある場合には，承継した債務や葬式費用の負担分を課税価格から控除できます。

4．3年以内の贈与を減少させる

被相続人からの贈与につき相続時精算課税を選択していない場合，生前贈与された贈与財産が相続財産に遡って加算（引き戻し）されるのは，相続開始前3年以内です。

5．税額控除を活用する

相続税は遺産取得課税方式を原則としていますが，税額控除は各相続人等の一人ずつに計算されます。また，課税価格ではない相続税額から控除されることからも，適用の可否を積極的に検討すべきものといえます。相続税の税額控除については次のようなものがあります。

①　贈与税額控除・暦年（相法19）

②　配偶者の税額の軽減（相法19の2）

③　未成年者控除（相法19の3）

④　障害者控除（相法19の4）

⑤　相次相続控除（相法20）

⑥　外国税額控除（相法20の2）

⑦　贈与税額控除・精算（相法21の15③，21の16④，33の2①）

これらのうち未成年者控除は，令和4年4月1日以後の相続または遺贈により取得した財産に

係る相続税については18歳を基準として未成年者控除が適用されることになります。

第 4 節　ファイナンシャルプランニング

　相続税の申告期限は，その相続の開始があることを知った日の翌日から10か月以内とされ，原則としてその期限までに現金で納付することとなっています。節税対策が効果をあげたとしても，多額の相続税が必要となれば，納付後の生活費にも事欠くということになりかねません。これに対応するために，相続税の納付財源を確保するのがファイナンシャルプランニングです。ファイナンシャルプランニングにおいて有効な方法としては，退職金及び生命保険金の活用，中小企業における事業承継税制の納税猶予（第 7 章参照）の活用等があります。

　なお，平成30年の民法改正によって，各相続人が，遺産分割協議前であっても被相続人名義の預貯金を，金融機関から一定額まで引き出せることとなりました（民法909の 2 ）。令和元年 7 月 1 日以降適用されています。

1．ファイナンシャルプランニングとしての退職金の活用

　会社が支払う退職金には死亡退職金と弔慰金があり，このうち一定額については相続税が非課税となります。死亡退職金の非課税限度額は，500万円に法定相続人数を乗じた金額であり，弔慰金の非課税限度額は，業務上の死亡の時は死亡時の給与の36か月分，業務以外の死亡の時は死亡時の給与の 6 か月分となっています。

　また，退職金・弔慰金は各々適正な範囲内で支払われた時は会社の損金になり，結果的に自社株評価を下げる効果も期待できます。しかし，会社が退職金を支払うとはいっても，無制限にできるものではありません。税務上，過大退職金と認められた場合，その一定額超過分は会社の損金にはなりません。一般に，適正退職金（目安）は，退職時の役員報酬月額に在職年数及び功績倍率[3]を乗じた金額が目安となります。

2．ファイナンシャルプランニングとしての生命保険金の活用

　生命保険は，被保険者が死亡した場合に保険受取人に保険金が支払われますが，契約名義等により各々課税関係が異なります（図表 6 - 2 ）。

図表 6 - 2 　生命保険金の課税関係

	被保険者	契約者	死亡保険金受取人	死亡保険金に係る税金
㋑	社　長	会　社	会　社	法人税
㋺	社　長	社　長	妻又は子	相続税
㋩	社　長	妻	妻	所得税
㊁	社　長	妻	子	贈与税

　㋑のケースでは，「定期保険」いわゆる掛け捨て保険等であれば，支払った保険料は会社の損金になり，保険金から社長に死亡退職金を支払い，結果的に法人税もかからないようになります。

㋺㋩のいずれが有利かは状況により変わりますが，㋥のケースは効果が半減しますので注意が必要です。死亡保険金の非課税限度額は，500万円に法定相続人数を乗じた金額ですので，例えば，妻・子2人の相続人が死亡保険金5,000万円を受取った場合，1人当たり非課税額500万円×3人＝1,500万円が差引かれ，差額の3,500万円が相続財産に加算されます。

■注■

（1）国税庁「タックスアンサー No.4105　相続税がかかる財産」（令和3年4月1日現在法令等）。
（2）法務省「民法及び家事事件手続法の一部を改正する法律の概要4 遺留分制度に関する見直し」（平成30年7月13日）。
（3）功績倍率の平均的な数値については「社長は3.0〜4.0が最も多く，会長になると2.0〜4.0がほぼ横ばい。役員は2.0〜3.0が多いようだ」というデータがあります（TKC 税務研修所監修「社長・役員の死亡退職金事例集」『TKC 出版』2005年）。
　また，昭和60年9月17日の最高裁判所第3小法廷の判決（一部抜粋）では，「当時の全上場会社1,603社及び非上場会社101社を調査したところ，退職役員の功績倍率3.0を乗ずることは法令の趣旨に合致し合理的である」とされています。

第7章　中小企業における事業承継税制

第1節　中小企業における経営の承継の円滑化に関する法律に基づく認定等

　事業承継とは，事業を一定の後継者に引き継ぐこと，具体的には「経営権」・「株式等」・「事業用資産」の三つを承継させることをいいます。現代のわが国では，全企業の9割以上を占める中小企業経営者の円滑な事業承継が急務の課題となっています。

　中小企業基本法に定める中小企業を対象とした「中小企業における経営の承継の円滑化に関する法律」（経営承継円滑化法）が，平成20年10月1日から施行されました。この法律は，①民法の特例，②金融支援に関する特例，③株式承継の贈与税・相続税の納税猶予の特例，④所在不明株主に関する会社法の特例の4つの内容からなっています。

1．遺留分に関する民法の特例

　現経営者が，贈与や遺言によって意中の後継者に自社株式を集中させ，事業承継をしようとした場合に生じてきた問題に対処するため「遺留分に関する民法の特例」が，平成21年3月1日に施行されました。

　3年以上継続して事業を行っている会社の後継者が，遺留分権利者全員の合意と一定の手続き（経済産業大臣の確認および家庭裁判所の許可等）を経ることにより，①生前贈与を受けた非上場株式等を遺留分算定基礎財産から除外する「除外合意」制度と，②生前贈与株式の評価額を，その一定の相続人の合意時点の価額に固定することのできる「固定合意」制度の2つです。遺留分の算定に係る合意は，経済産業大臣の確認および家庭裁判所の許可を得ることによって，その効力を生じます。

2．金融支援の特例

　先代経営者の死亡や退任により，事業承継に支障が生じている中小企業者に対して，都道府県が認定を行い，金融支援措置を講じます。

　事業承継時における，株式や事業用資産の買取資金や納税資金の調達のために，①信用保証協会の保証枠の別枠設定と，②日本政策金融公庫あるいは沖縄振興開発金融公庫による融資を受けることができます。貸付金利は特別税率[1]が適用されます。

３．特例事業承継税制（税制支援）の前提となる認定

①　所在不明株主に関する会社法の特例（法人版）

　令和 3 年 8 月 2 日施行の「産業競争力強化法等の一部を改正する等の法律」に伴う経営承継円滑化法の改正により，本制度が追加されました。株主通知や配当金を受領していないような所在不明の株主がいた場合，事業承継を行いたくても行えないといった場面も想定されます。そこで，一定の要件を満たし，都道府県知事の認定を受けることによって，所在不明株主からの株式買い取り可能までの期間を 5 年から 1 年に短縮することができるようになりました。

②　相続税の納税猶予及び免除制度（法人版）

　創設当初，現在の一般措置としての本制度は，一定の要件を満たせば，その株式に関わる相続税の80％が納税猶予され，対象株式は発行済議決株式総数の 3 分の 2 が限度とされていました。当時は，経済産業大臣（現在は都道府県）の事前確認・認定，事業承継者が親族のみ，雇用の80％以上の継続維持，相続株式の継続保有，申告期限後 5 年間，経済産業局（現在は都道府県）への「年次報告書」，税務署への「継続届出書」提出等といった要件が課せられていましたが，その後緩和されていきました（措法70の 7 の 2 ）。

　その後の税制改正により，事業承継税制の活用促進のために適用要件等が見直され，手続きの簡素化（事前確認の廃止，平成25年 4 月 1 日以後適用），制度の拡充（親族外承継の対象化・雇用80％維持要件の緩和等，平成27年 1 月 1 日以後適用）がなされています。なお，平成29年 4 月 1 日より本制度の適用を受けるために必要な書類の提出等は従来の経済産業局から都道府県に変更になっています。

③　贈与税の納税猶予及び免除制度（法人版）

　平成21年度税制改正により「非上場株式等に係る贈与税の納税猶予制度」が創設されました。基本的な仕組みは相続税の納税猶予制度と同じですが，贈与税の100％（全額）が納税猶予されることとなっています（措法70の 7 ）。

④　個人版事業承継税制

　「個人の事業用資産についての納税猶予制度」は，会社（法人版）に係る事業承継を，個人の事業に係る事業承継にまで拡充したものであり，令和元年度税制改正によって平成31年 1 月 1 日から令和10年12月31日までの10年間の特例措置として創設されました。本制度の適用を受けるためには，都道府県知事の認定を受け，事業を継続すること等が求められます。

第2節 事業承継税制の概要

1．事業承継税制の沿革

　事業承継税制（事業承継の際の「相続税・贈与税の納税猶予および免除」）は，前述の経営承継円滑化法の税制面からの支援措置です。平成21年からスタートし，平成30年には10年間の特例措置として「特例事業承継税制」が創設されました。

　特例措置の適用は，平成30年4月1日から令和5年3月31日までの5年間に，認定経営革新等支援機関[2]の指導・助言を受けて作成された「特例承継計画」を，都道府県に提出することを条件に認められます。

　その後，令和元年度税制改正からは個人事業者についても事業承継税制がスタートし，現在に至っています。

2．法人版事業承継税制

　後継者である受贈者・相続人等が，前述の認定を受けている会社の株式等を，贈与又は相続等により取得した場合において一定の要件を満たせば，それに係る贈与税・相続税について納税が猶予され，その後も後継者の死亡等によって納税猶予分の贈与税・相続税の納付が一定額免除される制度です。

① 適用対象

　事業承継税制が適用される会社は，「中小企業基本法」に規定された中小企業です。通常の事業会社であれば適用可能ですが，資産保有型会社・風俗営業会社には適用されません。

　後継者には，会社の代表権を有する（相続税は相続開始の日の翌日から5か月を経過する日を基準），会社の役員である[3]，議決権数の一定保有などが必要です[4]。なお，贈与税の場合には後継者が20歳以上であること（令和4年4月1日以後の贈与は18歳）が必要となります。先代経営者等には，有していた代表権を喪失すること，直前の保有議決権数が一定条件にあったことなどが求められます。

② 特例事業承継税制と一般事業承継税制の相違点

　特例事業承継税制（以下，「特例措置」という）は，一般事業承継税制（以下，「一般措置」という）に比べて画期的な支援措置といえるものです。ここで留意しなければならないのは，一般措置も恒久措置として存在していることです。

図表 7 - 1　事業承継税制の特例措置と一般措置の比較

	特例措置	一般措置
事前の計画策定等	5 年以内の特例承継計画の提出【平成30年 4 月 1 日から令和 6 年 3 月31日まで】	不要
適用期限	10年以内の相続等・贈与【平成30年 1 月 1 日から令和 9 年12月31日まで】	なし
対象株数	全株式	総株式数の最大 3 分の 2 まで
納税猶予割合	100%	相続等：80%，贈与：100%
承継パターン	複数の株主から最大 3 人の後継者	複数の株主から 1 人の後継者
雇用確保要件	弾力化	承継後 5 年間平均 8 割の雇用維持が必要
事業の継続が困難な事由が生じた場合の免除	譲渡対価の額等に基づき再計算した猶予税額を納付し，従前の猶予税額との差額を免除	なし（猶予税額を納付）
相続時精算課税の適用	60歳以上の贈与者から18歳以上* の者への贈与（租税特別措置法第70条の 2 の 8 等）	60歳以上の贈与者から18歳以上* の推定相続人（直系卑属）・孫への贈与（相続税法第21条の 9・租税特別措置法第70条の 2 の 6 ）

※改正後の令和 4 年 4 月 1 日以後の内容です（筆者加筆）。改正前は「20歳以上」となります。
出所：国税庁『相続税の申告のしかた』。

③　**相続税に係る特例措置の令和 3 年度税制改正**

　被相続人が70歳未満（改正前：60歳未満）で死亡した場合等には，後継者が，被相続人の相続開始の直前に経営承継円滑化法第12条第1項の認定を受けた会社の役員でないときであっても，本特例の適用を受けることができることとされました。

3．個人版事業承継税制

　所得税の青色申告に係る事業（不動産貸付事業等を除く。）を行っていた事業者の後継者が，前述の中小企業における経営の承継の円滑化に関する法律[5] に基づく認定を受けていることが前提とされています。そのような後継者が先代事業者（個人）の事業用資産を贈与又は相続等により取得した場合に一定の要件を満たせば，それに係る贈与税・相続税についての納税が猶予され，その後も後継者の死亡等によって納税猶予分の贈与税・相続税の納付が一定額免除される制度です。

　本制度の適用は，平成31年 4 月 1 日から令和 6 年 3 月31日までに「個人事業承継計画」を都道府県知事に提出し，確認を受けることを条件に認められます。

図表7－2 事業承継税制の法人版と個人版の比較

	法人版（特例措置）	個人版
事前の計画策定等	5年以内の特例承継計画の提出 ┌平成30年4月1日から┐ └令和6年3月31日まで┘	5年以内の個人事業承継計画の提出 ┌平成31年4月1日から┐ └令和6年3月31日まで┘
適用期限	10年以内の贈与・相続等 ┌平成30年1月1日から┐ └令和9年12月31日まで┘	10年以内の贈与・相続等 ┌平成31年1月1日から┐ └令和10年12月31日まで┘
対象資産	非上場株式等	特定事業用資産
納税猶予割合	100％	100％
承継パターン	複数の株主から最大3人の後継者	原則，先代1人から後継者1人 ※一定の場合，同一生計親族等からも可
贈与要件	一定数以上※の株式等を贈与すること ※後継者1人の場合，原則2/3以上など	その事業に係る特定事業用資産の すべてを贈与すること
雇用確保要件	あり（特例措置は弾力化）	雇用要件なし
経営環境変化に対応した減免等	あり	あり ※後継者が重度障害等の場合は免除
円滑化法認定の有効期限	申告期限から5年間	最初の承継（贈与・相続）から2年間

出所：中小企業庁『－経営承継円滑化法－【個人の事業用資産についての相続税，贈与税の納税猶予制度の概要】』。

① 適用対象

　事業用資産としては，先代事業者[6]の青色申告書の貸借対照表に計上されているものであって，次のような「特定事業用資産」の承継について適用することができます。

- 事業用の宅地等……………400㎡まで
- 事業用の建物………………床面積800㎡まで
- 上記以外の減価償却資産…固定資産税の課税対象とされているもの等

　※贈与税は，後継者について成人年齢引き下げ（令和4年4月1日以降の贈与は「18歳以上」）の影響あり。

② 小規模宅地等の評価減の特例との検討

　相続税の納税猶予については，小規模宅地等の評価減の特例よりも適用できる資産が拡充されます。ただし，承継した事業用の宅地等について本制度を適用する場合には，小規模宅地等の評価減の特例を適用することができなくなることに留意する必要があります。

■ 注 ■

（１）通常1.2％の基準利率か0.81％の特別利率になります。

（２）支援機関として，商工会議所・金融機関・税理士等が認定されています。

（３）贈与税の場合には就任から３年以上を経過していることが求められます。

（４）そのほか，納税が猶予される税額及び利子税の額に見合う担保を税務署に提供する必要があります。

（５）経営承継円滑化法第12条第1項の認定を受けた個人である中小企業者を対象としています。

（６）なお，先代事業者の生計一親族からの特定事業用資産の贈与・相続等については，先代事業者からの贈与・相続等の日から１年を経過する日までにされたものに限ります。

第8章　相続税法における用語と計算の問題

問題 8 − 1

相続税法に関する下記の文章の空欄に該当する用語を下記語群から選び，解答欄に記号で記入しなさい。

次に掲げる者は，相続税を納める義務がある。

1 （①）により財産を取得した一定の個人で（②）においてこの法律の施行地に（③）を有するもの

2 （①）により財産を取得した次に掲げる者であって，（②）においてこの法律の施行地に（③）を有しないもの

イ （④）を有する個人。ただし，当該個人が当該相続又は遺贈に係る（⑤）のいずれかの時においてこの法律の施行地に（③）を有していたことがある場合，または（③）を有していたことがない場合で，被相続人が一時居住被相続人若しくは非居住被相続人でない場合。

ロ （④）を有しない個人。ただし，当該相続又は遺贈に係る被相続人が外国人被相続人または非居住被相続人である場合を除く。

3 （①）によりこの法律の施行地にある財産を取得した（⑥）で（②）においてこの法律の施行地に（③）を有するもの

4 （⑦）により（⑧）の適用を受ける財産を取得した個人

〈語群〉

ア．永住権　　イ．当該財産を取得した時　　ウ．居所　　エ．相続　　オ．贈与　　カ．相続又は遺贈

キ．住所　　ク．青色申告制度　　ケ．相続開始の時　　コ．日本国籍　　サ．相続の開始前1年以内

シ．相続時精算課税制度　　ス．相続の開始前10年以内　　セ．個人　　ソ．被相続人

解答欄

①	②	③	④	⑤	⑥	⑦	⑧

問題 8 − 2

相続税法に関する下記の文章の空欄に該当する用語を下記語群から選び，解答欄に記号で記入しなさい。

次に掲げる財産の価額は，相続税の課税価格に算入しない。

1 皇室経済法の規定により皇位とともに皇嗣が受けた物

2 （①），霊廟及び祭具並びにこれらに準ずるもの

3 （②），慈善，学術その他（③）を目的とする事業を行う者が相続又は遺贈により取得した財産で当該（③）を目的とする事業の用に供することが確実なもの

4 条例の規定により地方公共団体が精神又は身体に（④）のある者に関して実施する共済制度に基づいて支給される給付金を受ける権利

5 （⑤）・損害保険金のうち一定額

6　（⑥）のうち一定額

　　ただし，上記 3 に掲げる財産を取得した者がその財産を取得した日から（⑦）を経過した日において，なお当該財産を当該（③）を目的とする事業の用に供していない場合においては，当該財産の価額は，課税価格に算入する。

〈語群〉

　ア．非営利　　イ．宅地　　ウ．生命保険金　　エ．墓所　　オ．企業　　カ．宗教　　キ．営利

　ク．退職手当金等　　ケ．1 年　　コ．2 年　　サ．公益　　シ．宝くじ　　ス．障害

解答欄

①	②	③	④	⑤	⑥	⑦

問題 8 － 3

　　相続税法に関する下記の文章の空欄に該当する用語を下記語群から選び，解答欄に記号で記入しなさい。

　　相続又は遺贈により財産を取得した者が当該相続又は遺贈に係る被相続人の（①）の（②）（代襲相続人を含む）及び（③）以外の者である場合においては，その者に係る相続税額は，（④）に相当する金額を加算した金額とする。

　　上記の（①）の（②）には，被相続人の直系卑属が当該被相続人の（⑤）となっている場合を含まないものとする。ただし，当該被相続人の直系卑属が相続開始以前に死亡し，又は相続権を失ったため，代襲して相続人となっている場合は，この限りでない。

〈語群〉

　　ア．百分の二十　　　イ．百分の三十　　　ウ．一親等　　エ．姻族　　オ．非嫡出子　　　カ．三親等内

　　キ．子　　ク．養子　　ケ．配偶者　　コ．血族

解答欄

①	②	③	④	⑤

問題 8 － 4

　　相続税法に関する下記の文章の空欄に該当する用語を下記語群から選び，解答欄に記号で記入しなさい。

　　相続，遺贈又は贈与により取得した（①）の価額は，当該財産の取得の時における（②）により，当該財産の価額から控除すべき（③）の金額は，その時の（④）による。

〈語群〉

　　ア．資産　　イ．通達による評価額　　ウ．債務　　エ．時価　　オ．残高　　カ．現況　　キ．負債

　　ク．財産　　ケ．有価証券

解答欄

①	②	③	④

問題 8 － 5

相続税法に関する下記の文章の空欄に該当する用語を下記語群から選び，解答欄に記号で記入しなさい。

相続又は遺贈により（①）及び当該被相続人に係る（②）は，当該被相続人からこれらの事由により財産を取得したすべての者に係る相続税の課税価格の合計額が（③）を超える場合において，その者に係る相続税の課税価格に係る相続税額があるときは，その（④）から（⑤）以内に課税価格，相続税額その他財務省令で定める事項を記載した申告書を納税地の所轄税務署長に提出しなければならない。

〈語群〉

　ア．5,000万円　　イ．財産を取得した者　　ウ．親族　　エ．6か月　　オ．10か月

　カ．その遺産に係る基礎控除額　　キ．相続開始日　　ク．相続時精算課税適用者　　ケ．被相続人

　コ．相続の開始があったことを知った日の翌日　　サ．3,000万円

解答欄

①	②	③	④	⑤

問題 8 － 6

相続人とその相続分，及び法定相続人とその相続分を求めなさい。なお，相続開始日は令和4年4月1日とする。

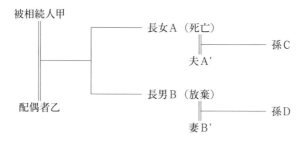

解答欄

相続人	相続分	法定相続人	相続分

問題 8 － 7

　相続人とその相続分，及び法定相続人とその相続分を求めなさい。なお，相続開始日は令和 4 年 4 月 1 日とする。

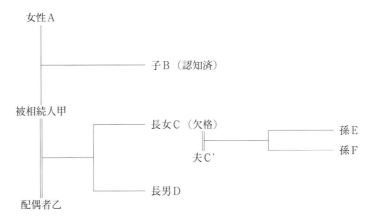

解答欄

相続人	相続分	法定相続人	相続分

問題 8 － 8

　次の資料により，各相続人等の課税価格に算入すべき価額を求めなさい。なお，相続開始日は令和 4 年 4 月 1 日とする。

1．被相続人甲の相続人等は次の通りである。

　　※長男 A は，障害者である。

　　※長女 B は，公益を目的とする事業を行う者である。

2．各相続人が相続により取得した財産は次の通りである。

（1）配偶者乙　宅地及び家屋30,000千円，墓地2,000千円，現金5,000千円。

（2）長男 A　現金3,000千円，F 市が実施する心身障害者共済制度に基づく給付金受給権7,000千円（甲が掛金の全額を負担していたものである）。

（3）長女 B　現金2,000千円，宅地8,000千円（B はこの宅地を取得後直ちに公益を目的とする事業の用に

供している）。

相続人	課税価格
配偶者乙	
長男A	
長女B	

問題 8 － 9

　次の資料により，各相続人等の相続税額を求めなさい。

　※税控除については考慮不要とする。

1．被相続人甲（令和3年6月30日死亡）の相続人等は次の通りである。

　　（注）Cは，甲及び乙と養子縁組している。

2．各相続人等の相続税の課税価格は次の通りである。

　　　配偶者乙　　140,000千円

　　　長男A　　　 80,000千円

　　　長女B　　　 40,000千円

　　　養子C　　　 10,000千円

3．相続税の税率は次の通りである。

課税標準	税率	控除額
1,000万円以下	10%	－
3,000万円以下	15%	50万円
5,000万円以下	20%	200万円
1億円以下	30%	700万円
2億円以下	40%	1,700万円
3億円以下	45%	2,700万円
6億円以下	50%	4,200万円
6億円超	55%	7,200万円

解答欄

1．相続税の総額の計算

課税遺産額

課税価格の合計額	千円	－	遺産に係る基礎控除額	千円	＝	課税遺産額	千円

法定相続分に応じた各取得金額（千円未満切捨）

				=	千円
	千円	×		=	千円
				=	千円
				=	千円

相続税の総額の基礎となる税額

千円	×	%	−	千円	=	円
千円	×	%	−	千円	=	円
千円	×	%	−	千円	=	円
千円	×	%	−	千円	=	円

相続税の総額

円

算出相続税額（円未満切捨）

				=	円
	円	×		=	円
				=	円
				=	円

●第 2 編の参考文献●

有地　亨監修『口語親族相続法』自由国民社，2005年

今中　清他『中小企業の事業承継戦略』TKC出版，2017年

今中　清他『平成30年度税制改正のポイント』TKC出版，2018年

碓井孝介『図解でわかる　改正相続法入門』日本加除出版，2018年

遠藤浩他編『民法（8）親族・民法（9）相続』有斐閣双書，2005年

金子　宏『租税法第22版』弘文堂，2017年

金子　宏『租税法第24版』弘文堂，2021年

国税庁ホームページ『相続税の申告のしかた』・『相続税の申告状況について』

小林直樹『法理学・上巻』岩波書店，1960年

近藤光夫編『平成19年度版　図解相続税・贈与税』大蔵財務協会，2007年

塩野入文雄編著『Ｑ＆Ａ贈与税・相続税の事業承継税制の実務詳解』大蔵財務協会，2019年

税制調査会・法務省・財務省・中小企業庁等資料

税務ＱＡ 2 月号増刊『役員給与・役員退職給与の実支給額調査(2017年実施)』税務研究会，2018年

税理士法人中央青山編『事業承継・相続対策の法律と税務』TKC資産対策研究会・税務研究会出版局，
　2004年

租税法学会『租税法学と関連学問領域』有斐閣，1992年

武田昌輔『新講税務会計通論』森山書店，1995年

TKC税務研修所監修『社長・役員の死亡退職金事例集』TKC広報部，1992年

TKC税務研修所監修『社長・役員の死亡退職金　1,812例』TKC出版，2005年

TKC税務研究所『法律情報データベース』（株）TKC，2008年

TKC全国会『相続税の申告と書面添付』TKC出版，2015年

TKC全国会『Q＆A特例事業承継税制』TKC出版，2018年

富岡幸雄『税務会計論講義』中央経済社，1994年

中里　実他『租税法概説第2版』有斐閣，2015年

中島茂幸，櫻田　譲編著『ベーシック税務会計』創成社，2007年

中島茂幸，櫻田　譲編著『Newベーシック税務会計＜個人課税編＞』五絃舎，2018年

仁井田陞『中国法制史研究』他　東京大学出版会，1964年

日本税理士会連合会　編『現代税務全集35　相続・贈与の税務』ぎょうせい，1983年

日本税理士会連合会監修『税理・平成24年度改正税法詳解特集号』ぎょうせい，2012年

日本税理士会連合会監修『税理・平成25年度改正税法詳解特集号』ぎょうせい，2013年

日本税理士会連合会監修『税理・平成26年度改正税法詳解特集号』ぎょうせい，2014年

日本税理士会連合会監修『税理・大綱から読み解く平成30年度税制改正の全体像』ぎょうせい，2018年

日本税理士会連合会監修『税理・事業承継税制の特例の実務ポイント』ぎょうせい，2018年

日本税理士会連合会監修『税理・平成30年度改正税法詳解特集号』ぎょうせい，2018年

松澤　智『租税手続法』中央公論社，1997年

松澤　智『租税争訟法』中央経済社，2001年

松澤　智『新版　租税実体法』中央経済社，2002年

松澤　智『租税実体法の解釈と適用・2』中央経済社，2000年

森　富幸『取引相場のない株式の税務』日本評論社，2012年

森　富幸『事業承継の基礎と実務』日本評論社，2014年

安島和夫『相続税法」税務経理協会，2005年

山川一陽，松嶋隆弘編著『相続法改正のポイントと実務への影響』日本加除出版，2018年

吉沢浩二郎他『改正税法のすべて　平成24年版』大蔵財務協会，2012年

吉沢浩二郎他『改正税法のすべて　平成25年版』大蔵財務協会，2013年

吉田修平，森川紀代編著『新しい相続実務の徹底解説―概説と事例Q＆A』青林書院，2019年

我妻　栄『民法　3親族法・相続法』一粒社，2000年

和栗正栄・小林勝治編『平成19年版　相続税贈与税の実務と申告』大蔵財務協会，2007年

第9章　相続税法2級過去問題と検定試験規則

第1節　第108回　相続税法2級　過去問題

第1問　次の【資料】に基づき，各受贈者の令和3年分の納付すべき贈与税額を求めなさい。(20点)

　　なお，各財産の金額は，税法上の適正額であり，各受贈者は令和3年1月1日において全員20歳以上である。

【資料】

⑴　Aは，令和3年4月1日に兄より動産6,000,000円の贈与を受けた。

⑵　Bは，被保険者である父の死亡に伴う生命保険契約に基づき，令和3年5月8日に死亡保険金12,000,000円を取得した。

　　この生命保険契約に基づく保険料は，父が4,000,000円及び母が6,000,000円を支払っている。

⑶　Cは，令和3年8月11日に祖父(80歳)より土地25,000,000円及び家屋5,800,000円の贈与を受けており，Cは祖父からの贈与について，令和3年分の贈与税の申告期限までに贈与税の期限内申告書に相続時精算課税選択届出書を添付し，提出している。

⑷　Dは，令和3年11月30日に夫より居住用不動産25,000,000円の贈与を受けた。

　　Dは，令和3年分の夫から取得した居住用不動産について，贈与税の配偶者控除の規定の適用を受けている。

①　贈与税の速算表（一般税率）

基礎控除後の課税価格	税率(%)	控除額	基礎控除後の課税価格	税率(%)	控除額
2,000千円以下	10	———	10,000千円以下	40	1,250千円
3,000千円以下	15	100千円	15,000千円以下	45	1,750千円
4,000千円以下	20	250千円	30,000千円以下	50	2,500千円
6,000千円以下	30	650千円	30,000千円超	55	4,000千円

②　贈与税の速算表（特例税率）

基礎控除後の課税価格	税率(%)	控除額	基礎控除後の課税価格	税率(%)	控除額
2,000千円以下	10	———	15,000千円以下	40	1,900千円
4,000千円以下	15	100千円	30,000千円以下	45	2,650千円
6,000千円以下	20	300千円	45,000千円以下	50	4,150千円
10,000千円以下	30	900千円	45,000千円超	55	6,400千円

第2問　次の〈設例〉により民法に定める相続人及びその相続分並びに相続税法に定める遺産に係る基礎控除額を計算する上での相続人の数を求めなさい。（20点）

　　なお，親族図表において，二重線は法律上の婚姻関係を示している。

〈設例1〉

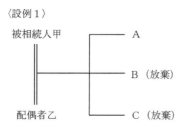

〈設例2〉

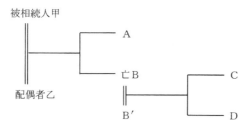

〈設例3〉

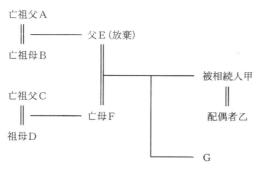

〈設例4〉

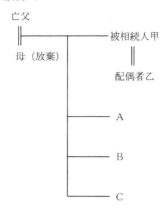

　　　　　※A，B及びCは，亡父及び亡母と生前，適法に養子縁組をしている。

〈設例5〉

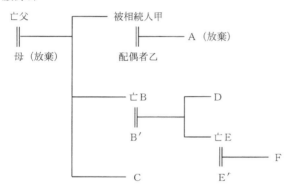

第3問　下記の【資料】に基づき，被相続人甲の各相続人及び受遺者（以下「相続人等」という。）の納付すべき相続税額を計算の過程を示しながら求めなさい。（60点）

　　各相続人等の課税価格に算入する金額の計算に当たって2以上の計算方法がある場合には，設問中に特に指示されている事項を除き，各人の課税価格が最も少なくなる方法を選択するものとし，各相続人等の算出相続税額の計算に当たってのあん分割合は，端数を調整しないで計算する。なお，金額欄に該当するものがない場合には，「———」を記入すること。

　　また，課税価格の計算のうち，小規模宅地等の特例については，解答用紙の3「小規模宅地等の特例の計算」欄に記入することとし，その特例の適用を受ける財産については宅地G，宅地Iの順に適用を受けることとし，解答用紙の「課税価格に算入される金額」欄には，その特例の適用を受ける前の評価額を記入すること。

【資料】

1.　静岡県静岡市に住所を有する被相続人甲は，令和3年12月20日に自宅で死亡し，相続人等は全員同日中に相続の開始を知った。

2.　被相続人甲の相続人等の状況は，次に図示するとおりである。

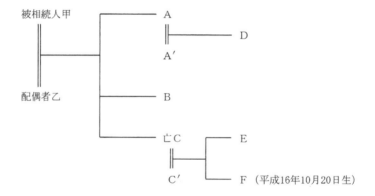

　（注1）被相続人甲は，昭和18年8月13日生まれで，相続開始時において日本国籍を有する者であり，日本国内に住所を有していた。なお，生前において日本国外に住所を有していたことはなく，外国人被相続人には該当しない。

　（注2）相続人等は，被相続人甲の相続開始時において全員日本国内に住所を有しており，特に記載がある者を除き，相続開始時において全員20歳以上である。

　（注3）Aは，被相続人甲の死亡に係る相続について，適法に相続の放棄をしている。

　（注4）亡Cは平成27年12月29日に死亡している。なお，亡Cの死亡に係る相続については，課税価格の合計額が遺産に係る基礎控除額以下であった。

　（注5）配偶者乙は，被相続人甲と昭和42年4月に結婚しており，被相続人甲の相続開始時において被相続人甲及びBと同居していた。

3．被相続人甲の遺産に関して判明している事項は次のとおりである。

⑴　被相続人甲の遺産は，被相続人甲が適法な手続きにより作成した公正証書による遺言書に基づき，
それぞれ次のとおり受遺者に遺贈されている。

（注1）宅地及び建物は，すべて借地権割合が60％，借家権割合が30％である地域に所在するものと
する。

（注2）取引相場のない株式の評価上，類似業種比準方式により計算する場合の要素別比準割合及び
比準割合は，それぞれ小数点以下2位未満を切り捨てて計算するものとし，評価差額に対する
法人税額等相当額を計算する場合の率は37％とする。

①　宅地Gは，配偶者乙へ遺贈する。

宅地Gは，路線価方式適用地域（普通住宅地区）に所在しており，その地形等は次のとおりで
ある。また，この宅地Gは，下記②の家屋Hの敷地の用に供されており，特定居住用宅地等に該
当する。

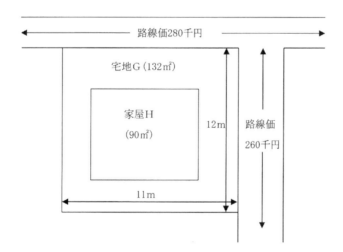

②　家屋Hは，配偶者乙へ遺贈する。

この家屋Hの固定資産税評価額は4,800,000円であり，被相続人甲，配偶者乙及びBの居住の用
に供されていたものである。

③　宅地Iは，Aへ遺贈する。

宅地Iは，路線価方式適用地域（普通商業・併用住宅地区）に所在しており，その地形等は次
のとおりである。また，この宅地Iは，下記④の家屋Jの敷地の用に供されており，貸付事業用
宅地等に該当する。

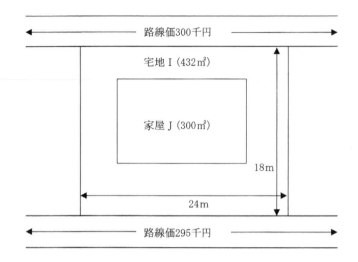

④ 家屋Jは，Aへ遺贈する。

この家屋Jの固定資産税評価額は9,680,000円であり，被相続人甲が第三者に対して賃貸借契約により従前より適正な対価で貸し付けていたものである。

⑤ K銀行預金（時価評価額44,380,000円）は，E及びFへ2分の1ずつ遺贈する。

なお，E及びFは取得したK銀行預金のうちそれぞれ1,000,000円を令和4年6月1日に静岡県静岡市に寄附し，同日受け入れられている。

⑥ L社株式（上場株式）3,300株は，Bへ遺贈する。

L社株式は，金融商品取引所に上場されている株式であり，この株式の評価に必要な資料は次のとおりである。

イ 課税時期の最終価格 4,013円

ロ 令和3年12月の毎日の最終価格の月平均額 4,038円

ハ 令和3年11月の毎日の最終価格の月平均額 4,022円

ニ 令和3年10月の毎日の最終価格の月平均額 4,031円

ホ 令和3年9月の毎日の最終価格の月平均額 4,005円

⑦ M社の株式18,000株は，Aへ遺贈する。

この株式を評価するに当たり必要な資料は，次のとおりである。

イ M社の資本金等の額は，20,000,000円であり，発行済株式数は40,000株（全て普通株式であり，議決権は1株につき1個とする。）である。

ロ M社の事業年度は1年で，決算期は6月末である。

ハ M社は飲食サービス業を営む会社で，その株式は取引相場のない株式である。

ニ M社の評価上の区分は小会社である。

ホ A及びその同族関係者の議決権割合の合計は80％であり，Aは，原則的評価方式により評価するものとする。

ヘ　M社の直前期末の1株当たりの配当金額等（1株当たりの資本金等の額50円換算後の金額）

(イ)　配当金額　　　　　　　　　　　　　　　　4.5円

(ロ)　利益金額　　　　　　　　　　　　　　　　30円

(ハ)　純資産価額　　　　　　　　　　　　　　　487円

ト　類似業種の1株当たりの平均株価，配当金額等

(イ)　類似業種の株価　　　　　　　　　　　　　242円

(ロ)　類似業種の1株当たりの配当金額　　　　　5.8円

(ハ)　類似業種の1株当たりの年利益金額　　　　18円

(ニ)　類似業種の1株当たりの純資産価額（帳簿価額）　217円

チ　課税時期におけるM社の資産及び負債の額

(イ)　資産の金額（帳簿価額）　　　　　　266,040,000円

(ロ)　資産の金額（相続税評価額）　　　　283,050,000円

(ハ)　負債の金額（帳簿価額）　　　　　　 98,100,000円

(ニ)　負債の金額（相続税評価額）　　　　 98,100,000円

⑵　上記⑴の遺贈財産及び下記⑶に掲げる財産以外の被相続人甲の遺産は，総額150,000,000円（すべて預貯金等の流動資産である。）であり，その遺産については，令和4年9月4日に各相続人間で分割協議が行われ，各相続人が民法第900条（法定相続分）及び同901条（代襲相続分）の規定による相続分に応じて取得した。

⑶　被相続人甲に係る債務は次のとおりであり，すべて配偶者乙が負担した。

①　未納の固定資産税　　　　　　　　　1,660,000円

②　病院の入院費用　　　　　　　　　　 620,000円

③　遺言執行費用　　　　　　　　　　　 300,000円

4．被相続人甲に係る葬式費用等は次のとおりであり，配偶者乙とAが2分の1ずつ負担した。

⑴　通夜・葬儀費用　　　　　　　　　　4,220,000円

⑵　御布施・戒名料　　　　　　　　　　 800,000円

⑶　四十九日法会費用　　　　　　　　　 640,000円

5．被相続人甲に関する生命保険契約は，次の表のとおりである。

区分	N生命保険	O生命保険
保険契約者	被相続人甲	配偶者乙
被保険者	被相続人甲	被相続人甲
保険料負担者	被相続人甲1/2 配偶者乙　1/2	被相続人甲
保険金受取人	配偶者乙	B
保険金額	24,000,000円	20,000,000円
払込済保険料	17,000,000円	15,000,000円

6．被相続人甲の生前において被相続人甲から生計の資本として次のとおり財産の贈与を受けており，Bは令和2年分の被相続人甲からの贈与について相続時精算課税の適用を受けている。

　なお，受贈者は，このほかに贈与を受けた事実はなく，贈与税の申告義務があるものについては，適正に申告納付をしている。

贈与年月日	受贈者	受贈財産	贈与時の価額
令和2年3月31日	B	預貯金	27,500,000円
令和3年11月3日	配偶者乙	現金	3,000,000円

＜参考＞

　1．宅地等の価額を求める場合における奥行価格補正率等（抜粋）

　　⑴　奥行価格補正率

　　　　（普通住宅地区）　　　　　　　　　（普通商業・併用住宅地区）

　　　　10m以上24m未満　1.00　　　　10m以上12m未満　0.99

　　　　24m以上28m未満　0.97　　　　12m以上32m未満　1.00

　　⑵　側方路線影響加算率

　　　　（普通住宅地区）　　　　　　　　　（普通商業・併用住宅地区）

　　　　角地　　　0.03　　　　　　　　　角地　　　0.08

　　　　準角地　0.02　　　　　　　　　準角地　0.04

　　⑶　二方路線影響加算率

　　　　（普通住宅地区）　　　　　　　　　（普通商業・併用住宅地区）

　　　　0.02　　　　　　　　　　　　　　0.05

　2．相続税の速算表

各法定相続人の取得金額	税率(%)	控除額	各法定相続人の取得金額	税率(%)	控除額
10,000千円以下	10	0千円	200,000千円以下	40	17,000千円
30,000千円以下	15	500千円	300,000千円以下	45	27,000千円
50,000千円以下	20	2,000千円	600,000千円以下	50	42,000千円
100,000千円以下	30	7,000千円	600,000千円超	55	72,000千円

　3．贈与税の速算表

　　①　贈与税の速算表（一般税率）

基礎控除後の課税価格	税率(%)	控除額	基礎控除後の課税価格	税率(%)	控除額
2,000千円以下	10	———	10,000千円以下	40	1,250千円
3,000千円以下	15	100千円	15,000千円以下	45	1,750千円
4,000千円以下	20	250千円	30,000千円以下	50	2,500千円
6,000千円以下	30	650千円	30,000千円超	55	4,000千円

　　②　贈与税の速算表（特例税率）

基礎控除後の課税価格	税率(%)	控除額	基礎控除後の課税価格	税率(%)	控除額
2,000千円以下	10	———	15,000千円以下	40	1,900千円
4,000千円以下	15	100千円	30,000千円以下	45	2,650千円
6,000千円以下	20	300千円	45,000千円以下	50	4,150千円
10,000千円以下	30	900千円	45,000千円超	55	6,400千円

主催　公益社団法人　全国経理教育協会　　後援　文部科学省

第108回相続税法能力検定試験　解答用紙

2 級

試験会場 _____

受験番号 _____

採　点 _____

第1問（20点）

（単位：円）

	受贈者	計 算 過 程	贈与税額
(1)	A	1．基礎控除後又は特別控除額控除後の課税価格の計算 □ － □ ＝ □ 2．贈与税額の計算 □ ＝ □	□
(2)	B	1．基礎控除後又は特別控除額控除後の課税価格の計算 □ － □ ＝ □ 2．贈与税額の計算 □ ＝ □	□
(3)	C	1．基礎控除後又は特別控除額控除後の課税価格の計算 　　　　　　　　　　　　（注） □ － □ ＝ □ （注）□ $\geqq$ □ 　　　　　　　　　　＜ （該当するものを○で囲むこと） 　　　　　　　　∴ □ 2．贈与税額の計算 □ ＝ □	□
(4)	D	1．基礎控除後又は特別控除額控除後の課税価格の計算 　　　　　　（注） □ － □ － □ ＝ □ （注）□ $\geqq$ □ ∴ □ 　　　　　　　＜ （該当するものを○で囲むこと） 2．贈与税額の計算 □ ＝ □	□

第 2 問（20点）

＜設例 1 ＞　　　　　　　（解答例 $\frac{1}{2}$）

相続人	相続分	相続人の数
	───	
	───	
	───	人
	───	
	───	

＜設例 2 ＞

相続人	相続分	相続人の数
	───	
	───	
	───	人
	───	
	───	

＜設例 3 ＞

相続人	相続分	相続人の数
	───	
	───	
	───	人
	───	
	───	

＜設例4＞

相続人	相続分	相続人の数
	―	
	―	
	―	人
	―	
	―	

＜設例5＞

相続人	相続分	相続人の数
	―	
	―	
	―	人
	―	
	―	

第3問（60点）

1　各相続人等の相続税の課税価格の計算

(1)　遺贈財産の価額の計算　　　　　　　　　　　　　　　　　　　　　　　（単位：円）

財産の種類	取得者	計　算　過　程	課税価格に算入される金額
宅地G	乙	1．正面路線の判定 ∴　□ 2．1㎡当たり評価額の計算 　＝　□ 3．評価額の計算 　＝　□	□
家屋H	乙		□
宅地 I	A	1．正面路線の判定 ∴　□ 2．1㎡当たり評価額の計算 　＝　□ 3．評価額の計算 　＝　□	□
家屋 J	A		□
K銀行預金	E		□
	F		□
L社株式	B	1．1株当たり評価額の計算 　∴　□ 2．評価額の計算 　＝　□	□

（単位：円）

財産の種類	取得者	計　算　過　程	課税価格に算入される金額
M社株式	A	**1．類似業種比準価額の計算** ①〔　〕 × 〔　〕＋〔　〕＋〔　〕／〔　〕 × 〔　〕 ＝〔　〕（〔　〕未満切捨て） ② ① × 〔　〕^(注) ＝〔　〕（〔　〕未満切捨て） （注）〔　〕＝〔　〕 **2．純資産価額の計算** ① 評価差額に相当する金額 〔　〕 ＝〔　〕 ② 評価差額に対する法人税等相当額 〔　〕＝〔　〕（〔　〕未満切捨て） ③ 相続税評価額による税引き後の純資産価額 〔　〕 ＝〔　〕 ④ 1株当たりの純資産価額 〔　〕＝〔　〕（〔　〕未満切捨て） ⑤ 議決権割合が50%以下の場合の純資産価額 ④ × 〔　〕＝〔　〕（〔　〕未満切捨て） **3．評価額の計算** 〔　〕	〔　〕

(2)　相続財産の価額の計算

（単位：円）

財産の種類	取得者	計 算 過 程	課税価格に算入される金額
相続財産			

2　相続又は遺贈によるみなし相続財産の価額の計算

（単位：円）

財産の種類	取得者	計 算 過 程	課税価格に算入される金額
生命保険金等	乙		
	B		

※生命保険金等の非課税金額の計算

非課税限度額		
保険金取得者	非課税財産の該当の有無 （該当するものを○で囲むこと）	非課税金額の計算
乙	該当する　・　該当しない	
B	該当する　・　該当しない	

3　小規模宅地等の特例の計算

（単位：円）

順位	小規模宅地等	適用地積	計 算 過 程	減額金額
1		㎡		
2		㎡		

【限度面積要件】　（特定居住用宅地等）　　　　　（特定事業用等宅地等）　　　　　（貸付事業用宅地等）

$$\boxed{}\ ㎡ \times \frac{200}{330}\ +\ \boxed{}\ ㎡ \times \frac{200}{400}\ +\ \boxed{}\ ㎡ \leqq 200㎡$$

※【限度面積要件】は貸付事業用宅地等を選択した場合に記載すること。

4 課税価格から控除すべき債務及び葬式費用 （単位：円）

債務及び 葬式費用	負担者	計　算　過　程	金　額
債　務	乙	1．控除の可否　　可　・　否　（該当するものを○で囲むこと） 2．控除金額	
葬式費用	乙	1．控除の可否　　可　・　否　（該当するものを○で囲むこと） 2．控除金額	
	A	1．控除の可否　　可　・　否　（該当するものを○で囲むこと） 2．控除金額	

5 課税価格に加算する贈与財産（相続時精算課税適用財産）価額の計算 （単位：円）

贈与年分	受贈者	計　算　過　程	加算される 贈与財産価額
令和2年	B	1．加算の要否　　要　・　否　（該当するものを○で囲むこと） 2．加算金額	

6 課税価格に加算する贈与財産（暦年贈与財産）価額の計算 （単位：円）

贈与年分	受贈者	計　算　過　程	加算される 贈与財産価額
令和3年	乙	1．加算の要否　　要　・　否　（該当するものを○で囲むこと） 2．加算金額	

7 相続人等の課税価格の計算 （単位：円）

項　目　＼相続人等	乙	A	B	E	F
相続又は遺贈による取得財産					
み な し 取 得 財 産					
相続時精算課税適用財産					
債 務 及 び 葬 式 費 用					
生 前 贈 与 加 算 額					
課　税　価　格 （1,000円未満切捨て）					

8　納付すべき相続税額の計算

(1)　相続税の総額の計算

課税価格の合計額		遺産に係る基礎控除額	課税遺産額
	千円	千円	千円
法定相続人	法定相続分 (解答例 $\frac{1}{2}$)	法定相続分に応ずる取得金額	相続税の総額の基となる税額
	―	千円	円
	―		
	―		
	―		
	―		
	―		
	―		
合　計　　　　人	1		相続税の総額 (100円未満切捨て)　　　円

(2)　相続人等の納付すべき相続税額の計算　　　　　　　　　　　　　　　　（単位：円）

項　　目 ＼ 相続人等	乙	A	B	E	F
算　出　税　額					
相続税額の 2 割加算額					
贈 与 税 額 控 除 額 （ 暦 年 課 税 分 ）					
配偶者の税額軽減額					
未 成 年 者 控 除 額					
贈 与 税 額 控 除 額 （ 精 算 課 税 分 ）					
納　付　税　額 （100円未満切捨て）					

(3)　相続税額の2割加算額及び控除金額の計算　　　　　　　　　　　　　　　　　（単位：円）

加算及び 控除の項目	対象者	計　算　過　程	金　　額
相続税額の 2割加算額		1．加算対象者の要否　　要　・　否　（該当するものを○で囲むこと） 2．加算金額	
贈 与 税 額 控 除 額 (暦年課税分)	乙	1．控除の可否　　可　・　否　（該当するものを○で囲むこと） 2．控除金額	
配 偶 者 の 税額軽減額	乙	1．税額軽減の限度額（算出税額） 2．①　配偶者の課税価格相当額 　　　　　　　　　　　　　配偶者の 　　　　　　　　　　　　法定相続分　　（該当するものを○で囲むこと） 　　課税価格の合計額 　　(イ)　　　　　　　　×　──　＝　　　　　　　　　　≧ 　　　　　　　　　　　　　　　　　　　　　　　　　　＜ 　　　　　　　　　　　　　　　　　　　　　　∴ 　　　　　配偶者の課税価格 　　(ロ) 　　(ハ)　(イ)　＞　(ロ)　∴ 　　　　　　　　≦ 　（該当するものを○で囲むこと） 　②　税額軽減の基となる金額 　　　　　　　　　　　　　　　2．①(ハ) 　　相続税の総額 　　　　　　　　×　──────────　＝ 　　　　　　　　　　　課税価格の合計額　　　（　　　　未満切捨て） 3．　1．　＞　2．　　∴ 　　　　　　≦ （該当するものを○で囲むこと）	

(3)　相続税額の 2 割加算額及び控除金額の計算（続き）　　　　　　　　　　　　　　　（単位：円）

加算及び 控除の項目	対象者	計　算　過　程	金　　額
未成年者控除額	F	1．控除の可否　　可　・　否　　（該当するものを○で囲むこと） 2．控除金額	
贈 与 税 額 控 除 額 （精算課税分）	B	1．控除の可否　　可　・　否　　（該当するものを○で囲むこと） 2．控除金額	

第2節　検定試験規則

　全国経理教育協会が主宰する税務会計能力検定試験の検定試験規則を掲げておきます。なお,詳しくは以下のホームページを参照してください。

http://www.zenkei.or.jp/

公益社団法人　全国経理教育協会主催

所得税法能力検定試験規則　　（令和4年4月改正）
法人税法能力検定試験規則
消費税法能力検定試験規則
相続税法能力検定試験規則

第1条　　本協会は,この規則により全国一斉に所得税法能力検定試験,法人税法能力検定試験,消費税法能力検定試験,相続税法能力検定試験を行う。

第2条　　検定試験は筆記によって行い,受験資格を制限しない。

第3条　　検定試験は年間3回行い,その日時及び場所は施行のつどこれを定める。

第4条　　検定試験は所得税法1級,所得税法2級,所得税法3級,法人税法1級,法人税法2級,法人税法3級,消費税法1級,消費税法2級,消費税法3級,相続税法1級,相続税法2級,相続税法3級のそれぞれ3ランクに分ける。

第5条　　検定試験の種目及び制限時間を次のように定める。

所得税法1級	1時間30分	消費税法1級	1時間30分
所得税法2級	1時間	消費税法2級	1時間
所得税法3級	1時間	消費税法3級	1時間
法人税法1級	1時間30分	相続税法1級	1時間30分
法人税法2級	1時間	相続税法2級	1時間
法人税法3級	1時間	相続税法3級	1時間

第6条　　検定試験の標準開始時間を次のように定める。

所得税法1級	9時00分	消費税法1級	13時00分
所得税法2級	10時50分	消費税法2級	14時50分
所得税法3級	9時00分	消費税法3級	13時00分
法人税法1級	10時50分	相続税法1級	14時50分
法人税法2級	9時00分	相続税法2級	13時00分
法人税法3級	10時50分	相続税法3級	14時50分

　　　　　ただし,天災,交通機関の遅延等により,上記の時間に開始できないときは,各試験会場の試験実施責任者において「開始時間変更に関する申請書」を提出することとする。

第7条　　検定試験は各級とも100点を満点とし,得点70点以上を合格とする。

第8条　　検定試験に合格した者には,合格証書を交付する。

第9条　　受験手続き及び受験料については別にこれを定める。

所得税法能力検定試験
法人税法能力検定試験
消費税法能力検定試験
相続税法能力検定試験
実施要項

（令和3年4月改正）

　所得税法能力検定試験規則，法人税法能力検定試験規則，消費税法能力検定試験規則，相続税法能力検定試験規則第9条の規定による詳細を次のとおり定める。

受験資格　　男女の別，年齢，学歴，国籍等の制限なく誰でも受けられる。

申込方法　　協会ホームページの申込サイト（http://www.zenkei.or.jp）にアクセスし，メールアドレスを登録し，マイページにログインするためのIDとパスワードを受け取る。

　　　　　　マイページの検定実施一覧から申し込みを行う。申し込み後，コンビニ・ペイジー・ネットバンキング・クレジットカード・キャリア決済・プリペイドのいずれかで受験料を支払う。受験票はマイページから印刷し試験当日に持参する。試験の開始時間が重ならない級については2つ以上の級の申し込みができる。

受験料　　　1　級　　3,500円　　　　　3　級　　2,300円
（税込）　　2　級　　2,700円

　　　　　　　　（注）所得税法・法人税法・消費税法・相続税法各級共通

試験時間　　試験時間は試験規則第5条を適用するものとする。開始時間は受験票に記載する。

合格発表　　試験日から1週間以内にインターネット上のマイページで閲覧できる。

　　　　　　※試験会場の学生，生徒の場合，各受付校で発表する。

索　引

〈著者紹介〉

稲村健太郎（いなむら・けんたろう）担当：第1編第4章・第12章，第2編第8章
  1977年　福島県生まれ。
      東北大学大学院法学研究科 RA，帝京大学沖永総合研究所助教を経て
  2013年　福島大学経済経営学類准教授。現在に至る。
      （東北大学大学院法学研究科博士後期課程満期退学）
<主要業績>
「事業用地の承継と税制に関する一考察―事業継続要件を中心として―」『産業経理』71巻1号，pp.145-153，2011年。
「相続税財産評価における収益方式―ドイツ評価法に関する議論を参考として―」『商学論集』79巻4号，pp.49-58，2011年。
「包括的所得概念における所得税と相続税の関係―年金二重課税事件を素材として―」『東京経大学会誌』270号，pp.39-49，2011年。
『租税判例百選　第6版』（分担執筆　相続財産の評価（1））有斐閣，2016年。

大澤弘幸（おおさわ・ひろゆき）担当：第1編第10章・第14章・第16章・第17章
  1971年　千葉県生まれ。
  1994年　慶應義塾大学経済学部卒業，都内公認会計士事務所勤務を経て税理士登録（第103216号）。
  2007年　北海道大学大学院経済学研究科会計情報専攻修了　会計修士（専門職）。
      新潟経営大学助教，専任講師，准教授を経て
  2020年　新潟経営大学経営情報学部教授。現在に至る。
<主要業績>
「ストック・オプション課税に関する一考察―平成18年度税制改正を踏まえて―」『新潟経営大学紀要』第16号，pp.137-146，2010年3月。
「高率な純資産減少割合を伴う資本剰余金配当の異質性について―自己株式取得との共通点を踏まえて―」『企業経営研究』第17号，pp.31-44，2014年5月（櫻田讓氏と共著）。
「役員給与税制に関する一考察―平成28年度税制改正を踏まえて―」『新潟経営大学紀要』第23号，pp23-32，2015年3月。
「業務主宰役員給与に対する税制の改廃と納税者行動に関する分析」北海道大学『経済学研究』第67巻第2号，pp.17-28，2017年12月（櫻田讓氏と共著）。

加藤惠吉（かとう・けいきち）担当：第1編第7章～第9章
  1965年　宮城県生まれ。
  2002年　東北大学大学院経済学研究科博士後期課程修了。
      会社役員，弘前大学人文学部助教授等を経て，
  2012年　弘前大学人文学部教授。
  2016年　弘前大学人文社会科学部教授。現在に至る。
<主要業績>
「無形資産に関する実証研究の方向性」『弘前大学経済研究』第32号，pp.61-68，2009年。
「移転価格税制をめぐる最近の状況と動向」『人文社会論叢（社会科学編）』第23号，pp.101-110，2010年。
「無形資産情報の評価に関する一考察」『弘前大学経済研究』第33号，pp.78-85，2010年。
「移転価格税制に対する市場の反応―無形資産への課税情報の分析を中心として―」『人文社会論叢（社会科学編）』第26号，pp.73-87，2011年。

川股修二（かわまた・しゅうじ）担当：第1編第3章・第11章
　　1961年　北海道生まれ。
　　1994年　税理士試験合格。
　　1995年　税理士登録（第80294号）。
　　　　　　あすか税理士法人代表税理士。
　　2012年　北海道大学大学院法学研究科博士後期課程修了　博士（法学）。
　　2014年　札幌学院大学法学部非常勤講師を経て，
　　2017年　札幌学院大学大学院法学研究科教授。現在に至る。
＜主要業績＞
『税理士制度と納税環境整備』北海道大学出版会，2014年（第38回日税研究奨励賞受賞）。
『新しい加算税の実務』（共著）ぎょうせい，2016年。
「相続税法における否認規定の再考」『円満かつ円滑に』，日本相続学会，2017年，53〜65頁。
「事業の用に供するの判断」『税理』，2018年5月，32〜39頁。他。

近藤康範（こんどう・やすのり）担当：第2編第1章〜第5章
　　1948年　北海道生まれ。
　　1976年　日本大学大学院商学研究科修士課程修了。商学修士，法学修士。
　　1980年　税理士登録（第43714号）。
　　　　　　税理士法人タックス総合経営研究所代表社員税理士。
　　1998年　釧路公立大学経済学部非常勤講師。現在に至る。

櫻田　譲（さくらだ・じょう）担当：第1編第2章・第6章・第15章・第18章・第19章，第2編第9章
　　1970年　北海道生まれ。
　　2001年　東北大学大学院経済学研究科博士課程後期課程修了。
　　　　　　山口大学経済学部専任講師，助教授を経て，
　　2005年　北海道大学大学院経済学研究科会計専門職大学院准教授。現在に至る（2007年より准教授）。
＜主要業績＞
「ストック・オプション判決に対する市場の反応」『第6回税に関する論文入選論文集』　財団法人納税協
　　会連合会，pp.53-94，2010年11月30日（大沼宏氏と共著）。
「外国子会社利益の国内環流に関する税制改正と市場の反応」『租税資料館賞受賞論文集　第二十回
　　（二〇一一）上巻』pp.233-258，2011年11月（院生と共著）。
「みなし配当・みなし譲渡課税が資本剰余金配当に与える影響について」『第35回日税研究賞入選論文集』
　　pp.11-50，2012年8月31日。
『税務行動分析』北海道大学出版会，2018年。

中島茂幸（なかしま・しげゆき）担当：第1編第1章
　　1947年　北海道生まれ。
　　1990年　東京国税局退職。
　　　　　　税理士登録（第70654号）。
　　　　　　北海学園北見大学助教授，教授を経て，
　　2006年　北海商科大学商学部教授。現在に至る。
＜主要業績＞
『判例戦略実務必携（法人税編）』，『判例戦略実務必携（所得税編）』，『判例戦略実務必携（消費税編）』
　　（共著）東林出版社，1999年。
『個人課税の再検討』（共著）税務研究会，1999年。
『判例・裁決例による消費税の実務解説』税務研究会，1999年。
『新会社法における会計と計算書類』税務経理協会，2006年。
『会計学大辞典　第五版』（税務会計項目分担）中央経済社，2007年。
『第六版　会計学辞典』（税務会計項目分担）同文舘，2007年。

畠中貴幸（はたなか・たかゆき）担当：第 2 編第 6 章・第 7 章

   1979年　東京都生まれ。

   2004年　新潟大学経済学部経営学科卒業

   都内会計事務所・税理士法人勤務を経て

   2021年　新潟経営大学経営情報学部助教。現在に至る。

＜主要業績＞

「みなし贈与（相続税法 9 条）における当事者間の関係性」『新潟経営大学紀要』第28号，109頁-118頁，2022年 3 月。

柳田具孝（やなぎだ・ともたか）担当：第 5 章・第13章

   1979年　奈良県生まれ。民間企業勤務を経て，

   2020年　北海道大学大学院経済学院博士後期課程修了。博士（経営学）

         東京理科大学経営学部講師。現在に至る。

＜主要業績＞

「会計参与の法的責任に関する裁判事例からの規範的考察: 税理士に対する損害賠償請求事例を中心として」『日税研究賞入選論文集』第39号，pp.13-46，2016年。

「ファミリー企業の経営者交代における投資家の期待と着眼点」『東Asia企業経営研究』第11号，pp.29-43，2019年。

Newベーシック税務会計＜個人課税編＞

2018年9月23日　　初版発行
2022年7月30日　　改訂版発行

著　者：中島茂幸・櫻田　譲・稲村健太郎・大澤弘幸・柳田具孝
　　　　加藤惠吉・川股修二・近藤康範・畠中貴幸
発行者：長谷雅春
発行所：株式会社五絃舎
　　　　〒173-0025
　　　　東京都板橋区熊野町46-7-402
　　　　TEL・FAX：03-3957-5587

組　版：Office　Five　Strings
印刷・製本：モリモト印刷
Printed in Japan © 2022
ISBN978-4-86434-153-0

学生番号 _____

氏　　名 _____

ベーシック税務会計〈個人課税編〉
解　答

第1編　所得税法

第2章　所得税法の概要

問題2－1

	借方科目	借方金額	貸方科目	貸方金額
1	事 業 主 貸	210,000	現　　　金	210,000
2	給　　　料	380,000	現　　　金 所得税預り金	350,000 30,000
3	支 払 家 賃 事 業 主 貸	168,000 72,000	現　　　金	240,000
4	普 通 預 金	144,000	事 業 主 借	144,000
5	交 際 費 事 業 主 貸	130,000 70,000	現　　　金	200,000

問題2－2

区　　　分	金　　額	計　算　過　程
（ 配当 ）所得	① 200,000円	160,000円 ÷（1－0.2）＝ 200,000円
不 動 産 所 得	② 1,958,000円	（1）総収入金額 　4,655,000円 ＋ 168,000円 － 84,000円 ＝ 4,739,000円 （2）必要経費 　285,000円 ＋ 1,846,000円 ＝ 2,131,000円 （3）不動産所得の金額 　4,739,000円 － 2,131,000円 － 650,000円 ＝ 1,958,000円

事 業 所 得	③ 8,048,600円	（1）総収入金額

（1）総収入金額

（注）家事消費高

$\boxed{119,898,000円} + \boxed{600,600円} + \boxed{36,000円} = \boxed{120,534,600円}$

（注）家事消費高の計算

$\boxed{516,000円} < (\boxed{858,000円} \times 0.7 = \boxed{600,600円})$

$\therefore \boxed{600,600円}$

（2）必要経費

　㋐　売上原価

$\boxed{6,309,000円} + \boxed{76,333,000円} - \boxed{6,223,000円}$

$= \boxed{76,419,000円}$

　㋑　営業費

（注）減価償却費

$\boxed{524,000円} + \boxed{30,491,000円} + \boxed{210,000円}$

$= \boxed{31,225,000円}$

（注）減価償却費の計算

$\boxed{4,200,000円} \times 0.200 \times \dfrac{3}{12} = \boxed{210,000円}$

　㋒　青色専従者給与　4,842,000円

（3）事業所得の金額

必要経費（㋐＋㋑＋㋒）

$\boxed{120,534,600円} - \boxed{112,486,000円} = \boxed{8,048,600円}$

（ 一 時 ）所 得	④　420,000円	$\boxed{1,600,000円} - \boxed{680,000円} - 500,000円 = \boxed{420,000円}$
（ 雑 ）所 得	⑤　83,000円	
総 所 得 金 額	⑥ 10,499,600円	① ＋ ② ＋ ③ ＋ ④ × $\frac{1}{2}$ ＋ ⑤ ＝ $\boxed{10,499,600円}$

問題 2 - 3

区　　　　　分	金　　　　　額	計　　算　　過　　程
（医療費）控除	⑦　　146,740円	
社会保険料控除	⑧　　843,000円	
生命保険料控除	⑨　　　78,500円	㋐　一般の生命保険料の限度額 　　$74,000円 \times \dfrac{1}{4} + 20,000円 = 38,500円$ ㋑　個人年金保険料の限度額 　　支払額が80,000円を超えるため40,000円 ㋒　控除額 　　㋐＋㋑＝78,500円
地震保険料控除	⑩　　　50,000円	支払額が50,000円を超えるため50,000円
障 害 者 控 除	⑪　　270,000円	
配 偶 者 控 除	⑫　　380,000円	
扶 　養 　控 　除	⑬ 1,590,000円	長女　　　　　次女　　　　　実父 380,000円 ＋ 630,000円 ＋ 580,000円 ＝ 1,590,000円
基 　礎 　控 　除	⑭　　480,000円	
所 得 控 除 合 計	⑮ 3,838,240円	⑦＋⑧＋⑨＋⑩＋⑪＋⑫＋⑬＋⑭ ＝ 3,738,240円
課税総所得金額	⑯ 6,661,000円	⑥－⑮ ＝ 6,661,360円 → 6,661,000円 （1,000円未満切り捨て）

第４章　配当所得

問題 4 - 1

1．収入金額　　135,286円 ＋ 34,714円 ＝ 170,000円

2．負債の利子　　12,000円

3．（配当）所得の金額　　1．－2．＝ 158,000円

第5章　不動産所得

問題5－1

1.

ア	イ	ウ	エ	オ	カ	キ	ク	ケ	コ
×	○	○	○	△	○	○	×	×	○

2．不動産所得の金額の計算

（1）総収入金額

240,000円 ＋ 3,790,000円 ＋ 50,000円 ＋ 120,000円 ＋ 40,000円 ＋ 264,000円 ＋ 858,000円

＝ 5,362,000円

（2）必要経費

75,000円 ＋ 1,387,000円 ＋ 61,600円 ＋ 335,000円 ＝ 1,858,600円

（3）不動産所得の金額

5,362,000円 － 1,858,600円 － 650,000円 ＝ 2,853,400円

第6章　事業所得

問題6－1

（1）低額譲渡修正高

162,000円 ≧ 237,000円 × 0.7 ＝ 165,900円　　∴ 165,900円

（2）家事消費高

330,000円 ≧< 465,000円 × 0.7 ＝ 325,500円　　∴ 330,000円

問題6－2

受贈益

（ 2,250,000円 × $\frac{2}{3}$ － 500,000円 ＝ 1,000,000円 ）＞ 300,000円

∴ 1,000,000円

［解説］受贈益の算定は，下図のようになっています（所基通36－15，36－18）。本問のポイントは，C株式会社が，「法人」であり，「取引先」であること，さらに，受贈物が「C株式会社の広告宣伝を目的とする」ことです。法人である取引先から受贈する場合において，その物によって収入計上額に差が設けられているのは，その役立ちの度合いがそれぞれ異なるからです。相手方の名の入った看板等はほとんど自己の利益になりませんが，それが営業用車両や陳列棚であれば，相手方の広告の役にも立ちますが自己の利益にもなることでしょう。「自己の名」の入った広告宣伝用資産を受贈した場合，まぎらわしいですが図「左以外」の算式を用います。相手方の広告の役には立たず，100％自己の利益となるため受贈益の軽減はありません。

　なお，本問では解答上求められていませんが，実際には別途計上済の「差額相当額」175万円（225万円～50万円）を取り消す処理が必要です。

	法人からの受贈				個人からの受贈
	取引先からの受贈			取引先以外からの受贈	
	取引先の広告に貢献するもの		左以外		
	ネオンサイン,看板	左以外（陳列棚等）			贈与税
	受贈益は非課税	受贈益＝（時価×$\frac{2}{3}$－自己負担額）この金額が30万円以下の場合は非課税	受贈益＝時価－自己負担額	一時所得	

問題 6 － 3

資産損失

$$\boxed{(4,752,300円 － 175,785円) － 0円 － 4,000,000円} ＝ \boxed{576,425円}$$

$$175,875円＝6,300,000円×0.067×\frac{5}{12}$$

なお，商品の損失に係る保険金250万円は総収入金額に計上されるため雑収入のままで可となります。

問題 6 － 4

減価償却費（店舗用建物）

1．本体部分　　$\boxed{14,000,000円} × 0.9 × \boxed{0.046} ＝ \boxed{579,600円}$

2．資本的支出部分

$$\boxed{1,500,000円} × \boxed{0.046} × \frac{\boxed{3}}{\boxed{12}} ＝ \boxed{17,250円}$$

（定額法償却率）

3．1．＋2．＝　$\boxed{596,850円}$

問題 6 － 5

1．備　品

（1）耐用年数

支出改良費 $\boxed{600,000円}$ が再取得価額 $\boxed{1,100,000円}$ の $\boxed{50\%}$ 相当額を超えるため，適用する耐用年数は $\boxed{8年}$ である。

（2）減価償却費

$$(\boxed{300,000円} ＋ \boxed{600,000円}) × \boxed{0.125} × \frac{\boxed{8}}{\boxed{12}} ＝ \boxed{75,000円}$$

2．車　両

（1）耐用年数

$$(\boxed{6年} － \boxed{2年}) ＋ \boxed{2年} × \boxed{20\%} ＝ \boxed{4.4年} → \boxed{4年}$$

（1年未満の端数 $\boxed{切捨}$）

（2）減価償却費

$$\boxed{750,000円} × \boxed{0.250} × \frac{\boxed{3}}{\boxed{12}} ＝ \boxed{46,875円}$$

問題6－6

$$288{,}000円 \times \frac{9 \text{ 月}}{5 \text{ 年} \times 12 \text{月}} = 43{,}200円$$

（注）15年×0.7＝10.5 → 10年＞5年 ∴5年

問題6－7

$$45{,}000円 - 1 円 = 44{,}999円$$

問題6－8

1．貸倒損失　350,000円

2．貸倒引当金繰入額（一括評価）

（1）年末債権の額

$$1{,}100{,}000円 + 200{,}000円 + 3{,}500{,}000円 - 600{,}000円 \times \frac{1}{4} - 550{,}000円 + 2{,}000{,}000円$$

$$= 6{,}100{,}000円$$

（2）実質的に債権とみられないものの額

ⅰ．原則法

$$40{,}500円 + 150{,}000円 = 190{,}500円$$

ⅱ．簡便法

（注）簡便割合

$$6{,}100{,}000円 \times 0.035 = 213{,}500円$$

（注）簡便割合

$$\frac{300{,}000円}{8{,}540{,}000円} = 0.0351\cdots \to 0.035$$

ⅲ．判定　ⅰ $\overset{>}{\underset{\circledS}{}}$ ⅱ　　　∴　190,500円

（3）年末貸金の額

$$6{,}100{,}000円 - 190{,}500円 = 5{,}909{,}500円$$

（4）繰入額

$$5{,}909{,}500円 \times \frac{55}{1{,}000} = 325{,}022円$$

第7章　給与所得

問題7－1　　　　　（注）計算式の□の中に，＋・－・×・÷・＝のうち適切な符号を記入しなさい。

1．収入金額　4,762,000円　＋　642,000円　＝　5,404,000円

2．給与所得控除額　1,160,000円　＋　（　5,404,000円　－　3,600,000円　）　×　20%　＝　1,520,800円

3．給与所得の金額　5,404,000円　－　1,520,800円　＝　3,883,200円

—6—

問題7－2

1.

ア	イ	ウ	エ	オ	カ	キ	ク	ケ	コ
○	×	○	○	○	○	×	×	○	△

2．給与所得の金額の計算

（1）収入金額

4,056,000円 ＋ 168,000円 ＋ 180,000円 ＋ 240,000円 ＋ 373,000円

＋ 1,521,000円 ＝ 6,538,000円

（2）給与所得控除額

1,160,000円 ＋（ 6,538,000円 － 3,600,000円 ）× 20％ ＝ 1,747,600円

（3）特定支出額控除 1,024,000円

（4）（2），（3）のうちいずれか多い金額 1,747,600円

（5）給与所得の金額

6,538,000円 － 1,747,600円 ＝ 4,790,400円

第8章　退職所得

問題8－1

1.

ア	イ	ウ	エ	オ	カ	キ	ク
△	△	×	□	△	○	○	×

2．退職所得の金額の計算

（1）収入金額

22,450,000円 ＋ 1,200,000円 ＝ 23,650,000円

（2）勤続年数

34年 10カ月 ∴ 35年

（3）退職所得控除額

8,000,000円 ＋ 700,000円 ×（ 35年 － 20年 ）＝ 18,500,000円

（4）退識所得の金額

（ 23,650,000円 － 18,500,000円 ）× $\dfrac{1}{2}$ ＝ 2,575,000円

問題8－2

1．収入金額

$$\boxed{15,800,000円 ＋ 700,000円 ＋ 1,650,000円} ＝ \boxed{18,150,000円}$$

2．退職所得控除額

（1）勤続年数

$$\boxed{28}\ 年\ \boxed{3}\ 月\ →\ \boxed{29}\ 年$$

（2）退職所得控除額

$$\boxed{8,000,000円} ＋ \boxed{700,000円} ×（\boxed{29}\ 年 － \boxed{20}\ 年）＝ \boxed{14,300,000円}$$

3．退職所得の金額

$$（\boxed{18,150,000円} － \boxed{14,300,000円}）× \frac{\boxed{1}}{\boxed{2}} ＝ \boxed{1,925,000円}$$

第9章　山林所得

問題9－1

1．総収入金額　$\boxed{7,700,000円}$

2．必要経費　$\boxed{1,800,000円 ＋ 2,141,000円 ＋ 384,000円} ＝ \boxed{4,325,000円}$

3．山林所得の金額　　1．－ 2．－ $\boxed{500,000円} ＝ \boxed{2,875,000円}$

問題9－2

1．総収入金額　$\boxed{20,000,000円}$

2．必要経費

（1）原　　則　$\boxed{7,865,000円 ＋ 4,050,000円 ＋ 726,000円} ＝ \boxed{12,641,000円}$

（2）概算経費　$\boxed{（20,000,000円 － 726,000円）× 50\% ＋ 726,000円} ＝ \boxed{10,363,000円}$

（3）判　　定

$$（1）\ \begin{array}{c}⊗\\<\end{array}\ （2）\ \qquad ∴\ \boxed{12,641,000円}$$

（該当するものを○で囲むこと）

3．所得の金額

$$1．－ 2．－ \boxed{500,000円} ＝ \boxed{6,859,000円}$$

4．納付税額の計算（税率は第16章の税額速算表を参考にして答えなさい。）

3．に対する税額（五分五乗方式）

$$\boxed{\{（6,859,000 ÷ 5 ＝1,371,800円）× 5\% ＝ 68,590円\} × 5} ＝ \boxed{342,950円}$$

　納付税額の計算については，第1編第9章及び第16章（課税所得金額と納付税額の計算）を参照してください。

第10章　譲渡所得

問題10－1

譲渡所得		1．譲渡損益の計算
分離短期	1,350,000円	（1）分離短期（土地A）

（1）分離短期（土地A）

18,200,000円 －（16,200,000円＋650,000円　）＝ 1,350,000円

総合短期　0円

（2）総合短期（営業用車両A）

650,000円 －（1,030,600円－167,000円*）＝ △ 213,600円

分離長期　13,120,000円

（3）分離長期（土地B）

51,500,000円 －（36,700,000円＋1,680,000円）＝ 13,120,000円

総合長期　716,400円

（4）総合長期（絵画）

3,000,000円 －（1,470,000円＋100,000円）＝ 1,430,000円

2．内部通算（総合短期・総合長期相互間での通算）

1,430,000円 － 213,600円 ＝ 1,216,400円

3．所得の金額

（1）分離短期　1,350,000円

（2）分離長期　13,120,000円

（3）総合長期　1,216,400円 － 500,000円 ＝ 716,400円

$*\,2,400,000 \times 0.167 \times \dfrac{5}{12} = 167,000$

問題10－2

1.

	ア	イ	ウ	エ	オ
（1）	○	×	○	○	×
（2）	B		A	B	

2．総所得金額の計算

（1）譲渡所得の計算

①　総合短期譲渡所得の金額

| 2,840,000円 － 1,881,000円 － 500,000円 | ＝ | 459,000円 |

②　総合長期譲渡所得の金額

| （250,000円 ＋ 5,500,000円）－（197,000円 ＋ 4,100,000円） | ＝ | 1,453,000円 |

（2）総所得金額

$$3,456,000円 + 459,000円 + (1,453,000円 + 700,000円) \times \dfrac{1}{2} = 4,991,500円$$

問題10－3

[**解説**] 乙が所有権を取得したのは平成29年2月ですが，取得原因が父からの単純承認による相続であるため，父の取得した日と取得費をそのまま引き継ぐことになります。したがって譲渡の区分はどちらの資産も短期ではなく長期となります。

1．土地A（分離短期・(分離長期)）いずれかに○を付すこと。

  ① 総収入金額　　25,000,000円

  ② 取得費

    ⅰ 原則　　17,000,000円

    ⅱ 相続税額の取得費加算額

$$18,900,000円 \times \frac{34,500,000円}{135,000,000円} = 4,830,000円$$

    ⅲ 小計 ⅰ＋ⅱ ＝ 21,830,000円

  ③ 譲渡費用　　810,000円

  ④ 譲渡損益　①－（②＋③）＝ 2,360,000円

2．骨とう品（総合短期・(総合長期)）いずれかに○を付すこと。

  ① 総収入金額　　3,200,000円

  ② 取得費

    ⅰ 原則　　3,200,000円 × 5％ ＝ 160,000円

    ⅱ 相続税額の取得費加算額

$$18,900,000円 \times \frac{2,000,000円}{135,000,000円} = 280,000円$$

    ⅲ 小計 ⅰ＋ⅱ ＝ 440,000円

  ③ 譲渡費用　　50,000円

  ④ 譲渡損益　①－（②＋③）＝ 2,710,000円

問題10－4

1．交換の特例適用の判定

$$(60,000,000円 - 55,000,000円 = 5,000,000円) \stackrel{\leqq}{>} (60,000,000円 \times 20\%$$

（該当するものを○で囲むこと）

$$= 12,000,000円)$$

  ∴適用（(あり)・なし）

  （該当するものを○で囲むこと）

2．総収入金額

  60,000,000円 － 55,000,000円 ＝ 5,000,000円

3．取得費及び譲渡費用

$$(48,000,000円 + 2,100,000円) \times \frac{5,000,000円}{55,000,000円 + 5,000,000円} = 4,175,000円$$

4．譲渡所得の金額

  5,000,000円 － 4,175,000円 ＝ 825,000円

第11章　一時所得

問題11　1

1．総収入金額　　$\boxed{50,000円＋2,000,000円}＝\boxed{2,050,000円}$

2．支出した金額　　$\boxed{0円}$

3．所得の金額　1．－2．－$\boxed{500,000円}＝\boxed{1,550,000円}$

第12章　雑所得

問題12－1

1．総収入金額

（1）（原稿料収入）

$\boxed{179,580円＋20,420}＝\boxed{200,000円}$

（2）貸付金の利子　　$\boxed{50,000円}$

（3）（還付加算金）　　$\boxed{900円}$

（4）合　計　　（1）＋（2）＋（3）＝$\boxed{250,900円}$

2．必要経費　　$\boxed{56,000円}$

3．所得の金額　1．－2．＝$\boxed{194,900円}$

問題12－2

1．総収入金額

$\boxed{448,950円＋51,050円＋2,100,000円＋500,000円＋53,000円}＝\boxed{3,153,000円}$

2．必要経費

（1）（2）以外の必要経費

$\boxed{185,000円}＋（\boxed{900,000円}＋\boxed{500,000円}＋\boxed{65,000円}＝\boxed{1,465,000円}）＋$

$\{\boxed{500,000円}×（\dfrac{\boxed{6,120,000円}}{\boxed{7,100,000円}}＝\boxed{※0.87}）＝\boxed{435,000円}\}＝\boxed{2,085,000円}$

※小数点 3 位以下切り　$\boxed{上げ}$

（2）資産損失

$\boxed{200,000円}＜（\boxed{3,153,000円}－\boxed{2,085,000円}＝\boxed{1,068,000円}）$

∴　$\boxed{200,000円}$

（3）合計（1）＋（2）＝$\boxed{2,285,000円}$

3．雑所得の金額1．－2．＝$\boxed{868,000円}$

問題12－3

1．総収入金額　　$\boxed{600,000円}$

２．必要経費

$$\boxed{600,000円} \times \left(\frac{\boxed{5,450,000円} - \boxed{310,000円}}{\boxed{8,120,000円}} = \boxed{0.6330\cdots} \to \boxed{0.64} \right)$$

$$= \boxed{384,000円}$$

３．雑所得の金額　１．－　２.＝　$\boxed{216,000円}$

第13章　課税標準の計算（損益通算）

問題13－1

１．経常所得の金額の計算

$$\boxed{4,672,000円} + \boxed{724,000円} + \boxed{75,000円} - \boxed{1,158,000円} = \boxed{4,313,000円}$$

順不問

２．譲渡所得・一時所得の金額の計算

$$\boxed{50,000円} - \boxed{888,000円} = \boxed{\triangle 838,000円}$$

３．総所得金額の計算

$$\boxed{4,313,000円} - \boxed{838,000円} = \boxed{3,475,000円}$$

問題13－2

１．不動産所得の損失の金額

$$\boxed{3,410,000円} - \boxed{4,725,000円} = \boxed{\triangle 1,315,000円}$$

２．土地に係る借入金の利子

$$\boxed{1,102,000円} \times \frac{\boxed{17,500,000円}}{\boxed{29,000,000円}} = \boxed{665,000円}$$

３．損益通算の対象となる不動産所得の損失の金額

$$\boxed{1,315,000円} - \boxed{665,000円} = \boxed{650,000円}$$

問題13－3

１．総収入金額

$$\boxed{(452,542円+51,458円=504,000円)+360,000円+2,400,000円} = \boxed{3,264,000円}$$

２．必要経費

(1)　(2)以外の必要経費

$$\boxed{173,000円} + \left\{ \boxed{360,000円} \times \left(\frac{\boxed{4,233,000円}}{\boxed{5,400,000円}} = ※ \boxed{0.79} \right) = \boxed{284,400円} \right\} +$$

（※小数点以下３位切り $\boxed{上げ}$ ）

$$\left(\boxed{1,150,000円} + \boxed{72,300円} + \boxed{70,000円} = \boxed{1,943,000円} \right) = \boxed{2,400,400円}$$

(2)　資産損失

$$\boxed{500,000円} < \left(\boxed{3,264,000円} - \boxed{2,400,400円} = \boxed{863,600円} \right) \quad \therefore \quad \boxed{500,000円}$$

(3)　合計　　(1)＋(2)＝ $\boxed{2,900,400円}$

３．雑所得の金額　　１．－　２.＝　$\boxed{363,600円}$

第14章　損益通算後の課税標準の計算

問題14－1

摘　　要	金　　額	計　　算　　過　　程
課税標準の計算		
総所得金額	400,000円	（1）損益通算 　　△300,000円 ＋ 700,000円 ＝ 400,000円
短期譲渡所得の金額	900,000円	（2）400,000円 ＋ 600,000円 × $\frac{1}{2}$ ＝ 700,000円 　　　　　　　　　　　　　（繰越控除前総所得金額） （3）純損失の繰越控除 　①　損失額　△900,000円 ＋ 600,000円 ＝ △300,000円 　　　　　　　　　　　　　（総所得金額の純損失） 　②　控　除　700,000円 － 300,000円 ＝ 400,000円 　　　　　　　　　　　　　（繰越控除後総所得金額）
合計	1,300,000円	

　［解説］純損失30万円は，前年の総所得金額から構成されるので，本年の控除も同種の総所得金額から行います。なお，「合計所得金額」は本問で計算すると繰越控除前総所得金額70万円＋繰越控除前短期譲渡所得の金額90万円＝160万円であり，「課税標準の合計額」とは合計欄の130万円が相当します。

第15章　所得控除

問題15－1

1．損失額

　（26,000,000円－24,000,000円）＋（3,700,000円－3,200,000円）＋856,000円 ＝ 3,356,000円

2．雑損控除額

（1）　3,356,000円 － 28,584,000円 × 10% ＝ 497,600円

（2）　856,000円 － 50,000円 ＝ 806,000円

（3）　497,600円 ≷ 806,000円　∴　806,000円

　　（該当するものを○で囲むこと）

問題15－2

1．医療費の額

| 44,600円＋834,700円＋36,000円＋11,800円 | ＝ | 927,100円 |

2．足切額

（ 5,336,300円 × 5 ％ ＝ 266,815円 ） ⋛ 100,000円 ∴ 100,000円

（該当するものを○で囲むこと）

3．医療費控除額 927,100円 － 100,000円 ＝ 827,100円

問題15－3

1．課税標準の合計額

| 3,672,000円＋1,900,000円 | ＝ | 5,572,000円 |

2．特定寄附金の合計額

| 120,000円＋250,000円＋400,000円 | ＝ | 770,000円 |

3．寄附金控除額

（1） 770,000円 ⋛ （ 5,572,000円 × 40％ ＝ 2,228,800円 ）

（該当するものを○で囲むこと）

∴ 770,000円

（2） 770,000円 － 2,000円 ＝ 768,000円

雑 損 控 除	1,157,878円	1．損失の額 $(15,000,000円 - 4,000,000円 - 5,000,000円) +$ $(1,500,000円 - 0円 - 1,000,000円) + 262,000円$ = 6,762,000円 2．控除額 （1） 6,762,000円 － (56,041,220円 × 10% 　　 = 5,604,122円) = 1,157,878円 （2） 262,000円 － 50,000円 = 212,000円 （3）判定 　　　　　（1）$\overset{\oslash}{\underset{<}{}}$（2） ∴ 1,157,878円 　　　（該当するものを○で囲むこと）
医 療 費 控 除	247,000円	347,000円 － $\begin{cases} 56,041,220円 × 5\% = 2,802,061円 ① \\ 100,000円 ② \end{cases}$ ①，②のうちいずれか（少ない・多い）方の金額 （該当するものを○で囲むこと） = 247,000円
社会保険料控除	912,000円	
生命保険料控除	114,300円	1．旧契約一般分 $91,200円 × \frac{1}{4} + 25,000円$ = 47,800円 2．新契約介護医療分 $33,000 × \frac{1}{2} + 10,000円$ = 26,500円 3．新契約個人年金分 84,000円 ＞ 80,000円 ∴ 40,000円 4．合　計　1．＋2．＋3．= 114,300円
地震保険料控除	36,000円	
障 害 者 控 除	750,000円	
扶 養 控 除	1,010,000円	630,000円 ＋ 380,000円 = 1,010,000円
基 礎 控 除	480,000円	
合　　　　　計	4,707,178円	

第16章　課税所得金額と納付税額の計算

問題16－1

（1）　　89,500円　×　10%　＋　100,000円　×　5 %　＝　13,950円

課税総所得金額等＝9,000,000円＋500,000円＋600,000円＝10,100,000円＞10,000,000円

（注：課税山林所得金額は「課税総所得金額等」には含まれない）

ここで，配当所得の金額は189,500円であることから，

①　1,000万円以下部分　89,500円×10%＝8,950円

②　1,000万円超部分　100,000×5 %＝5,000円

（2）　{（　9,195,000円　＋　1,350,000円　＋　13,120,000円　）－　10,000,000円　＝　13,665,000円　}

　　　　＞　178,000円

　　　∴　178,000円　×　5 %　＝　8,900円

第17章　平均課税

問題17－1

1．適用の判定

（注）

（　3,278,000円　＋　21,373,000円　）$\lesseqgtr$　37,201,000円　×　20%　　∴適用　あり

（該当するものを○で囲むこと）

（注）　3,278,000円　$\gtreqless$　（　2,203,000円　＋　718,000円　）×　$\dfrac{1}{2}$　　∴　3,278,000円

（該当するものを○で囲むこと）

2．課税総所得金額

37,201,000円　－　3,316,850円　＝　3,388,400円　（　1,000円　未満切り捨て）

3．平均課税対象金額

（注）

1,817,500円　＋　21,373,000円　＝　23,190,500円

（注）　3,278,000円　－　（　2,203,000円　＋　718,000円　）×　$\dfrac{1}{2}$　＝　1,817,500円

4．調整所得金額

3,388,400円　－　23,190,500円　×　$\dfrac{4}{5}$　＝　15,331,000円　（　1,000円　未満切り捨て）

5．調整所得金額に対する税額

15,331,000円　×　33%　－　1,536,000円　＝　3,523,230円

6．平均税率

3,523,230円　÷　15,331,000円　＝　0.22　（小数点　3　位以下切り捨て）

7．特別所得金額

| 33,884,000円 | － | 15,331,000円 | ＝ | 18,553,000円 |

8．特別所得金額に対する税額

| 18,553,000円 | × | 0.22 | ＝ | 4,081,660円 |

9．所得税額

| 5．3,523,230円 | ＋ | 8．4,081,660円 | ＝ | 7,604,890円 |

第18章　所得税法における用語の問題

問題18－1

（1）	配当所得	（2）	譲渡所得	（3）	非課税
（4）	事業所得	（5）	給与所得	（6）	山林所得
（7）	利子所得	（8）	非課税	（9）	雑所得
（10）	一時所得	（11）	退職所得	（12）	不動産所得
（13）	不動産所得	（14）	非課税	（15）	退職所得
（16）	給与所得	（17）	譲渡所得	（18）	事業所得
（19）	一時所得	（20）	非課税	（21）	配当所得

問題18－2

①	イ	②	ウ	③	カ	④	キ	⑤	ケ	⑥	サ	⑦	ス	⑧	ソ

問題18－3

a	b	c	d	e
事業	商品	多数	合同運用信託	国内
f	g	h	i	j
1年	山林	納税地	法人	代表者
k	l	m	n	o
19歳	23歳	勤労	退職	譲渡
p				
5年				

問題18－4

イ	ロ	ハ	ニ	ホ
住宅地	事業所得	棚卸資産	不足額	修正
ヘ	ト	チ	リ	ヌ
雑所得	船舶	国籍	5年	27万円
ル	ヲ	ワ	カ	ヨ
40	2,000円	山林所得	修正	国内
タ	レ	ソ	ツ	ネ
1年以上	生計を一	合計所得金額	使用料	著しい
ナ	ラ	ム	ウ	キ
配偶者	従事	19歳	23歳	事業所得
ノ	オ	ク	ヤ	マ
必要経費	3月15日	納税地	支払い	所得税

主催　公益社団法人　全国経理教育協会　後援　文部科学省

第109回所得税法能力検定試験　解答

試験会場　＿＿＿＿＿＿＿

受験番号　＿＿＿＿＿＿＿

採　点　＿＿＿＿＿＿＿

1 級

第1問（20点）

@2点×10＝20点

イ	**異動前**	ロ	**48万円以下**
ハ	**2月以内**	ニ	**5月31日**
ホ	**1億円未満**	ヘ	**納税管理人の届出**
ト	**現在まで引き続いて1年以上**		
チ	**申告書の提出と同時**		
リ	**③**	ヌ	**②**

第2問（15点）

@3点×5＝15点

1	2	3	4	5
雑所得	**不動産所得**	**一時所得**	**退職所得**	**雑所得**

第3問 （15点）   ●印＠3点×5＝15点

〔設問1〕 退職所得の金額

退職所得の金額	1　短期退職手当等
5,850,000円●	(1)　収入金額　　　7,000,000円
	(2)　退職所得控除額
	平成30年7月～令和4年10月→4年4ヶ月　∴5年（1年未満切上げ） 　400,000円×（5年－5年）＋200,000円×5年＝1,000,000円●
	(3)　短期退職所得の金額
	(1)－(2)＞3,000,000円 　1,500,000円＋{7,000,000円－(3,000,000円＋1,000,000円)}＝4,500,000円●
	2　一般退職手当等
	(1)　収入金額　　　16,000,000円
	(2)　退職所得控除額
	平成6年4月～令和4年12月→28年9ヶ月　∴29年（1年未満切上げ） 　8,000,000円＋700,000円×（29年－20年）＝14,300,000円 　14,300,000円－1,000,000円＝13,300,000円
	(3)　一般退職所得の金額
	$\{(1)-(2)\} \times \dfrac{1}{2} = 1,350,000$円
	3　1＋2＝　　5,850,000円

〔設問2〕

A株式会社源泉徴収税額

源泉徴収税額	1　退職所得の金額
278,222円●	(1)　7,000,000円
	(2)　平成30年7月～令和4年10月→4年4ヶ月　∴5年（1年未満切上げ） 　400,000円×5年＝2,000,000円
	(3)　(1)－(2)＞3,000,000円 　1,500,000円＋{7,000,000円－(3,000,000円＋2,000,000円)}＝3,500,000円
	2　源泉徴収税額
	3,500,000円×20％－427,500円＝272,500円
	272,500円×1.021＝278,222円

B株式会社源泉徴収税額

源泉徴収税額	源泉徴収税額
479,870円●	5,850,000円×20％－427,500＝742,500円
	742,500円×1.021＝758,092円
	758,092円－278,222円＝479,870円

所 得 税 法 **1** 級　　　　　　受験番号

第4問（10点）　　　　　　　　　　　　　　●印＠2点×5＝10点

公益社団法人等 寄附金特別控除額 　　　239,200円●	600,000円≦12,720,000円×40%　　∴600,000円 (1)　(600,000円－2,000円)×40%＝239,200円 (2)　1,471,300円×25%＝367,825円　● (3)　(1)<(2)　　∴239,200円（百円未満切捨）
認定NPO法人等 寄附金特別控除額 　　　128,600円●	600,000円＋400,000円≦12,720,000円×40%　　∴400,000円 (1)　(400,000円－0円)×40%＝160,000円　● (2)　1,471,300円×25%－239,200円＝128,625円 (3)　(1)>(2)　　∴128,625円　→　128,600円（百円未満切捨）
政党等寄附金特別控除額 　　　150,000円●	600,000円＋400,000円＋500,000円≦12,720,000円×40%　　∴500,000円 (1)　(500,000円－0円)×30%＝150,000円 (2)　1,471,300円×25%＝367,825円 (3)　(1)<(2)　　∴150,000円（百円未満切捨）

第5問（40点）　　　　　　　　　　　　　　＠2点×20＝40点

イ	18,440,000 円	ロ	410,000 円
ハ	864,800 円	ニ	280,000 円
ホ	48,336,000 円	ヘ	32,704,000 円
ト	1,886,000 円	チ	25,000 円
リ	918,500 円	ヌ	900,000 円
ル	160,099 円	ヲ	△ 3,050,000 円
ワ	1,000,000 円	カ	△ 705,000 円
ヨ	495,200 円	タ	130,000 円
レ	82,000 円	ソ	750,000 円
ツ	1,210,000 円	ネ	42,000 円

2 級

第1問 (20点)

@ 2点×10＝20点

a	b	c	d	e	f	g	h	i	j
ミ	ヌ	サ※	ソ※	ヘ	オ	テ	ク	ア	モ

※順不同

第2問 (20点)

●印@ 2点×10＝20点

1.

ア	イ	●ウ	エ	オ	カ	キ	ク	ケ	コ
○	○	×	○	○	○	×	○	△	×

2．給与所得の金額の計算

(1) 収入金額

| 4,993,200円 | ＋ | 1,052,800円 | ＋ | 376,000円 | ＋ | 324,000円 | ＋ | 240,000円 |

＋ | 70,000円 | ＝ | 7,056,000円 |

(2) 給与所得控除額

| 7,056,000円 | × | 10 % | ＋ | 1,100,000円 | ＝ | 1,805,600円 |

(3) 特定支出控除額

| 1,250,000円 | ＞ | (| 1,805,600円 | × | $\frac{1}{2}$ | ＝ | 902,800円 |) |

∴ | 1,250,000円 | － | 902,800円 | ＝ | 347,200円 |

(4) 給与所得の金額

| 7,056,000円 | － | 1,805,600円 | － | 347,200円 | ＝ | 4,903,200円 |

第3問 ☐ 内には数字を，（ ）内には文字を記入しなさい。（60点）

Ⅰ．各種所得の金額の計算

区　　分	金　　額	計　　算　　過　　程
（ **配当** ）所得	153,800 円	1．収入金額　135,286 円 ＋ 34,714 円 ＝ 170,000 円 2．負債の利子　16,200 円 3．（ **配当** ）所得の金額　1．－ 2．＝　153,800 円
不 動 産 所 得	70,200 円	1．総収入金額　903,200 円 2．必 要 経 費　183,000 円 3．不動産所得の金額　1．－ 2．－　650,000 円 ＝ 70,200 円
事 業 所 得	12,014,260 円	1．総収入金額 (1) 商品売上高 63,330,000 円 ＋ (注1) 4,000 円 ＋ (注2) 112,000 円 ＝ 63,446,000 円 (注1) 低額譲渡高修正額の計算 80,000 円 ≧/< （ 120,000 円 × 0.7 ＝ 84,000 円 ） （いずれかを○で囲む） ∴ 84,000 円 － 80,000 円 ＝ 4,000 円 (注2) 家事消費高の計算 112,000 円 >/< （ 155,000 円 × 0.7 ＝ 108,500 円 ） （いずれかを○で囲む） ∴ 112,000 円 (2) 雑 収 入　（順不問） 120,800 円 ＋ 84,800 円 ＝ 205,600 円 (3) 貸倒引当金戻入　160,900 円 (4) 総収入金額合計　(1) ＋ (2) ＋ (3) ＝ 63,812,500 円 2．必 要 経 費 (1) 売上原価 3,886,000 円 ＋ 40,203,000 円 － 3,171,800 円 ＝ 40,917,200 円 (2) 営 業 費 9,476,500 円 － 183,000 円 － 16,200 円 （順不問） － 17,000 円 － 130,000 円 － 1,879,000 円 × （ 1-30% ） 70%でも可 ＝ 7,815,000 円

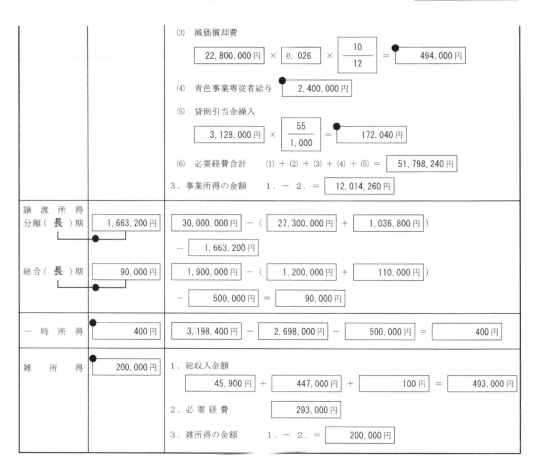

(3) 減価償却費

$$22,800,000 円 \times 0.026 \times \dfrac{10}{12} = 494,000 円$$

(4) 青色事業専従者給与　　2,400,000 円

(5) 貸倒引当金繰入

$$3,128,000 円 \times \dfrac{55}{1,000} = 172,040 円$$

(6) 必要経費合計　(1) ＋ (2) ＋ (3) ＋ (4) ＋ (5) ＝　51,798,240 円

3．事業所得の金額　　1．－ 2．＝　12,014,260 円

譲 渡 所 得 分離（**長**）期	1,663,200 円	30,000,000 円 －（ 27,300,000 円 ＋ 1,036,800 円 ）
		－ 1,663,200 円
総合（**長**）期	90,000 円	1,900,000 円 －（ 1,200,000 円 ＋ 110,000 円 ）
		－ 500,000 円 ＝ 90,000 円
一 時 所 得	400 円	3,198,400 円 － 2,698,000 円 － 500,000 円 ＝ 400 円
雑 所 得	200,000 円	1．総収入金額

1．総収入金額

45,900 円 ＋ 447,000 円 ＋ 100 円 ＝ 493,000 円

2．必 要 経 費　　293,000 円

3．雑所得の金額　　1．－ 2．＝　200,000 円

Ⅱ．課税標準額の計算

区　　分	金　　額	計　　算　　過　　程
総 所 得 金 額	12,483,460 円	153,800 円 ＋ 70,200 円 ＋ 12,014,260 円 ＋ 200,000 円
		＋（ 90,000 円 ＋ 400 円 ）× $\dfrac{1}{2}$ ＝ 12,483,460 円
長期譲渡所得の金額	1,663,200 円	
合　　　　計	14,146,660 円	

Ⅲ．所得控除額の計算

区　　分	金　　額	計　　算　　過　　程
医 療 費 控 除	133,000 円	233,000 円 － { 14,146,660 円 × 5 % ＝ 707,333 円 ① / 100,000 円 ② }　①，②のうちいずれか少ない方の金額　＝ 133,000 円
社会保険料控除	1,044,000 円	
生命保険料控除	103,250 円	1．一般生命保険料控除額　180,000 円 ＞ 80,000 円　∴ 40,000 円　2．介護医療保険料控除額　32,000 円 × 1/2 ＋ 10,000 円 ＝ 26,000 円　3．個人年金保険料控除額　69,000 円 × 1/4 ＋ 20,000 円 ＝ 37,250 円　4．合　計　1．＋ 2．＋ 3．＝ 103,250 円
地震保険料控除	50,000 円	54,000 円 ＞ 50,000 円　∴ 50,000 円
寄 附 金 控 除	78,000 円	{ 80,000 円 ① / 14,146,660 円 × 40 % ＝ 5,658,664 円 ② } － 2,000 円　①，②のうちいずれか少ない方の金額　＝ 78,000 円
障 害 者 控 除	270,000 円	
配 偶 者 控 除	0 円	14,146,660 円 ＞ 10,000,000 円　∴ 適用（ あり ・ ⓝⓐしⓢ ）　（いずれかを〇で囲む）　順 不 問
扶 養 控 除	1,210,000 円	630,000 円 ＋ 580,000 円 ＝ 1,210,000 円
基 礎 控 除	480,000 円	14,146,660 円 ≦ 24,000,000 円　∴ 適用（ あり ・ なし ）　（いずれかを〇で囲む）
合　　　計	3,368,250 円	

IV. 課税所得金額の計算

区　　　分	金　　額	計　　算　　過　　程
課税総所得金額	9,115,000 円	12,483,460 円 － 3,368,250 円 ＝ 9,115,000 円 （1,000円未満切捨）
課税長期譲渡所得金額	1,663,000 円	（1,000円未満切捨）

V. 納付税額の計算

区　　　分	金　　額	計　　算　　過　　程
課税総所得金額に対する税額	1,471,950 円	9,115,000 円 × 33 ％ － 1,536,000 円 ＝ 1,471,950 円
課税長期譲渡所得金額に対する税額	249,450 円	1,663,000 円 × 15 ％ ＝ 249,450 円
算 出 税 額 計	① 1,721,400 円	
配 当 控 除	② 7,690 円	153,800 円 × 5 ％ ＝ 7,690 円
差引所得税額（基準所得税額）	③ 1,713,710 円	① 1,721,400 円 － ② 7,690 円 ＝ 1,713,710 円
復興特別所得税額	④ 35,987 円	③ 1,713,710 円 × 2.1% ＝ 35,987 円
合 計 税 額	⑤ 1,749,697 円	③ 1,713,710 円 ＋ ④ 35,987 円 ＝ 1,749,697 円
源 泉 徴 収 税 額	⑥ 34,714 円	
申 告 納 税 額	⑦ 1,714,900 円	⑤ 1,749,697 円 － ⑥ 34,714 円 ＝ 1,714,900 円 （100円未満切捨）

第2編　相続税法

第8章　相続税法における用語と計算の問題

問題8－1

①	②	③	④	⑤	⑥	⑦	⑧
カ	イ	キ	コ	ス	セ	オ	シ

問題8－2

①	②	③	④	⑤	⑥	⑦
エ	カ	サ	ス	ウ	ク	コ

問題8－3

①	②	③	④	⑤
ウ	コ	ケ	ア	ク

問題8－4

①	②	③	④
ク	エ	ウ	カ

問題8－5

①	②	③	④	⑤
イ	ク	カ	コ	オ

問題8－6

相続人	相続分	法定相続人	相続分
配偶者乙	$\dfrac{1}{2}$	配偶者乙	$\dfrac{1}{2}$
孫C	$\dfrac{1}{2}$	長男B	$\dfrac{1}{2} \times \dfrac{1}{2} = \dfrac{1}{4}$
		孫C	$\dfrac{1}{2} \times \dfrac{1}{2} = \dfrac{1}{4}$

問題 8 − 7

相続人	相続分	法定相続人	相続分
配偶者乙	$\dfrac{1}{2}$	配偶者乙	$\dfrac{1}{2}$
子 B	$\dfrac{1}{2} \times \dfrac{1}{3} = \dfrac{1}{6}$	子 B	$\dfrac{1}{2} \times \dfrac{1}{3} = \dfrac{1}{6}$
長男 D	$\dfrac{1}{2} \times \dfrac{1}{3} = \dfrac{1}{6}$	長男 D	$\dfrac{1}{2} \times \dfrac{1}{3} = \dfrac{1}{6}$
孫 E	$\dfrac{1}{2} \times \dfrac{1}{3} \times \dfrac{1}{2} = \dfrac{1}{12}$	孫 E	$\dfrac{1}{2} \times \dfrac{1}{3} \times \dfrac{1}{2} = \dfrac{1}{12}$
孫 F	$\dfrac{1}{2} \times \dfrac{1}{3} \times \dfrac{1}{2} = \dfrac{1}{12}$	孫 F	$\dfrac{1}{2} \times \dfrac{1}{3} \times \dfrac{1}{2} = \dfrac{1}{12}$

問題 8 − 8

相続人	課税価格
配偶者乙	30,000千円＋5,000千円＝35,000千円
長男 A	3,000千円
長女 B	2,000千円

問題 8 − 9

1．相続税の総額の計算

課税遺産額

課税価格の合計額	270,000千円	−	遺産に係る基礎控除額	54,000千円	＝	課税遺産額	216,000千円

※30,000千円＋6,000千円× 4 人

法定相続分に応じた各取得金額（千円未満切捨）

配偶者乙			$\dfrac{1}{2}$	＝	108,000千円
長男 A	216,000千円	×	$\dfrac{1}{2} \times \dfrac{1}{3}$	＝	36,000千円
長女 B			$\dfrac{1}{2} \times \dfrac{1}{3}$	＝	36,000千円
養子 C			$\dfrac{1}{2} \times \dfrac{1}{3}$	＝	36,000千円

相続税の総額の基礎となる税額

108,000千円	×	40%	−	17,000千円	＝	26,200,000円
36,000千円	×	20%	−	2,000千円	＝	5,200,000円
36,000千円	×	20%	−	2,000千円	＝	5,200,000円
36,000千円	×	20%	−	2,000千円	＝	5,200,000円

算出相続税額（円未満切捨）

配偶者乙			$\dfrac{140,000}{270,000}$	＝	21,674,074円
長男A	41,800,000円	×	$\dfrac{80,000}{270,000}$	＝	12,385,185円
長女B			$\dfrac{40,000}{270,000}$	＝	6,192,592円
養子C			$\dfrac{10,000}{270,000}$	＝	1,548,148円

第9章　相続税法2級過去問題と検定試験規則

主催　公益社団法人　全国経理教育協会　　後援　文部科学省

第108回相続税法能力検定試験　解答

試験会場

受験番号

採　　点

2　級

第1問（20点）

●印@ 2 点×10＝20点

（単位：円）

	受贈者	計　算　過　程	贈与税額
(1)	A	1．基礎控除後又は特別控除額控除後の課税価格の計算 6,000,000 － 1,100,000 ＝ ● 4,900,000 2．贈与税額の計算 4,900,000 × 30% － 650,000 ＝ 820,000	● 820,000
(2)	B	1．基礎控除後又は特別控除額控除後の課税価格の計算 $12,000,000 \times \dfrac{6,000,000}{4,000,000+6,000,000}$ － 1,100,000 ＝ ● 6,100,000 2．贈与税額の計算 6,100,000 × 30% － 900,000 ＝ 930,000	● 930,000
(3)	C	1．基礎控除後又は特別控除額控除後の課税価格の計算 （注） 25,000,000 ＋ 5,800,000 － 25,000,000 ＝ ● 5,800,000 （注） 25,000,000 ＋ 5,800,000 ＝ 30,800,000 ⩾／< 25,000,000 （該当するものを○で囲むこと） ∴ 25,000,000 2．贈与税額の計算 5,800,000 × 20% ＝ 1,160,000	● 1,160,000
(4)	D	1．基礎控除後又は特別控除額控除後の課税価格の計算 （注） 25,000,000 － 20,000,000 － 1,100,000 ＝ ● 3,900,000 （注） 25,000,000 ⩾／< 20,000,000 ∴ 20,000,000 （該当するものを○で囲むこと） 2．贈与税額の計算 3,900,000 × 20% － 250,000 ＝ 530,000	● 530,000

第2問（20点）

@ 2点×10＝20点

＜設例1＞　　　　　　　　（解答例 $\frac{1}{2}$ ）

相続人	相続分	相続人の数
Z	$\frac{1}{2}$	
A	$\frac{1}{2}$	
	―	4 人
	―	
	―	

＜設例2＞

相続人	相続分	相続人の数
Z	$\frac{1}{2}$	
A	$\frac{1}{4}$	
C	$\frac{1}{8}$	4 人
D	$\frac{1}{8}$	
	―	

＜設例3＞

相続人	相続分	相続人の数
Z	$\frac{2}{3}$	
D	$\frac{1}{3}$	
	―	2 人
	―	
	―	

＜設例4＞

相続人	相続分	相続人の数
Z	$\frac{3}{4}$	
A	$\frac{1}{12}$	
B	$\frac{1}{12}$	2 人
C	$\frac{1}{12}$	
	―	

＜設例5＞

相続人	相続分	相続人の数
Z	$\frac{3}{4}$	
C	$\frac{1}{8}$	
D	$\frac{1}{8}$	2 人
	―	
	―	

第 3 問（60点）

1　各相続人等の相続税の課税価格の計算

(1)　遺贈財産の価額の計算

（単位：円）

財産の種類	取得者	計　算　過　程		課税価格に算入される金額
宅地 G	乙	1．正面路線の判定 ① 280,000 × 1.00 ＝ 280,000 ② 260,000 × 1.00 ＝ 260,000　∴	280,000	
		2．1㎡当たり評価額の計算 280,000 × 1.00 ＋ 260,000 × 1.00 × 0.03　＝	● 287,800	
		3．評価額の計算 287,800 × 132㎡　＝	37,989,600	● 37,989,600
家屋 H	乙	4,800,000 × 1.0 ＝ 4,800,000		4,800,000
宅地 I	A	1．正面路線の判定 ① 300,000 × 1.00 ＝ 300,000 ② 295,000 × 1.00 ＝ 295,000　∴	300,000	
		2．1㎡当たり評価額の計算 300,000 × 1.00 ＋ 295,000 × 1.00 × 0.05　＝	● 314,750	
		3．評価額の計算 314,750 × 432㎡ × (1 － 0.6 × 0.3)　＝	111,497,040	● 111,497,040
家屋 J	A	9,680,000 × 1.0 × (1 － 0.3) ＝ 6,776,000		6,776,000
K 銀行預金	E	44,380,000 × $\frac{1}{2}$ － 1,000,000 ＝ 21,190,000		21,190,000
	F	44,380,000 × $\frac{1}{2}$ － 1,000,000 ＝ 21,190,000		21,190,000
L 社株式	B	1．1株当たり評価額の計算 4,013、4,038、4,022、4,031　∴	4,013	
		2．評価額の計算 4,013 × 3,300株　＝	13,242,900	● 13,242,900

（単位：円）

財産の種類	取得者	計 算 過 程	課税価格に算入される金額
M社株式	A	（下記参照）	57,060,000

1．類似業種比準価額の計算

① 242 × $\left[\dfrac{\dfrac{4.5}{5.8} + \dfrac{30}{18} + \dfrac{487}{217}}{3} \right]$ × 0.5

= 187.5　（ 0.1円　未満切捨て）

② ① × $\dfrac{500^{（注）}}{50}$ = $1,875$　（ 円　未満切捨て）

（注）$20,000,000 ÷ 40,000株$ = 500

2．純資産価額の計算
① 評価差額に相当する金額

$(283,050,000 － 98,100,000) － (266,040,000 － 98,100,000)$

= $17,010,000$

② 評価差額に対する法人税等相当額

$① × 37\%$ = $6,293,000$　（ $1,000$円　未満切捨て）

③ 相続税評価額による税引き後の純資産価額

$283,050,000 － 98,100,000 － ②$

= $178,657,000$

④ 1株当たりの純資産価額

$③ ÷ 40,000株$ = $4,466$　（ 円　未満切捨て）

⑤ 議決権割合が50%以下の場合の純資産価額

$④$ × 　　　 = 　　　　　（ 　　 未満切捨て）

3．評価額の計算

① 4.466
② $1,875 × 0.50 + 4,466 × 0.50 = 3,170$ （円未満切捨て）
③ $① ＞ ②$ ∴ $3,170$
④ $③ × 18,000株 = 57,060,000$

(2) 相続財産の価額の計算 (単位：円)

財産の種類	取得者	計 算 過 程	課税価格に算入される金額
相続財産	Z	$150,000,000 \times \dfrac{1}{2} = 75,000,000$	75,000,000
	B	$150,000,000 \times \dfrac{1}{4} = 37,500,000$	37,500,000
	E	$150,000,000 \times \dfrac{1}{8} = 18,750,000$	18,750,000
	F	$150,000,000 \times \dfrac{1}{8} = 18,750,000$	18,750,000

2 相続又は遺贈によるみなし相続財産の価額の計算 (単位：円)

財産の種類	取得者	計 算 過 程	課税価格に算入される金額
生命保険金等	乙	$24,000,000 \times \dfrac{1}{2} = 12,000,000$	2,625,000
		$12,000,000 - ※9,375,000 = 2,625,000$	
	B	$20,000,000 - ※15,625,000 = 4,375,000$	4,375,000
		※生命保険金等の非課税金額の計算	
		非課税限度額 $5,000,000 \times 5人 = 25,000,000$	

保険金取得者	非課税財産の該当の有無 （該当するものを○で囲むこと）	非課税金額の計算
乙	該当する ・ 該当しない	$25,000,000 \times \dfrac{12,000,000}{12,000,000+20,000,000}$ $= 9,375,000$
B	該当する ・ 該当しない	$25,000,000 \times \dfrac{20,000,000}{12,000,000+20,000,000}$ $= 15,625,000$

3 小規模宅地等の特例の計算 (単位：円)

順位	小規模宅地等	適用地積	計 算 過 程	減額金額
1	宅地G	132㎡	$\dfrac{37,989,600}{132㎡} \times 80\% \times 132㎡ = 30,391,680$	30,391,680
2	宅地I	120㎡	$\dfrac{111,497,040}{432㎡} \times 50\% \times 120㎡ = 15,485,700$	15,485,700

【限度面積要件】 （特定居住用宅地等）　　　（特定事業用等宅地等）　　　（貸付事業用宅地等）

$$\boxed{132}\ ㎡ \times \dfrac{200}{330} + \boxed{}\ ㎡ \times \dfrac{200}{400} + \boxed{120}\ ㎡ \leqq 200㎡$$

※【限度面積要件】は貸付事業用宅地等を選択した場合に記載すること。

4　課税価格から控除すべき債務及び葬式費用　　　　　　　　　　　　　　　　　（単位：円）

債務及び葬式費用	負担者	計　算　過　程	金　額
債　務	乙	1．控除の可否　（可）・　否　（該当するものを○で囲むこと） 2．控除金額　1,660,000 ＋ 620,000 ＝ 2,280,000	2,280,000
葬式費用	乙	1．控除の可否　（可）・　否　（該当するものを○で囲むこと） 2．控除金額　（4,220,000 ＋ 800,000）× $\frac{1}{2}$ ＝ 2,510,000	2,510,000
	A	1．控除の可否　（可）・　否　（該当するものを○で囲むこと） 2．控除金額　（4,220,000 ＋ 800,000）× $\frac{1}{2}$ ＝ 2,510,000	2,510,000

5　課税価格に加算する贈与財産（相続時精算課税適用財産）価額の計算　　　　　　（単位：円）

贈与年分	受贈者	計　算　過　程	加算される贈与財産価額
令和2年	B	1．加算の要否　（要）・　否　（該当するものを○で囲むこと） 2．加算金額　27,500,000	27,500,000

6　課税価格に加算する贈与財産（暦年贈与財産）価額の計算　　　　　　　　　　（単位：円）

贈与年分	受贈者	計　算　過　程	加算される贈与財産価額
令和3年	乙	1．加算の要否　（要）・　否　（該当するものを○で囲むこと） 2．加算金額　3,000,000	3,000,000

7　相続人等の課税価格の計算　　　　　　　　　　　　　　　　　　　　　　　（単位：円）

項　目 ＼ 相続人等	乙	A	B	E	F
相続又は遺贈による取得財産	87,397,920	159,847,340	50,742,900	39,940,000	39,940,000
みなし取得財産	● 2,625,000		● 4,375,000		
相続時精算課税適用財産			● 27,500,000		
債務及び葬式費用	4,790,000	2,510,000			
生前贈与加算額	● 3,000,000				
課　税　価　格 （1,000円未満切捨て）	88,232,000	157,337,000	82,617,000	39,940,000	39,940,000

8 納付すべき相続税額の計算

(1) 相続税の総額の計算

課税価格の合計額		遺産に係る基礎控除額	課税遺産額
408,066 千円		30,000＋6,000×5人＝●60,000 千円	348,066 千円
法定相続人	法定相続分(解答例$\frac{1}{2}$)	法定相続分に応ずる取得金額	相続税の総額の基となる税額
乙	$\frac{1}{2}$	174,033 千円	52,613,200 円
A	$\frac{1}{6}$	58,011	10,403,300
B	$\frac{1}{6}$	58,011	10,403,300
E	$\frac{1}{12}$	29,005	3,850,750
F	$\frac{1}{12}$	29,005	3,850,750
	―		
	―		
合計　5 人	1	相続税の総額 (100円未満切捨て)	81,121,300 円

(2) 相続人等の納付すべき相続税額の計算　　　　　　　　　　　　　　　　(単位：円)

項　目　＼　相続人等	乙	A	B	E	F
算 出 税 額	17,540,041	31,277,739	16,423,809	7,939,854	7,939,854
相続税額の2割加算額					
贈与税額控除額 (暦年課税分)					
配偶者の税額軽減額	● 17,540,041				
未成年者控除額					● 300,000
贈与税額控除額 (精算課税分)			● 500,000		
納 付 税 額 (100円未満切捨て)	0	● 31,277,700	15,923,800	7,939,800	7,639,800

(3)　相続税額の2割加算額及び控除金額の計算　　　　　　　　　　　　　　　（単位：円）

加算及び控除の項目	対象者	計　算　過　程	金　額
相続税額の2割加算額		1．加算対象者の要否　　要　・　否（該当するものを○で囲むこと） 2．加算金額	── ── ──
贈与税額控除額（暦年課税分）	乙	1．控除の可否　　　可　・　否（該当するものを○で囲むこと） 2．控除金額	──
配偶者の税額軽減額	乙	1．税額軽減の限度額（算出税額） 　　　17,540,041 2．①　配偶者の課税価格相当額 　　　　　　　　　　　　　配偶者の 　　　　　　　　　　　　　法定相続分　　　（該当するものを○で囲むこと） 　　課税価格の合計額 　（イ）408,066,000 × 1/2 = 204,033,000　≧　160,000,000 　　　　　　　　　　　　　　　　　　　　　∴　204,033,000 　　配偶者の課税価格 　（ロ）88,232,000 　（ハ）（イ）＞（ロ）　∴　88,232,000 　　　　　　　≦ （該当するものを○で囲むこと） ②　税額軽減の基となる金額 　　　　　　　　　　　　2．①（ハ） 　相続税の総額　　　　　88,232,000 　81,121,300　×　─────────── = 17,540,041 　　　　　　　　　　　　408,066,000 　　　　　　　　　　　課税価格の合計額　　（　円　未満切捨て） 3．1．＞2．　∴　17,540,041 　　　　≦ （該当するものを○で囲むこと）	17,540,041

(3) 相続税額の2割加算額及び控除金額の計算（続き）　　　　　　　　　　　　　　（単位：円）

加算及び 控除の項目	対象者	計 算 過 程	金 額
未成年者控除額	F	1．控除の可否　　⊙可 ・ 否　（該当するものを○で囲むこと） 2．控除金額　100,000 ×〈20歳 － 17歳〉－ 300,000	300,000
贈 与 税 額 控 除 額 （精算課税分）	B	1．控除の可否　　⊙可 ・ 否　（該当するものを○で囲むこと） 2．控除金額　（27,500,000 － （注）25,000,000）× 20% ＝ 500,000 　　　　　　（注）27,500,000 ≧ 25,000,000　 ∴ 25,000,000	500,000

— 37 —